THE KLEIN-LACAN DIALOGUES
クライン-ラカン ダイアローグ

バゴーイン＆サリヴァン【編】
Bernard Burgoyne and Mary Sullivan
新宮一成【監訳】
上尾真道・徳永健介・宇梶 卓【訳】

誠信書房

序

THERIPの『クライン-ラカン　ダイアローグ』に序文を書くことができるのは、私にとって格別の喜びである。

THERIPこと、「精神分析の研究と情報収集のための高等教育ネットワーク」は、一九八八年に設立された。THERIPの重要な役目のひとつは、精神分析の思想や情報を交換するための発表の場を提供することであり、それは英国内にとどまらず、海外においてもなされている。また、それと同じくらい重要な役目のひとつは、精神分析の内部での議論や、精神分析に関する討論を広げていくことである。

THERIPはまた、この領野における会員の研究についての情報を与えてくれる「名簿」を提供している。これによって、研究者たちはそれぞれの業績について、互いにコンタクトをとることができる。THERIP発行の『精神分析ニュースレター』には、多彩な論文が掲載されており、また、多方面で行われている行事の日程もそこで発表されている。

THERIPは毎年、一連の講義を主催しており、そこでは、さまざまな学派からやってきた話者が、さまざまなテーマについて話をする。THERIPの役割は、討論のための場を提供することであるから、組織としては特定の学派に属していない。THERIPが他にはない形で精神分析的討論に貢献しているとするなら、その多くはまさにこの公平さという点に存している。

本書は、より広い読者へ向けて出版されることになった一連の講義集の、第二集目となる。一九九四年度から一九九五年度にかけて行われたこの講義は、タイトルの『クライン–ラカン　ダイアローグ』が示すように、パネル・ディスカッションの形を取っていた。こうした形での講義は、そのとき出席していた聴衆たちには、十分に受け入れられた。

ロビン・アンダーソン、ビーチェ・ベンヴェヌート、カタリーナ・ブロンシュタイン、バーナード・バゴーイン、フィリップ・ジェラルディン、ロバート・D・ヒンシェルウッド、ダリアン・リーダー、ダニー・ノブス、ヴィーチェンテ・パロメラ、マーガレット・ラスティン、ジェーン・テンパリー、ロバート・M・ヤング。この寄稿者の方々みなに、THERIPを代表して感謝の意を表したい。

また、私は、このコレクションの編集を行ってくれたバーナード・バゴーインとメアリー・サリヴァンに謝意を述べる役にあることをうれしく思う。リーバス出版のオリヴァー・ラスボーンにも感謝したい。そして、カースティー・ホールにも。彼女はわれわれの出版社であるリーバス出版を代表して、編集の労を取ってくれた。また、ガイ・ホールは快く、われわれに導入を書いてくれた。

THERIPに協力してくれた多くの組織に、感謝を示したいと思う。集団と個人の精神療法協会、英国精神療法家協会、英国精神分析協会、フロイト派分析研究センター、精神療法家組合、集団分析学会、ロンドン精神療法センター、フィラデルフィア協会、リージェンツ大学、分析的心理学協会、タヴィストック・クリニック、フロイト博物館（ロンドン）、フロイト博物館（ウィーン）。また、UAPS（精神分析研究のための大学連合）および、各大学の精神分析学科の指導者と学生諸氏の協力に感謝したい。ブルーネル、ダブリン（LSBカレッジおよびユニバーシティ・カレッジ）、イースト・ロンドン、ゲント、ゴールドスミス、ケント、リーズ・メトロポリタン、マンチェスター、ミドルセックスの各大学に。

最後に、管理委員会のバーナード・バゴーインとオードリー・カントリーは、THERIPのために精力的に仕事を行ってくれた。彼らにも感謝の言葉を捧げたい。マーティン・スタントンの助言と支援にも感謝したい。

このように広範囲に向けて感謝を述べることができるということは、実に、ＴＨＥＲＩＰが精神分析の領野のなかでどのような立場にあるかをよく物語っている。われわれは、読者諸氏がこれらの討論の今日的意義を認め、それらを迎え入れてくれることを願う。そして、誰しもがこの『クライン-ラカン　ダイアローグ』のなかに何かしらの興味と楽しみとを見出してくれることを願っている。

ＴＨＥＲＩＰ会長
リズ・リード博士

はじめに

一九九四年から九五年にかけて、クライン派の分析家とラカン派の分析家とのあいだで一連のディスカッションが行われた。以下の発表と討論の目標は、論争を引き起こすだけではなく、対話を促すことにあった。互いの考え方の相違は重要なものであり、その成功と失敗を伴ったプロセスは、いずれも本書に赤裸々に記録されている。両陣営の支持者がやってきていたが、それ以外にも何が起こるのか興味津々で出席する者も多かった。この会合の目的は体系的に教えることにあるのではなく、両学派が何を共有し、どの点で異なっているのかをより明晰にすることにあった。相手の信念を重んじ、それぞれの用語で表現することを認めることが対話に不可欠なものとなり、ときには問題にもなっていった。双方の用語を理解することが出席者全員に課せられた義務となったが、それは部分的にしか成功しなかった。この会合は、互いの立場のつながりを反省し、両学派の感じ方を吟味する機会を提供した。この対話の目標は相手を改宗させることではなく、向かい合った結果、理論的な観点を理解するうえでどのような変化がもたらされたかということに気づかせることであった。これは相手の意見に同意しない権利を取り去るものではないが、ただし相手の視点を誤って伝えたり蔑んだりしないという責任を伴うものであった。

会合が進むとともに、相手の学派の理論と実践について無知や思い違いを抱いていたことが明らかになっていった。それゆえ会合は合点がいかない反対者の不安に対処し、相手の妥当性を全面的に拒絶するようなことのないようにしなければならなかった。とはいえ、すべての理論は両立できて受け入れることのできるものであり、等しく価値を持つなどとうそぶいて、矛盾から目を逸らすということも、あってはならなかった。

これらの討論は和解を試みるものではなかった。向かい合いに臨んで、十字軍に参加するとまでは言わなくとも、攻撃的な性質が時折見受けられた。会合がどれほど熾烈を極めるかということを見るのを楽しみにして参加していた人がなかったとは言い切れないほどであった。ときには、まるで証拠書類を提出するような具合に、原典の引用が試みられたが、それは反対の言い分に対してノック・アウトの一撃をお見舞いするかのようであった。そういった引用の仕方は権威の保証を求める欲望を物語るものであり、議論を明晰にする助けとなるものではない。クラインとラカンがどのように述べていたとしても、それを事態を解決するための最後の言葉として使うことはできない。それは議論するための出発点ではあるが、必ずしも決着をつけるものではない。精神分析的な理解の仕方を獲得するプロセスとは、今日思考するわれわれをも含んだ蓄積のプロセスの結果として見ることができるのである。

精神療法家になるために必要となる正式な訓練は、完成までに長い年月と専心を要するものである。必要とされる労力は莫大なもので、その結果としてしばしば、秘教的かつ閉鎖的で自己永続的なシステムの一員となりがちである。それは全てか無か、という状況である。そのような訓練の一つの帰結として、学派内からの自己批判が欠如してしまうことがある。体系的な理論の一部分を拒絶していた人が矯正されたり放逐されたりすることは、珍しい話ではない。批判というものは教育分析の有効性さえも疑問視することのできるものである。提示された問題点を扱わずに個人攻撃を行うことは、よく採用される戦略であり、案件を討論のもとに新鮮な形で検証するという作業を回避するものだ。治療組織内の内部抗争は、そのような対決がどれほど肝を冷やすものであっても、理論の重要性を、そして場合によってはその無力さをも示すものである。両学派の代表者が公の講演に参加するという勇気は賞賛に値する。それは避けがたいリスクを負う準備ができているからというだけではなく、立場にとらわれず、意見交換を行うことができたという点からもである。

そのような理論的な討論の性質上、実際の症例から抜粋された事柄は、「臨床材料」を科学者が冷徹に観察しているという印象を与えるものである。分析家のなかにはそのような見方を支持する者もいるが、個々の治療関係の重要性を強調する者もいる。治療者の人格や、共感などのクオリティを見失うのはたやすいことである。もし精神分析が厳密な意味での科学であるなら、それは本によって容易に学ぶことができるものであろう。むろん、技法も一冊の書物から学ばれもするだろう。たとえ今回の発表の場で治療の人間的なクオリティを見出せなかったとしても、それらは発表後のディスカッションのなかで再び見出されることになった。

各学派の信奉者には、精神分析を最も深く洞察しているのは実際のところ自分たちであるという信念がある。正真正銘の対話をするためには、まさにこのことを認識し、他者に「寝返って」欲しいという隠された（ときにはそれほど隠されていない）欲望を捉えなければならない。そして精神分析の基礎に関わる、異なる見解を受け入れなければならない。ここにあるパラドックスとは、実際に存在する差異の重大さが認識されるまでは対話はあり得ないということ、そしてここからしか共通の基盤は追求され得ないということである。信念というものはその定義上別の信念を排除するものであるが、相互理解は他方の信念を受け入れることによって生じる。そしてそのような矛盾は決してきれいごとでは済まされない。こういった認識が共有されるのは意義深いものである。差異を矮小化したり、偽りの調和をでっち上げるという欺瞞に乗っかってしまおうという誘惑は小さくない。そうではなく、自分の譲ることのできない構成概念はそもそも何かということを再定式することが必要となる。自分の考えを相手の問いかけに晒すことは急所を晒すようなものであるが、しかし再定式は必ずしも本来の考えを喪失することを意味しない。というのも再定式によって成長と発展がもたらされるからである。こういった行為は大胆さと謙虚さとを二つながらに要するものである。それは両パートナーにとって、対話のはじめから約束されているとは限らない。実際、相手が逃げ腰であるとどちらかが感じるとき、対話は疑問視されるであろう。応答というものは、対話状況には犠牲がつきものだということをわれわれは意識せずにはいられないという実感とともにやって来る。相手が払わなければならなかった犠牲を真に評価するのはいっそう難しいものであろう。

もし対話というものが点数稼ぎに過ぎないのなら、会合に目的などというものはほとんどあるまい。真の対話というものは、二つの陣営のあいだに、疑念や不確実さや失敗が共有され得るときにはじまるのであって、特定の理論の教義全体を防衛するためにあるのではない。相手方のシステムを評価したり価値を与えたりすることができる場合に、相手をすすんで承認するということは、対話の重要なステップである。これは勝ち負けを超えた討論の助けとなる。一方の党派が真理を持っていると感じていると、絶対主義的なシステムのなかでは党派に属さない人びとの場が残されることはないし、進歩の余地すらないであろう。その結果、いわば精神分析的原理主義に陥る。ここに第二のパラドックスがある。すべての議論に理詰めで勝利したからといって、他者が納得するとは限らないのである。対話のプロセスでは、誠実さは賢さよりも重要なのである。すべての答えを持っているかのように振る舞うことは、自滅的であり自己欺瞞ですらある。これらの会合では対話のプロセスは完了していない。むしろこれこそが本当の最初のステップであり、大変な根気を要するものであった。この会合に関わったすべての人びとに感謝し、おめでとうと言いたい。そしてこの本によって対話のプロセスの継続が促進されればと、切に願う次第である。

ガイ・ホール

監訳者まえがき

フロイトは成人の神経症者の精神分析を通じて、幼児期の精神世界を、目の当たりにある如くに再構成して見せた。けれども、彼がその世界に「幼児の性理論」、あるいは「多形倒錯」という直截な命名を行ったことが人びとを躊躇させたせいか、彼の描いた幼児期の精神世界の様子は、なかなか人びとに納得されなかったし、今も十分納得されていないように思われる。

フロイトの愛弟子であった人びとでさえも、この異様に禍々しく見える世界を受け取ることにためらいを感じていた。

だがメラニー・クラインは違った。フロイトの再構成の対象となったエディプス期前後の子どもの語りに即して、フロイトの再構成がむしろ正確な理論的予測であったことを、彼女はラディカルに実証した。理論値から割り出された新たな星の存在が実際に観測されたようなものだ。子どもたちは、その豊かな表現力によって、フロイトが予測した通りの世界を、分析家の前に繰り広げて見せたのである。

メラニー・クラインの記述によってわれわれにはっきりと示される子どもたちの精神世界は、子どもなりの創世記的理論によって完結し、かつ変化し続けている。人間の創造と再生産ということを考えるために、子どもたちにとって、当然、性理論は必要であり、さらには世界を外側から支える超越者の存在さえも、彼らは繰り返し問題にする。クラインは、この子どもの独自の世界が、いかに大人の世界との間で厳しい葛藤関係を演ずるかを、またそのためにどれほど深刻な崩壊が子どもの心のなかに起きうるかを、明らかにしたのである。

しかし誤解があってはならない。

メラニー・クラインがフロイトの予測通りに子どもたちのなかから取りだしたのは、単なる心理的な発達ではない。それはむしろ、子どもたち自身の存在を含めた人間存在の起源、由来、歴史性をめぐる、子どもたち自身による神話学の展開である。人間はどこからきてどこへ去るのか、そういう言い回しで昔から表現されていた、人間の存在の理由に向かう尽きせぬ悩ましい問いかけである。

したがって、子どもたちには、大人たちの側から客観的に観察され理論化される「発達」ではなく、子どもたち自身による歴史神話学が存在するのだ。その始まりはいつなのか。就学前の子どもたちが、大学の研究者がするような課題に取り組み始めるのは、いつ、どのようにしてなのか。

フロイトの発見は、この問いのなかにこそ位置づけなければならない。精神分析が始まったことの精神史上の理由も、ここに見いださねばならない。

メラニー・クラインの仕事は、そのフロイト再定位の機会を、われわれに与えてくれたのである。そのことを最もはっきりと認識した人は誰だったろうか。ジャック・ラカンは疑いもなくその一人である。

子どもたちの歴史神話学は、子どもたちが言語的存在となったときに始まる。言語的存在となるということは、単に言語使用能力が大人に近づいていくことではない。世界に人間と呼ばれるものがあり、その一人が自分であるということを理解すること、言い換えれば、言語という作用と、自分が存在しているという事実との間に、一つの関係が打ち立てられること、このことこそ、小さな人間が言語的存在となるということなのである。

フロイトは自分の発見をエディプス・コンプレクスの名で呼んだが、それは、子どもがこのような意味での言語的存在となるということである。それは感情的な三角関係に還元されるものではない。ジャック・ラカンがエディプス・コンプレクスを「シニフィアンの導入」へと読み替えたのは、まさに、言語的存在となるということのなかに、このコンプレクスの本質が見て取られるからに他ならない。

この問題は、クラインがその理論的発展の初期に「早期エディプス・コンプレクス」なるものを唱えて、フロイトのエディプスを猛烈に早期に遡行させたことと、無関係ではない。クラインの初期の業績を読めば、子どもたちが彼女に向かって、歴史の起源あるいは創世の神話の言葉を語り出していることが分かる。子どもがいわゆる「プレエディパル」な経験をしているということが事実だとしても、その世界は、子ども自身が、「シニフィアンの導入」と共に、その経験を自らの歴史の舞台に乗せることによって作ったものである。分析家の前に繰り広げられるのは、そうした歴史劇である。

メラニー・クラインが、そのことをどこまで理論化する意志があったかはともかく、彼女にはそれは十二分に分かっていた。すなわち彼女とラカンとによって、フロイトの発見は再発見されたのである。

子どもたちの歴史劇としての無意識。その再発見をそう呼んでおこう。

ラカンはフロイトのテキストのなかのどこでその再発見を行ったのだろう。もちろんフロイトのテキストの至る所でと言ってよいが、とりわけ『快原理の彼岸』のなかの、有名な「フォルトーダー」（fort-da）の遊びの記述のなかでである。子どもが投げては呼び返す糸巻きという対象が、子ども自身のかつての物言わぬ存在と重ね合わされ、神話的アイテムとなり、いまや主体としての子どもは、母の象徴的身体を通じて、神話を語る言語的存在と化してゆく、そのプロセスがそこには描かれているのだ。

そしてメラニー・クラインが、多くの人びとの不快を押し切って、フロイトから受け継いだ「死の本能」の概念の重要性を死守しようとしたのを見るとき、われわれはやはりこの同じフロイトのテキストに立ち戻らざるを得ないのである。

こうしてメラニー・クラインとジャック・ラカンは、同じフロイトの発見の深みを覗き込んだ。そしてその共通の場から、自らの理論を組み上げていったのである。もちろんラカンの方が後輩である。だからラカンには、クラインへの参照が数多い。ラカンは一般には、独特の偏倚のある自己完結的な理論家だと思われており、事実そうかもしれない。しかし、クラインのディックの症例の検討に初期の「セミネール」を長々と割いたり、己の学派の根本とも言える分析家の養成の理論にクラインの抑鬱態勢の概念を引いたりするなど、彼のクライン研究の真摯さには並々ならぬものがある。

それなのになぜ、二人の学派の間には、こんなにも深い溝があるのだろうか。

それには政治的な経緯が大きく絡んでいる。フロイトの分析を受け、また政治的にはフロイトを庇護する力を持ってもいたマリー・ボナパルトは、ナポレオンの曾孫にしてギリシャ大公妃である。フランスの精神分析運動を率いるなかで、彼女はラカンと対立した。問題の中心はラカンが実践した「短時間セッション」（変動時間セッション）にあった。

彼女は、メラニー・クラインがフロイトの娘アンナ・フロイトと対立したときには、一つの国際組織に成長した精神分析の学界を分裂させないために、政治力を発揮したが、一方、ラカンの影響力を国際精神分析協会から排除するためにも、容赦なく辣腕を振るった。ラカンは国際精神分析協会から永久破門とでもいうべき扱いを受けて、別の学派を独自に設立するしかない位置に立たされたのである。そして彼は事実そのようにした。

それゆえ、クラインは国際精神分析協会のうちに留まり、ラカンはその外側で、己の新たな学派によって、フランスを始め、イタリア、スペイン、南米など、ラテン文化圏に影響力を広げた。そしてラカンは、「短時間セッション」を堅持したから、両者は、理論的にも、まったく違った概念装置を備えるようになっていったのである。

だが、そうした政治的な拮抗関係があったからといって、われわれは、この二人が、同じフロイトの思想の内奥を知り、そこから発想したという歴史的事実を、無にするわけにはいかない。この二人の対立のなかにこそ、フロイトの思想の真の独創性を垣間見る機会が残されている。たとえ時代が変わっても、精神分析という実践思想の根幹を見失わないためには、この機会を最大限に活用することが、われわれに求められているのではないだろうか。

クライン派とラカン派の真剣な対話は、こうした事情から、長らく待ち望まれていたものであると言ってよい。その試みの一つが行われ、そしてここに邦訳される。本書が読者諸賢の前に、精神分析のクリティカルな次元を開示することを切に望む。

二〇〇六年三月　京都にて

新宮一成

目　次

児童分析

マーガレット・ラスティン
ビーチェ・ベンヴェヌート

1 クライン派の児童精神療法

マーガレット・ラスティン

本日は、今日的な臨床実践についていくつかの要点に絞ってお話しすることで、対話に臨もうと思います。とはいえ、まずはメラニー・クラインが児童分析にもたらした貢献について短くまとめることから始めるのがよろしいでしょう。

理論の話から始めるのではなく、技法について簡単に述べたいと思います。そうすることで、クラインのところに精神分析のセッションを受けにやってきた子どもの経験を想像することができるでしょう。セッションでは、子どもには数々のおもちゃが与えられました。絵を描いたり、粘土遊びをしたりするための材料や、大人や子どもを表わす小さな人形、野生動物や家畜のおもちゃ、小さな模型自動車、積み木などです。おもちゃ、ならびにセッション中に子どもが作りだしたものは、安全なところに保管されます。それらは次第に、分析のなかで共有される物語を表わすものとなっていきます。子どもは分析の間、望むままにしゃべり、遊ぶように促されました。クラインは子どもの考えや気持ち、心配事を知って、それらを理解するためには、おもちゃが役立つだろうと言っています。さらにクラインは自分にとって、遊びが子どもの視点から何が重要であるかを理解する良い方法であったとも述べています。子どもの患者を慎重に観察することで、子どもにとっての遊戯活動の流れというものが、大人の自由連想に相当するものであることを発見したのです。それ以来、クラインは、子どもの遊びは真剣な営みであるということを信条としたのでした。

クラインは子どもに遊びを言葉で説明し、それを、子どもの内的世界の理解へと体系的に結びつけるようになりました。彼女は解釈によってこの内的世界に探りを入れ、クライン自身に対し展開されている関係を調べました。子どもの遊戯活動、言葉によるコミュニケーション、面接室での行動すべては、転移の本質とその展開を証明するものでした。近年のクライン派は、一般に「全体状況への転移」と呼ばれるものに大きな関心を向けていますが、これこそ児童分析にその根を持つものです。というのも児童分析においては、全体状況を考慮する必要が何にもまして重要となるからです。有効な手掛かりのほとんどは、子どもと面接室との関係、そして子どもから分析家に及ぼされる影響のうちにあるのです。

クラインの理論は臨床的なアプローチと並行して発展しました。クラインの考えによれば、赤ん坊は誕生の頃から不安を経験しており、世話をしてくれる人びとに助けを求めます。この人びととは原初的対象であり、身体的な世話で空腹や体の不快感を取り除くだけでなく、赤ん坊の苦痛を包み込み、早期不安を克服させてくれます。クラインの母-幼児関係の理論のなかに暗に含まれていたことの多くは、むろんビオンの著作において練り上げられました。ビオンの包み込みという概念は、その後の理論と実践において重要なものとなりました。特に、象徴的な遊びを行う能力がいまだ発達していない子どもを含めた、大勢の子どもの患者との分析作業を可能にするにあたり絶大な影響を与えました。

クラインは、赤ん坊は自分の出生後の生活に、いくらかの生得的要素を持ち込むと考えていました。そのなかには、赤ん坊が世界に対して抱く期待に影響するような精神的・身体的素質も含まれます。ここで、胎児の子宮内での生活体験についていっそう理解を深めながら、クラインの描いたものをさらに膨らませていきましょう。誕生経験の本質は、母親の身体の外部の世界に初めて出会うということです。このことを背景として、幼児が母親を外側から探求するということを考えることができます。幼児はすでに母親の内側を知っています。しかし、目や耳、鼻、口、肌といった今のところ未熟な知覚器官を用い、空間を隔てながら知覚する場合には、母親はかつてとはとても違ったものとして映るに違いありません。クラインは内的世界を、無意識的幻想の岩床として描きました。内的対象の住まうところである内的世界という概念は、彼女の考えにとって根本的なものです。それは、現代の他の幼児発達理論にさまざまな形をとって現れています。たとえばボウルビーの「内的作業モデル」は、私には、外的世界の経験要素を強調し、その一方、無意識的幻想の寄与を精神を構造化するものに過ぎないとする理論的構築物のように思われます。クライン理論の無意識的幻想は、無意識の精神活動の連続的過程として、全般にわたる激情的情緒に満たされつつ、自分と対象との関係を作り上げるものであるとともに、一方、そうした精神活動の産物でもあります。つまり、世界についての知覚に影響を与える無意識的幻想の総体でもあるのです。といっても、静態的な実体ではなく、生活全体を通じて展開するものであり、内的・外的対象に対する関係が私たちに及ぼす影響を具体的に示すものなのです。

このように、子どもの精神分析とは、非指示的な遊びの技法を使って子どもの行動全般を観察することにより、子どもの内的世界の本質を探究することなのです。クラインが子どもの患者と分析作業をしたセッティングは、かなりの程度、現在のクライン派児童精神療法家の職業的枠組みの下敷きとなっています。おもちゃの種類は、特定の子どもとの分析作業で役立つようにと、いくらか変更が加えられてきました。たとえば、ある療法家の場合、虐待を経験した子どもにはミニチュアではない人形を使用しました。また、未熟な子どもや自閉症児のような重症の患者は象徴的な遊びの能力がほとんど発達していないため、幼児の家庭世界の特徴が色濃いおもちゃが分析に導入されます。にもかかわらず、古典的な実践は今なお、クラインのおもちゃに範をとったセットを使用するという考えに基づいています。それらは、何かを限定するような特徴を最低限に抑えてあり、そのため遊びを初めから決めてしまうこともないので、子どもの幻想に応じて柔軟に使用することができるからです。

クラインは幼児の情緒状態を直感的に把握し、それらを自分の個人的、臨床的経験に基づいて考察しました。しかし、普通の精神分析の臨床家は、彼女のような天賦の才なしに分析作業を行わなければなりません。ここで幼児の状態を理解する道具として、幼児とその母親を観察すること、ならびにその際の分析家自身の反応を研究することが有効であることが明らかになりました。分析家の教育において幼児観察が果たす中心的な役割を考慮せずには、今日における先駆的な子どもとの作業について話すことはできません。それでは、この経験は何をもたらすものでしょうか。研究者は自分たちが幼児の発達について多くを学ぶだろうと信じてこれに臨み、また実際に多くを学ぶのですが、一方でそれよりも深く、しばしば困惑しながら、幼児や幼児を世話しようとする親の感情を学ぶことにもなります。観察者が感じる困惑の度合いは、観察者としての役割があまり積極的なものでないことと、そしてその結果起こる、観察している家族の人びとに対する深い同一化に関係しています。観察者は、赤ん坊の声だけでなく、ボディランゲージに意味を与えようと躍起になります。幼児の前言語的《プレヴァーバル》な言語を学ぼうとするわけです。また、観察者は世話する人の感情状態と、それが赤ん坊に与える影響に気づくようになります。このように、観察者は幼児に引き継がれている多世代的な無意識の力場に潜在的に接触しているのです。ここで一つ例を挙げて、私の考えを示そうと思います。

ある観察者は、十カ月の女の子アンジェラとその母親キャロルを訪ねました。この子は裕福な中流階級の家庭に生まれた最初の赤ん坊です。観察者は最近、母方の祖母が双子であったこと、しかしその一方は誕生の時に死んでしまったことなどを知りました。この情報はキャロルの赤ん坊へのかかわり方が明らかに躁的な雰囲気を持つことに、いくらか解明の光を投げかけるものです。キャロルはアンジェラが間髪いれずにポジティヴ・フィードバックを返すことに、とても強く依存していましたが、観察者はこのことのうちに母親による沈黙や静寂、返事の無さなどへの不安が働いていると感じました。赤ん坊を世話することは、二つの点で難しさを抱えていました。早期に乳房による授乳の関係が上手くいったことが、いまや食事を与える段になって、大変苦しい衝突をもたらすことになりました。また、深刻な睡眠の困難がたびたび起こりました。今回の訪問では、キャロルはアンジェラの癇癪やまとわりつくこと、みすぼらしさ、寝つきの悪さについて不満を訴えました。これらは暗に彼女自身のひどい疲れについての不満でもありました。このために、彼女は自分の時間を持とうと、アルバイトのベビーシッターを雇うことを決めていました。この母親は表面的には、いらいらするほど皮相でナルシスティックな女性の様子を示していましたが、観察者にはこれは明らかに防衛的なものであると思われました。観察者は母親と赤ん坊がお互いの気持ちを不首尾に終わらせているのを見て心を痛めました。この観察について議論した研究会でも、観察者が母親に対して向けた批判的な立場が議題に上りました。

ここに観察ノートからの抜粋があります。

アンジェラは二冊のファッション雑誌に手を伸ばした。これらはキャロルが彼女から取り上げて、自分の背後に置いていたものであった。アンジェラはそれらを一冊ずつ母親に手渡したが、母親はそれらを再び手の届かないところへと置き直した。アンジェラはぐずって、もう一度手を伸ばした。上に置かれていたほうの雑誌は、女性の顔の写真が表紙を飾る『エル』であった。赤ん坊は再びこれを母親へ手渡そうとしたが、そうするうちに雑誌を破いてしまい、雑誌は地面へと落ちた。「ああ、いやだ。開いてさえいなかったのよ」。キャロルは冗談めかしてはいるが、しかし、いらいらした口調で言い、破れた表紙を片付けた。アンジェラは母親に別の雑誌を渡し、続いて破れた雑誌を拾おうとして手を伸ばした。キャロルは両方ともアンジェラの手の届かないところへ動かした。アンジェラは火がついたように泣き出し、床に崩れ落ちた。当惑したキャロルは言った。「まあ、癇癪だわ。どうしてほしいのよ」。キャロルは雑誌の一つを拾い上げ、アンジェラに両手を広げた。アンジェラはじっと絵を見つめていた。その間、キャロルは冗談めかしたコメントを言いつづけていた。キャロルはページをめくりながら、「これが好き？　それともこれかしら？　これ見てごらん」。キャロルはアンジェラの眼差しを追うことも、一つのページで止まっていることもできないようで、ぱたぱたと素早くページをめくっていた。アンジェラはすぐに疲れてしまい、再び泣き出した。アンジェラはもがいて母親の腕から床に降り、じたばたと逃げ出した。キャロルが雑誌を全部取り上げると、アンジェラは床の中央で立ち止まり、痛切に、絶望的に泣き出した。この状態はしばらく続いた。アンジェラはひとりで座っていた。キャロルは彼女を茶化していた。観察者は赤ん坊に対して自分がキャロルと共犯関係にあると感じ、非常に居心地が悪かった。

この観察の断片には、アンジェラが進行中の乳離れのプロセスに没頭していたことがよく示されていると思います。アンジェラは輝く、美しい母親の所有をめぐって母親とやり取りしようとしていたように思われるのです。アンジェラは母親に何かを手渡して返すという試みを見せてくれました。それは、赤ん坊が授乳されていた時期には一時的に所有していた乳房を、象徴的に母親に返そうとする試みなのです。アンジェラは乳房による授乳がすっかり手の届かないところへと姿を消すことに対して準備ができていません。実際、この観察の終わりに、キャロルはアンジェラに固形食を食べさせようと大変な無駄骨を折ったあと、乳房を差し出しました。するとアンジェラはすぐさまそれを受け入れたのでした。これによって、母親と赤ん坊は観察の間で初めて穏やかな接触に至ったのでした。またアンジェラは、欲望の対象がとても近くにありながら、遠くて手が届かないと感じたときには、すぐにじれったく思ったようでした。研究会は、観察者が罠《わな》に嵌《はま》っているということに戸惑いました。彼女が罠《わな》に嵌《はま》っていることは、発表での彼女の口調から明らかでした。観察者は母親に対する敵対的、批判的立場に嵌《はま》り込んでいるようでした。観察者もまた子どもを喜ばせ損なったために苦悶している母親の気持ちでいたのでした。キャロルが、自分が赤ん坊に差し出せるほどの良いものを持っているかについて、疑問を感じているることは明らかなようです。また彼女があれこれとせっかちに動くとき、この不安がその根底にあるということも明らかでしょう。二人の間に満足できる瞬間がありうることを信じることのできないキャロルは、アンジェラを魅惑するようなものを見つけるために、彼女の顔をまじまじと見ることさえしませんでした。キャロルは自分がきっと拒絶されるだろうと考えており、アンジェラが何を欲しがっているにせよ、それはキャロル自身ではないと思っているのです。

このことと併せて、観察者が過剰に批判的な立場から抱いていた怒りを理解するには、母親の歴史が重要となるでしょう。誕生時に双子のかたわれを失ってしまったキャロルの母親は、キャロルを世話することができませんでした。キャロルはほとんど祖母に育てられたのです。死んだ赤ん坊の影が、生きている子どもの上に重くのしかかっているのだと推測する人もいるでしょう。生きている子どもは、死んだ子どもを痛ましく連想させるために、母親にとって喜んで見ることのできるものではなかったと想像してもよいでしょう。おそらく、このことが響いて、あの観察の抜粋のはじめにキャロルは、アンジェラの発達能力に応えてやることができなかったのでしょう。キャロルはアンジェラが引き出しの開け方を覚えてしまったといって不平を漏らしました。これはキャロルにとっては迫害の源だったのです。キャロルは世界に対する赤ん坊の活発な好奇心や、増していく機敏さを喜ばしい達成とは見なさずに、むしろ自分が拒絶されているのだと見なしました。自分が望まれるのは、犠牲者としてだけだというのです。母親の内側には、自分が母親として世話をすることの価値を痛烈に攻撃する内的な批判の声があるようです。キャロルはもっぱらこれをアンジェラのせいにしているようですが、ときには観察者のせいにすることもありました。観察者の目が共感をもってではなく、敵意と嘲りとをもって見守るものと感じられていたのです。

こうしたやりとりは、投射同一化プロセスの鮮明な例を提供していると思います。投射同一化とは、メラニー・クラインによって最初に記述された決定的な心理メカニズムで、いまや臨床実践では大変価値のある理論となったものです。[*1] 研究会での発表の際の声の調子から、観察者が意図せずして母親を嘲っていたことが窺われましたが、これは観察者が、母親の内的世界の敵対的な内的対象との同一化を被っていたからです。敵対的な内的対象が、投射によって一時的に観察者のなかに委ねられたのです。失望して身を崩し、泣き叫んだ赤ん坊が伝えているのは、自らの失望だけではなく、母親の失望でもありました。母親が取り繕う体裁は脆いもので、その下には大きな不幸が横たわっているのが分かるでしょう。

児童分析家は、子どもの患者だけでなく、分析のセッティングを支えてもらうために、子どもの親との間でも関係を持たなければならないので、格別、投射の圧力に晒されるのです。幼児観察の経験というのは、相反する同一化において感情があちらこちらに引っ張られる場です。また、子から親へ、親から子へという二方向への投射というものに気づかせてくれるものであるため、分析家になるための非常に有効な準備段階となります。子どもの未熟な精神へと向かう大人の投射が及ぼす影響を理解することは、臨床実践における到達点の一つであり、そこにおいて意味のある変化が生じるのです。

それでは児童分析家の仕事について述べることにしましょう。まずはセッティングを用意し、それを維持するということがあります。ときには、この仕事が大掛かりであるために、こればかりに終始することもあります。セッションは規則的で、約束どおりの時間に行われなければなりません。幼い子どもの場合には、このことは分析家が家族の助けに依存しているということを意味します。また、分析期間とその休暇期間が構造化されていることが必要です。分析を行っている一年間の流れが、次第に子どもに分かるようにならねばならないのです。単に、学校や家庭での休日に合わせて調整を行うということではありません。分析家の不在と現前との間に意味のあるコントラストが浮き上がるようにするのです。信頼ある仕方でセッションが規則づけられていることにより、分析家がいないということからくる不首尾感に耐えることができるのです。子どもがセッションに遅れて連

＊1　訳注　「嘲る」（mock）という語は、「真似る」という意味も持つ。

れてこられたり、不規則に連れてこられたりする場合には、その子どもを治療することはできません。というのも、子どもが不首尾感に対しどのように応答するかを探求する作業を、分析家との転移関係のなかに回収することができないからです。児童分析に見合う部屋が手に入ることも必要なことです。その部屋は、無茶な使用にも耐えるほど頑丈で、攻撃的な子どもを扱う際に分析家の役に立つ対象や人物が損害を受ける可能性を考慮しても、十分に安全である必要があります。そして、治療期間がはじめから決まっているわけではなく、場合によっては長くなるということに関する合意も必要です。こうした基本ができて、ようやく分析作業を始めることができるようになります。こうした冒頭の作業を、メルツァーは「転移の収集」として上手く記述しました。つまり、子どもが分析家や分析状況に対して応答し始めるにしたがって、それらに焦点を合わせていくということです。

こうした考えが何を意味するのか伝えるにあたって、次の症例がとても役に立つでしょう。私はここ数カ月の間の自分の分析作業のなかから、ある素材を選んで持ってきました。これはセッション当時十二歳だった養子の少年についてのものです。

ティムを連れてきた養父母は、彼と親しくなることができないと感じていました。養父母はティムが温かみを欠いていること、攻撃的であること、他の子どもと性的な遊びをすること、うそつきで盗みをすることなどを心配していました。ティムが大変扱いづらい子どもであることは明らかでした。かわいい顔のその裏では、この少年は自分が犠牲者にならないためには、自分が他人を傷つけ、辱める立場に立つよう策を弄する以外にないと信じていました。彼の残酷さや侮辱、暴力に、時折私は息を呑みました。幼い子どもの頃に、彼は身体的にも、性的にも虐待されていたのです。彼は何度となく一時的な保護を受けました。彼が二歳半になるときにようやく社会福祉機関が完全に彼を親から引き離しました。驚くことでもありませんが、治療のなかで私は、相当多くの不当な扱いを受ける羽目になりました。

ティムが部屋の中をめちゃくちゃにしてしまうようなセッションもありました。彼は椅子をすべてひっくり返し、家具のほとんどを使って自分の陣地のバリケードを作りました。その壁の後ろから、彼は私にあらゆる角度でミサイルを浴びせ掛けました。私の言うことのほとんどに彼が返してきた嘲りが思い出されます。ある日彼が言ったことには、私は浮浪者で、臭く、エンバンクメント[*1]で段ボール箱に住んでおり、風呂にも入れないのだそうです。このセッションの間、私は部屋を見渡して、なるほど自分がホームレスになってしまったとはっきり感じました。ティムが家具をすべて持っていってしまったので、私は自分の座る場所もなかったのでした。私は、お互いが大きな怪我をしないようにと奮闘したため、くたくたに疲れ果ててしまいました。暑さで汗まみれになり、疲れきっていた私がひどくお風呂に入りたいと思っていたことは確かです。しかも、ティムの武器の一つは私に唾を吐きかけることだったからなおさらです。私は自分がすっかり嘲笑の対象となっていると感じていました。これほど具体的にティムが教えてくれたのは、彼が生まれてすぐの年のうちに十二カ所もの異なる場所で生活した経験、そして売春婦の子どもであったため、ときにまったく面倒を見てもらえなかったという経験とによって、ティムがどのようなものを作り上げていたのかということでした。

その後の期間には、私は愛のない粗暴な性に晒されることがどのようなことかを知りました。ティムは天井に近い、部屋の食器棚の天辺で寝転んで、醜悪な性的光景を演じることに時間を費やしました。彼がそこに上っている間、安全かどうか、落ちやしないかを確認するために、私は見張っていなければなりませんでした。背のとても高い食器棚の幅は、彼がちょうど寝そべることができるくらいしかなかったからです。彼が天井のタイルの穴に指を突っ込もうと努力する様も監視していなければなりませんでした！　しかし、倒錯的な性交渉が言葉と身振りとによって容赦なく続けられている間、私はきわめて耐えがたいものを見ていなければならなかったので

＊1　訳注　the Embankment：ロンドン市内のテムズ川沿岸の堤防。

す。私は気が滅入り、襲われたような、堕落してしまったような気になりました。私は彼を食器棚から下ろして、それを終わらせようとしましたが、彼はそのことを、私が参加したがっていると解釈しました。彼の主張によれば、私は彼が見せびらかすものにとても興奮しているのだそうです。赤ん坊のティムが、売春婦である母親の生き方の恐ろしさに絶えず晒されるということがどんなことだったのか、私は知らなければならないと感じました。

セッションから逃げ出して部屋の外の廊下で乱暴を働くことで、私の生活がさらに過酷なものになるということに、ティムはすぐさま気づきました。彼は荷物用エレベーターを乱用したり、廊下の端の危険な窓に上ったりしました。それをやめてもらおうとして私は屈辱的な思いをしたのですが、ティムはそのことに大きな快を見出していました。彼は挑発の度合いをとても上手に調節することができました。もし別の誰かがそこに現れたなら、ティムのことをそれほど手のつけられない子どもとは思わなかったでしょう。しかしそれでも、彼が診療所の王様となって遊んでいる一方で待ちぼうけている私が、まるで役立たずで馬鹿で無能であるかのような雰囲気を作ることができたでしょう。自分の縄張りのなかで役立たずにされてしまい、私には時折度しがたい怒りが湧き起こりました。しかし、このことによって私は、彼が何に耐えてきたのかを確実に理解できたのでした。

ここで最近のセッションの簡単な説明をしましょう。この治療は一週間に一回行われました。

その前の週、ティムは気分があまりよくなく、カウチに丸まってセッションの大部分を眠って過ごしました。当日、彼は十分遅れて母親といっしょに到着しました。これはきわめて珍しいことで、ティムはそのとき緊張しているようでした。彼はまず紙飛行機を作り始めましたが、かなりの力作にもかかわらず、彼はそれに満足しませんでした。続いて彼は、紙飛行機を窓から、私のリクエストは無視して、それとは逆方向に投げ飛ばしました。それから彼は紙をたたんで爆弾のようなオブジェを作り、それを非常に喜んで爆発させました。この日、私は彼の気持ちが爆発的であることについて話しました。彼は部屋を逃げ出してエレベーターへ向かい、呼び出しボタンで遊び始めました。私は部屋のドアの前で待って、彼を見ていました。ティムは自分のいたずらに私の興味を向けさせようとしました。エレベーターでいたずらすることで迷惑を被るかもしれない人びとに対して、私を共謀者に仕立てようと試みたのです。彼はエレベーターの内側の黒板に書かれた牛乳の注文を、明らかに理解していない様子で読み上げました。そこで彼は少し不安になったようでした。誰かがエレベーターを呼ぼうとしていることに気づいたからかもしれません。彼はトイレに逃げ込みました。ティムがトイレにいる間、エレベーターに何が起こったのかとカフェの支配人が調べにやってきて、怪訝そうに私をにらみつけました。ティムが戻ってきたときにはエレベーターはすでに行ってしまった後でしたので、彼はひどく怒りながら私の部屋に入ってきました。彼はいろんなものを私に投げつけました。彼が定規を投石器として使い始めたので、その場の空気は緊迫しました。そこで私は、ティムの爆発的な気持ちの扱いが二人にとっての問題であるということを話しました。そして、エレベーターで自由に遊べなくなってしまい、さらにその日すでにセッションを十分も無駄にしていたことで、彼がどんなに不首尾な気持ちでいるかということに、その話を結びつけました。また、自分を完全に抑えられないことを彼がどれほどつらく思っているかについて話しました。するとティムは自分のおもちゃがしまってある引き出しのなかを探って、赤いペンを見つけ出し、それから食器棚によじ登りました。さきほど天井に近いと話しておいた食器棚です。そこで彼は体いっぱい寝そべって、赤いペンで食器棚と壁と照明家具に何かを書き始めました。まず、自分の名前を書き、それから自分の友人の名前の表を書き、そして私の名前を書き、とっておきの罵倒の言葉を並べました。

相当の期間、この行動は続きました。彼が自分を表現するためのとても満足いく方法を見つけたのは明らかでした。ティムは自分がボスであることをこの日改めて主張したいと思っているのだ、そのように私は彼に言いました。というのも、彼の名前は表の一番上にあるからです。また、この日の彼は自分の望むように自分を抑えることができなかったと感じ、このことを一大事と思っているのだと言いました。しばらくしてから、忘れられるということをティムが恐れていることについて話しました。そして、壁に自分の名前を書くことで私に自分のことを思い出させることができると感じているのだと言いました。さらに幼い頃のティムの気持ち、遠い昔の最初の母親に忘れられていた頃の気持ちについて話をしました。治療を終わらせることについて一緒に考えるようになってから、ティムはますます私のことを信頼の置けない母親のように感じ、私がその頭の中から彼をただ放り捨てるのだと感じていました。このことは、彼が私にものを投げることと結びつけられます。つまり彼は、私が彼のことを忘れられないように、傷や印を残したいのです。彼が引き起こした痛みは、彼のことを思い出させるでしょう。それから、私は彼が友人の名前を書き連ねたことについての話をしました。彼はそれらを大変重要だと考えているようでしたから。彼は自分の治療が終わった後も、それらを自分のためにそこに残しておきたかったのです。落書きをしている間に私が話したのは、ティムは私に会いにくる人びとに嫉妬を抱いており、私の部屋に印を残すことで人びとにここが自分の場所であることを気づかせたいと思っているのだということでした。これは前から準備されていたテーマです。彼が私の部屋の権利を主張する巧妙さはまったく驚くべきものです。このことに応えるようにして、彼はチクショーとかクソとか大きな文字で書いていました。私はこれに応えて、自分がいなくなれば私が喜ぶのではないかとティムは心配しているのだと話しました。ここにいると粗暴に振舞ってしまう「ティム」は、私が彼を嫌っていて、見捨てたいと思っているのではないかと時折感じていました。このセッションの終わりに向けて私が話したのは、セッションを終わらせることを私たちが決めて以来、彼がどれほど動揺していたかということでした。治療が終わるべきだということを、ティムが私や両親に認めてもらいたがっていたことについての話をし、その理由を、自分が上手くやれていると私たちに言ってもらい、信頼を表明してもらうことを彼が実際には望んでいたからだと説明しました。さらに、私たちが同意した治療の規則に忠実であろうとする自分の努力を、私に確かめてもらいたいと思っているのだと説明しました。しかし治療の終了が実際に決定されて以来、彼は非常に驚いて、それまでとは違った気持ちを持つようになったということ、私に対して疑惑の念を抱き、私が彼を好きではないこと、または彼のことなど気にかけないことを心配するようになったことを指摘しました。すると彼は言ったのです。「九月になっても僕は戻ってこないよ」。これは六月のセッションでのことで、あたかも私が続ける必要を示唆していると感じているかのような口ぶりでした。それから彼は自分の止まり木から降りてきて、服を身に付け、洗浄剤を要求し、壁と食器棚と照明をすっかりきれいにしてしまいました。そしてさらに彼はそれらすべてを乾かしました。というのも、壁は一面すっかり赤い水が滴っていましたから！それは大変な作業で、相当な時間がかかりました。セッションの終わり、帰る準備のできたティムは、水を飲みたいと言い、大量の水を飲みました。それから土曜日にはアイススケートに行くのだと私に告げました。

この素材は、恐ろしい過去、現在の精神状態、そして未来を思い巡らすこととの間の関係を鮮明に描いてくれるものだと思います。恐ろしい過去の時間が実際に過ぎ去ったものであることを、少なくとも一時は発見した少年のことが示されています。恐ろしい過去の時間が現在に連続的に再生される必要などありません。人は過去と現在の区別を無くしてしまうような感情に囚われることがありますが、それとは別の記憶のあり方も可能なのです。現在においては、過去とは違ったことをすることができます。自分自身で掃除する（自分自身をきれいにする）という彼の決定はこの一例で、これにはまったく驚いてしまいました。十二歳としての能力のおかげでティムは、繰り返し見捨てられていた、十分な備えの無い二歳の立場に固執しないですんだのです。

彼がスケートに行くと言ったことに表わされている未来への方向づけもまた目を引きます。その瞬間に、彼は過去の詳細を一掃できたかのようです。彼は出立して、自分の道を見つけ出す機会を持ったのです。彼と話す中で、私は喪失に対する幼児期の心配が現在の状況でどのようにして呼び起こされているかを述べました。また、不安に直面した際に、人びとが自分の世話をすることを望んでいるとは信じることができず、ボスになって人びとを管理することで世話をさせようとする全能的な防衛がティムの特徴であるということを話しました。しかし、過去についてのこの注意と釣り合うように、彼の現在の不安、この診療所へ来るライバルへの嫉妬、彼の現在の防衛、自分を支えてくれると感じられる友達グループを持つという望みなどについてコメントしました。面白いことに、ティムは私が彼の九月に関する言葉と未来とを照らし合わせたことに応えて、セッション期間の全構造が示されるような複雑なカレンダーを作り、その後のセッションをそのことに費やしました。最後のセッションの日は目立つ色で塗り、このカレンダーを解釈するための複雑な符号をつけました。かつての彼は終わりを先のない行き止まりと見なしていました。ティムの治療が夏休みで中断していたとき、ティムの知る少年が線路を飛び越えようとして轢き殺されてしまい、ティムは精神的に破綻寸前になりました。その少年は落ちたときに、抱きかかえてもらおうとして母親を呼んだのだとティムは言いました。ティムはこの悲劇を治療室で生々しく再現しました。夏休みの治療の中断が彼にとって恐ろしい意味を持つことを、私たちにわからせようとしたのです。夏休みは、そこへ嵌《はま》ったら死へと転がり落ちてしまうような裂け目だったのです。

この臨床例はトラウマを持つ子どもの精神療法において、再構築がどのような役割を果たすかを垣間見せてくれるものです。また、再構築と転移の〈今ここで〉の解釈が、とても過去に近似しており、それゆえ時にはそっくりそのまま同じ事が起きているように見えるということもまた示しています。ティムのようなひどいトラウマを持つ子どもは、いったん現実的に深刻な分析の話題が持ち出されたならば、それを偽装したり、想像によって膨らませたりなどほとんどしません。治療者にとっては、何が起こっているかを知って理解し、その複雑な変形を解読することなどより、むしろ投射された苦痛を、子どもがそれに触れる準備ができるまで包み込んでおく方法を探すことが重要なのです。この包み込みは、課されたものなら何であれ受身で耐えるということを意味しているのではありません。治療者が逆転移を吟味し、自己分析に尽力することが強く推し進められない限り、未消化なままの圧倒的な苦しさを、有効な解釈がもたらされるような仕方で緩和することはできないのです。包むものは投射を受け取らねばならないだけでなく、それを持ちこたえ、その質を感じ、探求して、投射について熟考する必要があるのです。そうしてやっと、思考不能なものから伝達可能なものへの変形がなされるのです。思うにこれらは、クラインの発見によって育った治療実践において際立っている要素です。また、それはクラインの考えに基づくその後の理論的、技法的発展が可能にした発展でもあります。クラインによる精神分析への貢献が次第に広い範囲で評価されていることは、彼女の概念化が、臨床経験のなかで意味を切り開くのにとても有効であるからだと私は思います。

2 ラカン理論における幼児——むかしむかし†1

ビーチェ・ベンヴェヌート

子ども時代はそのものとして私たちの起源の謎を含んでいるようです。子ども時代は、その後のどんな発達にとっても基礎となるものです。精神分析にとって起源の謎の探究がきわめて重要であるということは、精神分析が人間と世界との関係を、霧に包まれた起源へとどんどん遡って辿っていくさまを見てもわかるでしょう。さながら、誕生の瞬間を捉えようとするかのようです。精神分析家は、語り部のように、こう言って物語を始めたがるのです。「むかしむかしのことですが……」

生物学には細胞があります。物理学には原子があります。同じように、精神分析も、心の世界の最小単位を探します。対象関係論の場合、強調する仕方はさまざまありますが、原初的対象、つまり乳房への還元不能な関係が自明とされています。乳房は、程度の差こそありますが、幼児の内的世界、ひいては大人の内的世界を決定するものなのです。この対象の本質に関して、強調のされ方は学派ごとにさまざまです。それは外的な対象だろうか、はたまた内的な対象だろうか。さらに、幻想と外的な現実性は、心的対象が構成される際に、どのような相

†1 原注 これは、*The British Journal of Psychotherapy*, vol. 5, no. 3, Spring, 1989 に公表された論文を短く修正したものである。

互作用を行うのだろうか。こうした問題が存在しているのです。

一般には、この始原的単位の支持者、特に母―子の単位の信奉者はフロイトを非難しています。分析のなかで子ども時代を再構成するという路線をもっと進めるべきだったというのです。もしもそのようにしていたならば、必然的に発達のより早期の段階の重要性に気づかざるを得なかったろうにと言わんばかりです。しかしこうした非難が考え合わせていないことがあります。つまり、こうした研究の「欠落」の責任を負うべきとされているその人こそ、幼児の心的発達の発見者なのだということ、そして、フロイトの発達的前エディプス段階という考えは、それが性の選択に関して根本的に重要であるがために、今なお倒れない標石なのであり、幼児期に関するその後の研究もすべてこれに基礎を置いているのだということです。

フロイトは自分が発見し、体系化して伝達しようとしていたものの重要さを、うっかり見過ごしてしまったのだ――このように信じることは、否定的、でなければ皮相な感じがします。フロイトが自分の発見を患者の真理と見なしたことはありません。彼は、その発見が自分にとって明白に何であるかという思索を述べているのです。フロイトもまたある単位のなかで分析作業を行いました。しかし、彼にとってその単位は、双数的なものではなく、父、母、子の三角形なのです。三角形の第三項は、双数的関係の論者には誤解されているきらいがありますが、子どもと母との望ましく牧歌的な結合を決定しつつ、かつ壊しもするものです。一対一の関係が考慮に入れていないのは、何がこの結合をほとんどの場合失敗させるかということです。父とは人間と世界の関係を厄介にするものとして、一つの機能なのです。しかし、この機能は、分析家が多かれ少なかれ気づきながら、臨床の水準で扱っているときにさえ、あまりにもたやすく分析家自身によって抑圧されるものなのです。

メラニー・クラインは母との関係を強調し、父の対象、つまり父のペニスを母の幻想化された広い身体内部にある副次的なものとみなしました。しかしクラインは、それでもなお父の機能を、母の対象への関係の葛藤的な側面における決定的な要因として見なしたのでした。

精神分析の対象

では、ラカンにとって精神分析の対象とは何でしょうか。それは科学に見られるような現実的な対象でも、自我や意識によって知覚されるものでもありません。分析の対象は〈無意識〉の主体によってしか説明され得ません。というのも、〈無意識〉の主体は精神分析の真の対話者だからです。

誕生はトラウマを伴います。つまり、実際の母体からの分離です。しかし、自分が他者から分離したなどと、どうして赤ん坊に知ることができましょうか。「私」と「他者」は分かちがたいものなのです。この統一体の状態から、分離の原理が誕生によって切り開かれるのです。しかし、ここで赤ん坊が分離されるのは、一人の他者からではなく、自分自身からです。赤ん坊は母、あるいは乳房を今のところは失っていません――とはいえ、これより以前にはどちらにも出会っていないのですが。失ったのは赤ん坊自身の一部です。このようにラカンにとって最初の出会いとは、乳房との出会いでも、他の対象や人との出会いでもありません。赤ん坊は対象の欠如と出会うのです。これは自分自身の喪失というに等しいでしょう。そのとき、幼児にとっては、自分自身と他者とが精神的に分離する過程はまだ始まっていないのです。

対象の欠如というときに意味するのは、あれこれの対象といったものではありません。というのも赤ん坊は、自分が自分の世界の一部として何を欠いているかを知らないからです。誕生は世界を、そして自分自身をばらばらに砕きます。これはビオンのカタストロフ、ウィニコットの抱えられないことに対する耐えがたき不安、クラインの早期幼児期における断片化と迫害の幻想などの起源のように思われます。もし、赤ん坊が表現の手段として泣き叫ぶことを持たなければ、この喪失は指し示されないでしょう。赤ん坊が何を欲しているか私たちにわからない場合でも、少なくともこの泣き叫びがあれば、赤ん坊が何かを欲していることはわかります。赤ん坊が泣く、すると望みどおり乳房がやって来て、くるむ対象の場に外的対象として差し出されるのです。ここで比喩を使うなら、乳房は裏返された子宮に喩えられます。くるまれていることと生命の源とを二つとも失うことによって、すでに赤ん坊は自分自身の一部を失ってしまっています。赤ん坊はこの失った部分が再び全体に戻ることを要求しています。しかし、赤ん坊の目の前にあるのは、自分自身ではなく外的対象なのです。その時点から全体性は人間において失われています。そのため人間はこれを欲望し、常に取り戻そうと永遠にもがくのです。これは手に入らないものへの純粋な欲望としての欲望とラカンが呼んだものと一致しています。欲望は栄養摂取の欲求と満足（快）の要求との間に滲み出し、さらにそれらを超えていくものなのです。

分析理論のほとんどにおいて、新生児は依存的で、寸断されていて、自己の感覚がなく、外的諸対象に支配されたものと見なされています。にもかかわらず、クライン派のアプローチは、赤ん坊が内的世界を持つという主張を保持しています。つまり幻想世界が、たとえ寸断されて部分的であっても、初めから外的世界とともに作用しているというのです。いまやさまざまな対象関係学派にとっての問題は、どのようにして、そしてどの程度、幻想と外的現実が相互に結びついているかを規定することです。彼らは幻想を内的現実とみなしているのです。しかし、私にはわかりません。なぜ幻想と現実の区別は定義されないのでしょうか。内的世界のどのくらいが生来のもので、どのくらいが外的世界に規定されるのでしょうか。

フロイトにとって、分析の対象とはリビードを備給されたものでした。アメーバの例にあるように、対象は幼児の自体愛的な網の目の中に含まれています。対象こそが、自分自身の快へと結びつけられるものです。そして、快とは自己の意味、あるいは自己の概念にとって核となるものです。自分自身と世界は、まだ区別されていません。したがって、もし新生児に主体があるというのならば、一言で言って、それは対象を求めてもがくこの快（リビード）のうちに住まうでしょう。しかし、この小さな自体愛的存在にとって問題なのは、自分とは別のものであるこの対象が、自体愛的主体との一体化に抵抗するということなのです。対象とは、結局いつも私たちの把捉を逃れてしまう何かなのです。乳房や母の身体ですら、赤ん坊のものではありません。それらは母の愛の賜物であり、母の裁量しだいで、与えられたり、取り上げられたりするものなのです。

欲望された対象を運ぶ者は、唯一母のみです。その対象を持つことのできない赤ん坊は、全面的に母のなすがままなのです。どんなに母が寛大で、ほど良くあろうとも[*1]、乳房を赤ん坊のものにしてやることはないでしょう。そのように骨折ったところで、その可能性について赤ん坊を欺くことにすぎません。

ここで私の観察した幼児の症例から、その一つをお見せしたいと思います。妊娠中の母親に出会った最初から、ただちに私は彼女の不安の要素のすべてに気づかされました。彼女は、自分が責任を持つべき赤ん坊への関係と、「他の母」、つまり夫の前妻と私自身への関係のどちらに関しても、自分の役割というものに不安を感じていたのでした。最初の数週間の観察の間には、彼女の母親の教えが彼女自身の好みや判断と衝突していることがわかりました。

最初の観察では、苦痛を訴えて病院を訪れた母親が前景におり、一方、赤ん坊のイヴァナが現れるのは、ただオシメを換えられる存在、ご飯を与えられる存在、話題にのぼる存在としてだけでした。母親も驚いていたのですが、イヴァナはオシメの交換の間、嫌がって母親の注意を引くことすらしませんでした。イヴァナのために母親は、オシメや暖かい毛布の不足や準備などあらゆることに気をもむ、劇の主役になってしまいました。暖かい毛布というのは、この母親自身の母親が足りていないといって叱責したものです。母親は自分が赤ん坊に与えているとされていたものに対して、自分は十分にそれを持っていないと思っているようでした。しばしば彼女はその不足を、母乳を与えることで補っていました。他方で赤ん坊は何の不足にも苦しんでいませんでしたし、母親

＊1　訳注　イギリスの分析家ウィニコットは、乳児に対する母親の機能を、ほど良い母親（good enough mother）と表現した。

が母乳を与えることにも無関心のようでした。イヴァナが乳房に関して明らかに何か楽しんでいることがあるとしたら、それは母親をいらだたせることだったでしょう。母乳を与えながら母親は、乳房が慰みものにされているとは思いもよらなかったでしょう！　反対の乳房を差し出されたとたん、イヴァナは眠りこけました。実際には、赤ん坊と母親はあからさまな衝突にいたっていませんでしたが、それにもかかわらず、二人はお互いに影響を与え合っていました。どちらも、するはずのことをしていませんでした。赤ん坊のほうは、期待されたとおりに腹をすかしたり、泣いたりしませんでしたし、母親のほうも、赤ん坊にオシメをつけてやったり、毛布でくるんであげたりしていませんでした。決して上手くいっていたとは言えませんが、どちらかがこれを大変問題にしていたというようでもありませんでした。ただ父親だけが、このじゃじゃ馬娘に悩まされていたのでした！

泣くことが主要な問題となったのは、三週目でした。母親は、泣くことをすぐさま赤ん坊の空腹と結びつけました。しかし、なぜそれはそんなに大変だったのでしょうか。なぜ自分自身の具合を悪くさせるほどだったのでしょうか。「赤ちゃんは自分がお腹をすかせていると思っているけど、実際はそうではないの」と母親は言います。そして彼女は赤ん坊の気を自分から逸らすために、赤ん坊に話しかけ始めます。乳房の代わりに、代理対象として声を置いたわけです。赤ん坊は、いわばこれを部分的に受け入れます（というのも、ラカンにとって、声は原初的対象の一つなのです）。赤ん坊は落ち着きますが、まだ苦しんでいるように見えます。その泣き声はもはや空腹の泣き声ではなくなって、苦痛の泣き声になったのです。この対象は、元に戻すことのできない赤ん坊の穴を覆うことはできませんから、かえってその過剰な現前によって赤ん坊を苦しめるのです。この穴に栓（cork）をしようとすると、この対象は「疝痛」（colic）になります。クライン派なら、悪い対象になったと言うでしょう。しかし、悪い対象とは穴を埋めるべく期待されている対象のことにほかなりません。しかも、それは痛みを代償としてのことです。ラカンの金言の一つに、「欠如は欠如しえない」というものがあります（精神病という代償を払う場合は別ですが）。母親にとってイヴァナの泣き声は、空腹の叫びであるとともに、疝痛の痛みの叫びでもありました。クライン派の場合、不幸にも良い対象と悪い対象は同じ一つの対象なのです。方法は数多くありますが、クライン派とは別のある方法で、赤ん坊と対象の関係に注目してみましょう。結局のところ、観察する方法はたった一つではありません。観察されるもの自体を理解するよりも、物事に対する自分自身の理解を観察するのが人の常ですから。

依　存

赤ん坊はある対象に依存しています。その対象とは、赤ん坊自身やその一部などではなく、他者のものであり、他者の一部なのです。この寄る辺ない状態は、人間に独特な「早産」という生物学の理論に合っています。この早産のせいで、人間は他の動物にも比して長く、子ども時代を依存的に過ごすことになります。生物学はいつも精神分析が理論を思索するなかで役立ってきました。というのも、この二つの分野には隣接性があるからですが、しかし、その違いについては誤解されがちです。フロイトは人間の起源的な両性性との関係で、生物学的な性差について論じながら、「生物学は運命である」[*1]と言いました。生物学的な研究と心の研究は、人間に共通の所与、たとえば性、感覚、能力、身体などについて進められていくものですが、残念ながら二つの水準はお互いに調和するものではありません。反対に、フロイトの認識では、心的な苦痛と快は、必要と欲求の法則に対応するものではなく、いかなる生物学的満足をも越え出る、エネルギー（リビード）の余剰に対応するのです。同性愛、薬物中毒、倒錯などを考えてみてください。この場合、精神的な苦痛の存在というのが、二つの水準が一

＊1　訳注　フロイトが言ったのは、正確には「解剖学は運命である」である。Freud, S., Der Untergang des Ödipuskomplexes, *Gesammelte Werke XIII*, p. 400, 1940.（「エディプス・コンプレクスの消滅」『フロイト著作集第六巻』人文書院、一九七〇年、三一四頁）

致していないこと、それらはただ相互に関係しているだけであるということを証明しています。この関係はしばしば大きな衝突を特徴とするのです。

欲求と快

本能というものは欲求の満足を目指します。たとえば空腹などがそうです。一方、リビードが目指すものは快の満足なのです。ですから、この快がもともと欲求の満足から引き出されたかどうかにかかわらず、リビードは本能ではありえないのです。こうした欲求と快の重なりに対する感受性のために、イヴァナの母親は赤ん坊に対する困惑を表現するのです。「あなたはそれを空腹と考えているけど、そうではないのよ」。フロイトは赤ん坊と授乳者を絶え間なく観察したわけではありませんが、成人患者との分析作業から、退行が示すものは口唇的、肛門的欲求ではなく、口唇的、肛門的な性愛、すなわち快であるという推論を引き出すことができました。イヴァナの貪欲さが示すのも、純粋な生物学的欲求を越え出る性愛エネルギーです。エロティシズムが本質的にスキャンダラスであるのは、それが私たちの賢い欲求をめったに尊重することが無いからです。満足をもたらす食べ物など気にも留めずに、乳房の差し出す母乳を越えて、イヴァナはしゃぶることを享楽しているのです。イヴァナはそうして遊んでいるのです。イヴァナは自分や私の親指をしゃぶりますが、それは疲れ果ててしまうほどに続けられるのです。しかし、こうした単純な観察も、フロイトを待たずしては為されませんでした。赤ん坊の貪欲さと快を、母乳に対する飢えとして解釈することはいっそう簡単なことでしょう。しかし、とても素朴な乳母でさえ、赤ん坊が泣くときは、たいてい快と愛を要求しているのだと教えてくれます。赤ん坊は、他者への要求の性愛的な本質を認識するように要求しています。赤ん坊がエロスを要求し、母が赤ん坊にその印をあげるのです。母の乳房は愛の印なのです。さきほどの私の観察にも見られるように、欲求と快との混同は母親や赤ん坊の側にあるのではありません。それは、フロイトの「欲動」(Trieb)を本能(instinct)と訳した人びとを含む分析家たちの側にあるのです。理論的な混乱がここから始まっています。本能を、満足を求める欲求に奉仕するものとするならば、欲動とは、性愛的快を求めるリビードに奉仕するものなのです。

泣き声

役立たずで有害な対象に対する倒錯や中毒の領域は広大ですが、このことによって、成人の快が欲求から著しくかけ離れていることが示されるでしょう。赤ん坊の場合に快が満足を見出すのは、自分に差し出された唯一の対象である乳房においてです。乳房は食べ物を与える対象ですから、赤ん坊の空腹の満足のために差し出される対象です。赤ん坊は乳房を享楽するほかないのです。それゆえに、もっとも満足している赤ん坊でさえも、声をあげて泣くのです。泣かなければ、それこそ心配ではありませんか。動物と違って、赤ん坊は泣きながら生まれてきます。これは、赤ん坊が生きていること、元気であることの印です。人間はこの根源的な泣いている状態、欠乏をはっきり言い表わせない状態に生まれ落ちるようです。赤ん坊の泣き声は、欲求と快の間の分裂の証拠となります。赤ん坊は満腹しきっていながら、何かを要求しているのです。赤ん坊は、全面的に他者の世話に依存することによって、要求の状態にその身を置いているのです。何を要求しているのでしょうか。母の子宮から押し出されるや否や赤ん坊が要求するものは、乳房なのでしょうか。「王様」の赤ん坊が泣くと、母親は乳房を差し出し、母乳を差し出します。赤ん坊の要求に、欲求の満足で応えているわけです。しかし、赤ん坊は自分が何を要求しているのか、知っているのでしょうか。赤ん坊にそれがわかるのは、母親がその乳首を自分の口にあてがい、食べ物でいっぱいにするときです。母親は赤ん坊が欲しているものを解釈しますが、乳房に出会う前に赤ん坊が欲していたものは、誰にも分かりません。母が乳房を差し出すことは、贈り物です。贈り物とは欲求された対象ではなく、愛情のこもった対象です。贈り物はいつでも愛を代理するのです。母性とは牝牛の機能であるなどと言っても、今日、いや、いつの時代でもそのようなことは信じられないでしょう。哺乳瓶はかつての乳母と同じく、今日の育児習慣の一部です。乳房で食事を与えることを選択する女性は、たんに愛の贈り物としてそのようにしているのであり、必要に迫られてのことではありません。乳房が赤ん坊に差し出すものとは、欲された対象ではなく、愛の贈り物であることを母親は知っているのです。どんなに自分の子を愛している母親でも、母親と一つになりたいという子どもの要求を満たしてやることはありません。イヴァナの母親の例に見ることができるのは、赤ん坊が欲しているものをその子に与えることができないことが、いかに母親の不安を成り立たせるかという一つの例です。母親は、要求するイヴァナの寄る辺なさを自分への絶対的な要求として、赤ん坊は母乳以上のものを欲していると解釈したようです。この「以上」とは何のことでしょうか。対象や自分自身をすっかり消尽するという要求でしょうか（それが彼女の疝痛なのでしょうか）。この「もっと、もっと」に誰が歯止めをかけるのでしょうか。この母親のような人びとでしょうか、それとも子どもを甘やかしてはいけないとおっしゃる観察者でしょうか。この母親はまだ母親業の「規則」をわかっていません。彼女は、中身の無い他者の規則に適合できないままに、それにしがみついているのです。私は、他の意味の無い規則を彼女に与えることは慎みましたが、このことに応じるようにして、彼女は私から目を逸らして時計に目をやって、ある選択を表明するのでした。「赤ちゃんにはもう十分以上は泣かせないようにしようかしら！」。彼女は最初の規則を、私からではなく、時間の区切り[*1]から得ました。母親の不安というものが生じるのは、赤ん坊の欲しているものを持っていないという認識からです（そして、この認識は、赤ん坊ばかりが自分の欲しているものではないという認識と一致しています）。最も愛情深い母親でさえも、この神話的な起源統一体を赤ん坊に返すことはできません。母親が

＊1　訳注　scansion ラカンの用語の一つ。

与えることのできるものは、いくらかの心地よい贈り物しかないのです。しかし、この贈り物も「それ」ではなく、「それ」を代わりに示すものなのです。愛は統一体の代わりをしますが、統一体ではないのです。ほとんどの分析家が賛同し、またほとんどの母親が知っていることですが、赤ん坊が乳房から欲しているのは、空腹を満たすことだけではないのです。一般に母乳は、赤ん坊が生命から欲しているものとしてだけではなく、必死に要求する幼児をなだめるための安らぎとしても考えられるのです。

次のセッションを特徴づけるのは、朝食という形をとった休憩、すなわち「断固たる休憩」でした。このとき、食事をしていたのは母親でした。母親は、赤ん坊からの休憩を自分が楽しんでいる間、待っていてくれと私に頼みました。母親は赤ん坊がなぜ泣いているのか、「ほとんど」確信していました。この確信が完全である必要はありませんでした。赤ん坊が泣いているのは自分のせいではないとわかれば十分だったからです。赤ん坊が泣いている理由は疝痛でした。母親は、赤ん坊が乳を吸わずに乳房と遊んでいるということを、穏やかに話しました。私ははじめて母親抜きでイヴァナと関わることができました。イヴァナの行動はゆっくりで、自信に満ち、慌てることも、パニックになることもありませんでした。授乳は遮られることもあるでしょうが、後に再開すればいいわけです。母親は自分自身の規則とリズムを適用することを決めており、与える分はどのくらい、与えない分はどのくらいかを弁《わきま》えていました。彼女自身言っているように、彼女は実際に自分の赤ん坊に恋していたのでした。彼女はとても率直に私に語ってくれたのですが、彼女は、母親らしい気持ちになれず、つまり愛を感じられずかえって不安でいっぱいになってしまう状態だったのですが、今や彼女は恋に落ちたというわけです。その前の二週間というものは、相互的貪りとべたべたの悪循環だったのですが、それを一時中断することによってそうなったのです。二週目と三週目の母親の心を占めていたのは、満たすことのできない欲求ではなく、対象が他者によって愛の印として快のために差し出されるような遊びの次元だったのです。愛は欲求の関係の代わりにやって来るのです。これによって乳房や母は撤退することが可能となるのです。

部分対象

大文字の他者[*1]は、赤ん坊が欲しているものを知る者、持っている者です。大文字の他者は赤ん坊の自動詞的要求に対して、不可知の失われた対象の代わりとして、ある対象を提示することで返答します。おそらく乳房は、精神分析理論のうちでのこうした重要性を保証してきたものです。食べ物を与えることは、はっきり言い表わされない幼児の要求に対する他者の最初の返答だからです。乳房は欲望の対象を表わしますが、それは近似的なものでしかありません。母乳を与えると申し出ることで、母親は乳房への要求を作り出します。赤ん坊は食べ物によって満足し、その限界が設定されれば不首尾を味わうものであって、結局は終わり良ければすべて良しと考えれば良いのだとする精神分析家もいます。メラニー・クラインはそのように考えませんでした。口唇期は、乳房との関係における、貪り脅かす幻想が住まうところとなります。こうした関係では事実が問題なのではありません。この関係は、決して満足をもたらさない外的な対象としての乳房に適応する過程を伴うのです。決して満足をもたらさないとは、言い換えれば、部分的ということです。ラカンは「部分的」というこの概念を、部分的にしか満足の機能を果たさない対象に当てはめました。対象は定義上、部分的です。というのも、赤ん坊にとって、全体などというものはないからです。たいていの古典的な対象関係論は、世界を部分へと分裂したものと考えています。精神分析はどのような学派であれ、常に分裂と分割を扱わなければならないのです。ラカン派も例外ではありません。逆に、分裂をその理論の中心とし、それに目を向けようと試みているのであり、分裂を中立化したり、否定しようとしたりしているわけではないのです。欠如は病理的なものではなく、人間の精神の核なのです。分析家は、欠如を埋め尽くそうとか、縫い合わせようとするのではなく、欠如を取り扱うのです。母親が赤ん坊に不首尾を感じさせることは必然でさえあります。皆さんご存知でしょうが、子育てとは、単に食べ物やお菓子を与えるといった問題ではありません。不首尾があるのも成長の一部なのです。とはいえ、子どもはそれを上手く受け取りません。とても落ち着いた子どもでさえ、親には些細な不首尾と思える事柄に対して癇癪を起こすことがあります。もっと、もっとと欲しがり、親が与えることのできるものの限界を広げようとする子どもの行き過ぎた振る舞いときわけのなさは、不首尾も仕方ないということでは片付けられません。これらは絶対的な愛の要求、完全な全体性の要求なのです。不首尾が関係しているのは、完全な対象を欠く、赤ん坊の絶対的な要求に対してであって、欲求や快の満足に対してなどではないのです。しかし、赤ん坊は、欲求と快の満足を通してしか、何ものも要求できません。母親とその「諸対象」の現前のおかげで、赤ん坊は誰かの何かを要求できます。母と子がいわば最初の会話をなすのは、これらの対象のおかげなのです。母子の肉体的な接触は、コミュニケーションの手段として機能します。引き裂かれた新生児は、一人きりではありません。大文字の他者(対象ではなく、むしろ機械仕掛けの神[*2]に近いでしょう。世界内の私たちの存在を調整するものです)が在るという原則が、母の現前と機能によって導入されます。母の対象、たとえば母の乳房は、赤ん坊の絶対的な要求に対する、大文字の他者の返答なのです。母なる対象はそうしたものとして心的な関連性を獲得するのです。はっきりと言い表わされていない泣き声に対して乳房が差し出されることで、それをはっきりさせることができるのです。乳房と出会うことによって、赤ん坊は他者を求め、他者から求めることができるようになります。こうして、乳房が人間世界、つまり共通の参照点によって意味を共有しあう世界の本質へと導入されるのです。「原初の叫び」は他者とのコミュニケーションのためのチャンネルを見つけ出します。意味に満ちた母の対象が介入することによって、赤ん坊は絶対的要求から疎外されます。ラカン派の用語を使えば、このように言うことができ

＊1　訳注　l'Autre. 差異の体系としての言語的構造の存在を示すラカン的用語。
＊2　訳注　Deus ex machina. 中世ヨーロッパの奇跡劇の最後に、事態を収拾させるために登場する神。

ます。「抱っこする母」「ほど良い母」は、意味やコミュニケーションの手段を供給する母であり、この母がなくては絶対的な要求は表現されることはありません。この母を通じてこそ、赤ん坊は絶対的要求をはっきりと言い表わし、言明することができるのです。

しかし、要求が母なる対象へと疎外されることは、事実として起こるわけではありません。それはただの論理的帰結に過ぎません。つまり、絶対的な要求が母の努力に見合うものではないため、母の努力は要求を満足させるどころか、要求を刺激するのです。このことは、貪欲さについてのメラニー・クラインの関心を説明するものでしょう。クラインは貪欲さを生まれながらの情動と見なしていました。それを「甘やかし」の効果か、剥奪の効果としてみる人びともいます。イヴァナの母親の早期のアプローチについては、ルソーがそれを『エミール、あるいは教育について』のなかで考えていたとも言えるでしょう。「体をしばられてもいず、病気でもないのに、そして、なんの不足もないのに、子どもが長い間泣いているのは、習慣と強情で泣いているにすぎない。それは自然のせいではなく、乳母のせいだ。うるさいのにがまんすることができない乳母は、なおさら子どもを泣き虫にする。きょう子どもを黙らせれば、あしたはもっとひどく泣かせることになるのがわからないのだ[*1]」。赤ん坊を預かっている他者は、何であれ失われてしまったものとして現前するのです。つまり、絶対的な大文字の他者として、必死に求められているものの役割を体現するのです。ラカンが言うには、全能性は子どもの側ではなく、母の側にあるのです。赤ん坊は自分の欲望が、他者のきまぐれな欲望の手中にあるということに遅かれ早かれ気づきます。自分の生命そのものが、他者の欲望次第なのです。幼児にとって他者の現前があまりに明らかでも、それとの関係はあまりに不調和なものなので、失われ、そして欲望された対象の責任を他者が全面的に負うことになります。母もまた絶対的な要求の法に従属しており、自分が差し出さなければならないもの

＊1　訳注　ルソー『エミール』（全三巻）今野一雄訳、岩波文庫、一九六二年、上、八五頁。

によって赤ん坊が満足することを要求しています。母の要求は、赤ん坊の望みが自分の乳房によって、自分の愛、自分の世話などによって満足することなのです。こうして、母なる対象が起源的要求の対象に取り込まれます。このような母子関係の自己充足という錯覚のなかで、世界が止まることも考えられます。ここには、欲望されるべきものが何も残らないような要求の循環があるのです。母の乳房の満たしと、母の抱擁の取り囲みとの循環性において、世界が止まると考えられるのです。しかし、世界は止まりません。赤ん坊の要求と母親の要求の循環は、常に母子カップルを理想化してきました。その一方で、主体にとって都合の悪いことはすべて、起源的には母の失敗であるとする確信が、その循環によって生まれているのです。母子関係が単独でどれほど頼もしく、有意義に見えるにせよ、その行き着く先は袋小路なのです。このことの証明をクラインのエディプス葛藤の仮説に見出すことができます。クラインは、フロイトがエディプス葛藤を四歳頃に起こるとしたのに対して、それよりも早期のエディプス葛藤を仮定したのです。とても小さな子どもと分析作業をし、幼児の世界を開拓したクラインは、母への関係が、さらに広い世界への関係を導入することに気づきました。子どもの幻想においては、母の体は外部の要素を含んでいます。父のペニス、他の赤ん坊、武器、衝突し、侵入してくる対象を含み持つのです。クラインに従えば、赤ん坊は母親とコミュニケーションしているのではなく、母親などお構いなしに、母親を使用して、世界と関係しているような印象が得られます。クライン的な幻想理論のなかの赤ん坊は、母の身体の帝国の内部に住まっているのです。

母のまなざし

一般に共生的と呼ばれるこの段階で、赤ん坊は自分自身の完全性を、母の提供物と身体の中に見つけようとします。ここでウィニコットは次のような考えを導入しました。赤ん坊と母親をつなぐ母親の対象のなかには、特別なものもある。すなわち母親のまなざしである。この「対象」は赤ん坊にとっての鏡として機能するために、ウィニコットにとって大変重要なものでした。この鏡を使って、赤ん坊は自分自身を母親の顔の中に見出します。それは視る欲動のきっかけとなるものなので、ラカンにとっても同じく重要なものです。視る欲動とは、イヴァナの観察で見たような口や指を使用して展開されるものではなく、目を通して展開されるものです。いまだ一つのものであったイメージの世界と世界のイメージが、ここで用意されます。母の目の中の自分自身のイメージ（ラテン語で瞳孔〈pupil〉という語は、「小さい少女」という意味を持ちます。自分自身の小さなイメージであり、自分を見ている人の瞳孔のなかに見られるものです）は、イメージと自分自身の、分離および同一化を両方とも持ち込みます。つまり、赤ん坊は母親の顔の中にいるのです。

鏡像段階

しかし、ラカンにとって鏡の重要性は、母のまなざしのさらに上を行くものでした。赤ん坊が自らの反映を見出す鏡は、赤ん坊が世界についての知覚をひっくり返すという点で決定的に働くものです。ラカンによれば、この出来事は生後六カ月頃に起こるということですが、大変面白いことに、その時期はクラインの抑うつ態勢の開始と同じ頃です。しかし、ラカンの場合、自分自身のイメージを鏡の中に知覚する経験は、母の目の中に自分のイメージを見ることとは違うものであり、胸躍る、喜びに満ちた経験なのです。ここではじめて赤ん坊は自分自身を母から分離して、いわば別の顔を持つものとして知覚するのです。しかし、それよりも重要なことがあります。赤ん坊は自分を、母に助けてもらえないのなら座っていることもできないような寄る辺ない被造物とは知覚せずに、人間全体として知覚するのです。赤ん坊はここで、その前の段階に母を通じて自分のものと認めていた人間というゲシュタルトを、自分自身に適用します。ラカンの言う「鏡像段階」においては、赤ん坊は人間であり、自分自身を実際よりもいっそう完全なものと見るのです。つまり赤ん坊は、その身体によって独り立ちできているときの自分の像となるのです。鏡は人間の力と美の整形外科です。ナルシスが自分のイメージに恋をしているのだと言い換えることもできます。しかしナルシスと違い、赤ん坊は自分自身を理想的な人間のイメージのなかに認識し、そのイメージに同一化するのです。赤ん坊が依存的であること、および自分の身体運動を調整できないことと、鏡で知覚されるような完璧で自立した全体へと想像的に急き立てられることとの間には不均衡があります。ラカンによれば、これは自我の起源です。すなわち、自分自身の鏡像への同一化なのですが、これは主人性の錯覚、いまだ届かざる身体的調和という錯覚であり、母のまなざしから自分のイメージへと疎外されることなのです。自分の寸断されたあり方と鏡の中でのその反映との間の、こうしたさらなる分裂は、分離と統一の弁証法のなかで、新たな心的段階を構成します。再びナルシスを考えてみていただければわかりますが、鏡は分裂させるだけでなく、二重化させます。世界はもはや幼児の延長ではなく、二重化されたものです。他者は自分自身の分身となるのです。分身とのこうした関係は常に衝突をもたらすものです。というのも、他者が自分自身の分身であるなら、他者はライバルでもあるからです。鏡は自分自身との敵対的関係の幕を開けます。同一化の対象とは、憎悪と攻撃の対象でもあるわけです。このことはパラノイアの場合に顕著です。パラノイアでは、愛すべき人、すなわちパラノイア患者が同一化した人が迫害者となって彼を取り除こうとしたり、その逆のことが起きたりします。これは、他の子を殴った子どもが、殴られたのは自分であると主張するような転嫁症という現象です。文学のなかでは、エドガー・アラン・ポーのウィリアム・ウィルソンを例として挙げることができます。自分の分身を殺すことで自分自身を殺してしまった男の話です。こうしたことは、ナルシスのさまざまな側面をなしています。

しかし、分身が常にそこにあるわけではありません。それは、幼児期の早期に乳房がいつでもあるわけではないのと同じです。幼児期の早期には、乳房の不在は泣き声とともに受け取られました。さもなければ、乳房を

（あるいは乳房から奪われた満足、快を）幻覚するか、（イヴァナが拳や親指を使ったように）自分自身の身体を代わりにするか、手近な別の対象や人物を代わりにすること（母親が朝ご飯を終えるまで、イヴァナは私の親指をしゃぶっていた）によって否定されました。フロイトは自分の発見を実行に移すに当たって、幼児の観察に関する講義を行いませんでしたが、かといって、幼児の観察なしにすませたわけではありません。フロイトが観察したのは、自分の孫でした。母親はそのときしばらく不在にしていたのですが、するとその子は、糸巻きとそれに巻きついている紐とで一人遊びを始めたのです。糸巻きをベッドの下に投げ入れて消し、次にそれを引っ張り戻しては、再び現れさせました。この子は一歳半で、はっきりしない言葉しか話せませんでしたが、糸巻きを放り投げるときには「フォルト」（fort）、引っ張り戻すときには「ダ」（da）という声を発しました。[*1] フロイトはこれらの音をドイツ語における「行ってしまった」と「戻る」という言葉として解読しました。この幼児は、自分が対象の現前と不在を支配できる遊びを作り、いわば状況を支配することによって、母親の不在を扱ったのでした。フロイトが孫の声を間違って解釈していたにせよ、孫はやはりこの遊びを通じて、愛すべき対象の行き来を象徴化していたのです。フロイトは、この子が象徴化しているという事実、つまり母親の不在を遊びのなかで代理することで認識しているという事実に気づいたのです。ラカンはこの観察のなかに、幼児の心的発達の決定的な契機を見ました。ここで分離がはっきりと表明されているのですが、それは他者によってではなく、他者が不在の時の子ども自身によってなのです。この例においては、子どもの統一体への要求を表わすものは、はっきりと言い表わされていない泣き声ではなく、意味に満ちた音と遊びに満ちた行動なのです。ラカンの言う「フォルト／ダー」の位相は、新たな現前／不在の弁証法を開き、そこにおいて不在は心的な代理を見出すのです。そ

＊1　訳注　元になるフロイトの論文「快原理の彼岸」（Freud, 1920）では、正確には、糸巻きが姿を消す際、子どもは「オーオーオー」と声をあげる。フロイト（とこの子どもの母親）は、これを fort の意味と判断した。

れは心的機能にまで高められた分離であり、この心的機能において、空虚な場が主体のなかで声を見つけるのです。ここから言語の世界が始まります。ここで、言葉は行方知れずの対象の代わりをし、糸巻きは象徴の機能を引き受けることができるのです。ラカンがこれを象徴的秩序と呼ぶとき、それは言いようもなく、寄る辺のない幼児の世界を構造化する秩序のみを意味しているだけではありません。はっきりと言い表わせない幼児期の経験を現在にもたらす秩序をもまた意味しているのです。これこそがフロイトの「事後性」であり、この作用において、かつて起こったことが、後に起こることによって再解釈され、形を与えられるのです。ラカンと同様、フロイトにとっても、精神分析とは人間の生活史、トラウマ、運命といったものを、言語の力によって再び解釈し、再び秩序づけるものなのです。これこそが、精神分析的な儀式の核心なのです。

言語とはそこにないものを表わすためのもっぱら人間的な方法です。事物の場に言葉がやってくるというだけではありません。言葉はまた、事物の世界と独立な関係を持つシステムの一部でもあるのです。ヴィトゲンシュタインと共通していますが、ラカンは世界が決して直接に知覚も理解もされない、少なくとも肉体的、精神的仲介物の取次ぎによってしか知覚されないのに、私たちが世界についての見解を持つのは、言語のおかげであると考えました。哲学や科学、心理学は常に世界の理解を決定するようなカテゴリーを作ろうとしてきました。空間、時間、意識、感覚、神経システム、情動などです。フロイトの考えた「精神分析」の発見は、〈無意識〉とは、意識的に直接言うことができず、夢や言い間違い、否定などによってしか言うことのできない何かを表象する象徴のシステムであるということでした。ラカンにとっては、私たちの意識が言うことのできないものとはこの欠如であり、つまりは生命と私たちの存在の限界を明らかにする絶対性への、言わんかたなき欲望のことなのです。それは対象への関係ではなく、言い表わすことのできない死への関係なのです。クラインが理論のなかで書きとめていないにせよ、クラインのシステムは三角形のシステムです。というのも、そこでは子どもの心的過程が、母と子の閉じた前言語的《プレヴァーバル》な世界の彼岸にある衝突を通じて展開されているからです。ところが後のクライン派の人びとは、より早期の発達段階において後の精神状態への手がかりとなるものとしてフロイトが父に与えた重要性を放逐してしまいました。ラカンは父とエディプス・コンプレクスの重要性を、母子の囲いの外にいる他者に子どもが会うことになる創設的な契機として改めて導入しました。一対一の関係の限界の象徴として父が機能するのです。共生的関係においては、乳房と口の前言語的《プレヴァーバル》な自己満足のなかで世界が閉じているという錯覚があります。この錯覚において、私たちの精神の安定を得るために必要な、欲望された対象をめぐって、世界は閉じているのです。しかし、この錯覚は父によって表わされる第三の要素の介入により、破壊されます。すでに述べましたが、母親もまた絶対的要求の法に従属する主体なのです。子どもと同様、母親も他者からの分離に従属する主体なのです。子どもが母を越えて何かを欲望するのと同様に、母親もまた子どもを越えて何かを欲望していると言ってよいでしょう。この「越えて」ということがなければ、母と子は、貪欲で攻撃的な幻想が（たとえ愛するあまりとはいえ）現実となるような態勢のなかでお互いを罠《わな》にかけあうことになります。ラカンも、母の現前とその部分対象によって媒介される世界との前エディプス的な出会いを否定はしません。しかし、その後の新しい出会いのそれぞれによってこそ、以前の出会いが影響を受け、豊かなものとなっていくのであり、その逆なのではありません。最終的にエディプスの段階が、（母との一体化の欲望のさらに進んだ版である）母との近親姦的欲望に主体が関係する位置を決定し、この欲望の禁止を与えるのです。エディプス・コンプレクスとは、主体が自分の欲望を言明することで、その欲望の責任をとるべく呼び出される場である言語と、母を所有し、かつ母に所有されるという言明されない欲望との間の衝突を示す標石なのです。

子ども時代の神経症は、この道を進んでいくことの困難さの故なのです。これは、程度の差こそあれ、だれにとってもとても困難なことです。エディプスの発達を成し遂げるという多かれ少なかれ苦痛の伴うこの試みを、フロイ

＊1　訳注　subject（仏 sujet）には「主体」の意味がある一方、名詞「臣下」、形容詞「従属する」という意味がある。

トは「幼児神経症」と呼びました。しかしこれは、一般的に信じられているような、子どもの発達にとっての障害物などではありません。エディプス段階を発達させず、克服できない場合には、成人期に神経症となる可能性が生じます。

臨床的観点からすれば、エディプス期が解決をまったく見つけられなかったり、不安定な形、たとえば否定、逃避、結果の偽りの受け入れなどによってしか解決されなかったりする場合に、真正の神経症が始まります。分析中に、以前の幼児期の段階への退行が、エディプス葛藤に結びついて、あるいはその葛藤の帰結として起こります。成人が口唇段階、肛門段階に退行すると言われることの意味は、患者がエディプス段階から移動しておらず、まだ四歳児とか幼児のままなのだということではありません。ただそれで、どこで間違ったステップが踏まれたかが確実に示されるのです。患者はエディプスの謎かけを解かずに移動してしまっているのです。〈無意識〉の問いを答えないままにすることで、移動したのです。しかし、答えられなかった問いの執拗さが示されるところにこそ、精神的な溝がその埋め合わせを見つけ出しています。退行は実際の幼児期の段階について多くを教えてくれるものではありません。退行が教えるのは、幼児が世界の要求と提供物に出会ったときのことについてであり、その出会いが失われていることについてなのです。退行とは、別の快のためにある快をあきらめることへの抵抗が生じる地点の印なのです。欲望がどこで運動を止め、選択の責を逃れながら反復のなかに差し止められているかが示されるのです。ラカンにとって、〈無意識〉はかつて開かれた問いであり、症状によって沈黙させられている問いです。この沈黙は、症状が作り出す過剰な雑音によって埋め合わされているだけなのです。分析主体からの退行的な要求と祈願の裏で、開かれた問いの雑音を聞くことが分析家の仕事なのです。分析家は開かれた、未解決なこの問いを認識しなければならないのです。

3 児童分析についての討論

質　問　精神病者には常に大文字の他者との二項関係があり、臨床でもまたこの二項関係が見られます。父の機能というものが存在するが、それは父親に特有の機能ではないとあなたはおっしゃいました。父親でも母親でもこの機能を担えるというあなたの示唆は、矛盾していませんか。

ベンヴェヌート　精神病を考える場合には、たしかに乳児の原初的な大文字の他者が問題になりますが、私たちはそれを母親と見なしたりはしません。私たちは常に機能について、たとえば世話をする機能などについて話しているのです。最近では父親が子どもを育てる場合が増えてきていますから、この場合、父こそが原初的な機能を担うということになるでしょう。しかし乳房は、あるいは哺乳瓶でもそうですが、対象ではありません。それは機能なのです。子どもが泣き叫ぶと母親は「おっぱいが欲しいのね」と解釈します。子どもが求めているのは乳房ではなく、過ぎ去ってしまった「何か」なのです。

質　問　セッションの構造についてお尋ねしたいと思います。ウィニコットは要求があれば面会するようにしていましたが、セッションはどのくらいの頻度で行われるべきなのでしょうか。セッションの構造の背後にはどんな理論がひかえているのでしょうか。

ラスティン　お話ししたとは思いますが、厳密に定められた構造から離れては分析作業を行なうことはできないでしょう。だからといって、ウィニコットがその時どきに応じた診察のなかで行っていたように、精神分析を利用してクリエイティヴな作業を行うことなどできない、というわけではありません。しかし、それは精神分析ではないと思います。そういった事柄は技法的に扱えるものではないのです。まさにインスピレーションに富んだ接触ではありましょうが、それは分析ではないのです。それはまた子どもが望むとおりに、現在進行中の人間関係とは異なるものを作り出しているとは言えるでしょうが、しかし、本来の分析はあらゆる努力の場である転移と逆転移に依拠するものだと私は思うのです。こういった分析はいつでもできるというものではありません。

ベンヴェヌート　精神分析は二者間の契約です。それがたとえ子どもとの契約であっても！　分析を要求するのが子どもではない場合には、特定の作業のためのはっきりとした契約を確実に手にするためには、予備面接が何年も継続することもありえます。ウィニコットは要求に応じての分析（psychoanalysis on demand）を規則として用いていたわけではありませんでしたし、そこから規則を引き出すこともありませんでした。

質　問　発表者のお二人に、クライン派の包み込みという考え方とラカン派の象徴界という考え方はお互い相通ずるものがあるかもしれないということについて、コメントいただけませんか。マーガレット・ラスティンの話から分かることは、包み込みというものが象徴界というラカンの考え方と強く結びついているということです。患者である少年が食器棚から降りたとき，あなたは時間についての話——たとえば休日などについてでしょうが——に着地しました。しかし，クライン派の考え方には会話の内容についての理論が欠けているということに驚かされます！　壁のあちこちに自分の名前を書くなんて，何か尋常ではないことがあるに違いありません。彼の名前は問題を提起しているはずです。彼は名前を持っているか，でなければ里親の名前を引き受けています。あなたはこの子の生物学的な母親について話されましたが，養子にされているという事実を除けば，彼の生活していた状況については何も語りませんでした。もちろんこの子どもは自分の養育環境や父親についてはほとんど何も知らないでしょうが……

ラスティン　私が提示しようとしていたのは臨床例です，これは臨床の発表なのですから。父親を除外するような仕方で分析作業を行ったとは思っていません。今回のセッションでは，特に父親を思わせるような話をしなかったということは確かです。ご指摘の出発点は，セッション内の時間の変遷が重要であるということだったと思います。実は父親は常に治療者のなかで表わされています。というのも，セッションの構造のおかげで，父親は常に母親のなかにいるように幻想されているからです。タヴィストック・パパはセッションは必ず終わらなければならないと言っているのです！

この少年は私との分析作業を開始する前に治療を受けていました。しかし元の治療者が病気になったのでこの治療は終了しなければならなくなり，私は彼女からこの子どもを引き受けることになりました。彼女との作業では，この少年の暴力は過激なものでしたので，彼の父親が部屋の外で座っているときだけにしか，そもそもセッションをやっていけていなかったのです。だから，クライン派の作業では父親は存在しないなどという考えは誤解です。

私の考えでは，父は子どもにとって初めから母のなかに常に存在します。乳房の固い部分である乳首はペニスとして考えることができます。これは柔らかく受容的な母に加えて、父と結びついています。しかしそれは常に母親であるとは限りません。母親は常にいるわけではありませんし、常におっぱいをくれるわけでもありません。子どもにとっては母もまた常に存在するわけではないというビーチェの考えに、私は全面的に賛同します。

ベンヴェヌート　母のなかにある父のペニス（ラカンは「ペニス」と「ファルス」はきわめて異なる意味を持つと言いましたが、彼にとってはこれはペニスとは異なります！）は父の機能ではなく、それとは反対のものです。それは迫害者なのです。母のなかにあるペニスは良きものとの統一性に裂け目を引き起こすものです。それはいつも敵であるというわけではありません。それは母のなかに存在し、母の身体の帝国のなかに留まり続けます。タヴィストックにいるエレベーターの管理人の機能やティムが書いているお友だちの名前は〈父の名〉を示唆していると思うのですが、これはセッションからは見失われています。にもかかわらず、何か他のものに訴えるために彼はこのお友だちの名前を欲しているのです。クライン派とラカン派の見方では父がどのように見られるのか、その違いがここにあります。ラカンにとっては、父は象徴化されなければなりません。父は機械仕掛けではなく、秩序をなすものと見なされます。父のペニスは現実的でして、妄想分裂状態の一部です。一方、ファルスは名づけられる要素でして、精神に変化を引き起こします。

質　問　私が言いたかったのは、父にはさまざまな機能があり、そのうちの一つが保護する機能であるということです。エレベーターの管理人は暴君であるか、あるいはたとえばマーガレットが患者に次週会うことを保証してくれるような、頼りになる人物であると言えるでしょう。

私は父との関係と対象という考え方について申し上げたいことがあります。お二人の発表は大変興味深くまた豊かなものですが、私も議論に加わる必要があると感じました。あなた方お二人がなさった比較は、フロイトという掛け橋と発達という考え方から見ることでもっとよく議論されることでしょう。お互いの討論は、心的現実や、それが内的対象の現実について言わんとしていることをめぐってすれ違いを見せているという印象を受けました。

私が見るところ両派の流儀は、心的現実は外的な現実と同じではなく、そして確固とした外の世界を単純に吸い込むことなどあり得ないと言っているようです。両派とも根本的には不在の観念に基づいており、不在との関係で分析作業を行っています。おそらく象徴的機能というものは影響力を持つものであり、混合的な機能にとどまらないものがあります。クライン派の流儀が描こうとしている内的現実の性質とは何でしょう。私の考えは分析の終結をめぐっているのですが、子どもが治療を終える準備ができているかどうかを決定する配慮とは何でしょう。もちろん、子どもには特別の配慮が必要となりますよね。子どもたちは成長していきますし、またいつでも戻ってくることができます。この子どもは旅立つのに必要なものを十分に持っているのでしょうか。マーガレットが私たちに提示した素材では、彼女は子どもの無意識のなかで進行していることを解釈することで彼の頭に物事を押し込んでいるわけではありませんが、ここには多くの包み込みがあって、子どもはさまざまな物事をまとめ上げました。この子どもは、驚くべきことにある種の統合を口に出しております。それはつまり、片を付けることであり、「部屋を片付けることからはじめよう、きれいにしよう！」ということです。彼はスケートをしに行くと言っています。スケートすることの何が重要なのでしょう？　スケートに行くことで自分自身の足で立たなければなりません。スリップしすぎないように止まらなければなりません。氷の上に踏み出すのは大変勇気の要ることです。おそらくそのようなリスクを負うに足るような、ほど良い対象がそこにあるということでしょうし、実際に彼はセッションのなかでその対象を確固たるものにしてゆきます。この対象は、氷の上に踏み出すことができるという点で、父性的側面と母性的側面の両方を持ちます。これはほど良い対象であって、あの少年のかつての経験に基づくものではありません。

ベンヴェヌート　私は良い対象については分かりませんが、彼は未来の可能性を構築しようとしているのだと思いますし、時間の問題は彼が名前によって自分自身の洗礼を行おうとしているという点で重要です。洗礼は主体に名前を与えるものです。そこには出立という意味もありますが、否定もあります。実際、たくさんの否定がありますす。というのも、現実の大地を歩くのではないのですし、氷の上でスケートをする際、それまでに作られた構築物はもろいものだからです。氷はハラハラさせるものでして、地に足がついてはいませんが、それは子どもにとっては確かに一つの可能性です。それは恐ろしい妄想分裂の上に張られた氷のようなものです。いつ解け出してもおかしくないのですから。少なくとも、この少年はこういった操作を行っていたのです。治療それ自体は終了し、子どもにとっては終了しています。しかし私の考えでは、治療者はそれが氷の上で終了したのだということを知っているのです。

ロバート・M・ヤング　私はセッティング、つまり分析の枠組みという観点から時間の問題というものを長いこと考えてきました。これはビーチェへの質問です。ラカン派のパラダイムでの短いセッションについては、粗雑な話が多くなされているようですね。私はセッションの規則性について大変はっきりした考えを持っています。子どもの治療という文脈では、規則的なセッション以外のものを想像するなんてことはできません。規則性がなかったら、私は日々過ごすことも、分析の実践をすることもできないでしょう。ここで短時間セッションのことを持ち出すとあてこすりに聞こえるかもしれませんが、私は誰かが短時間セッションについてちゃんと語っているのを聞いたことがないので、あなたがその話をしてくださるのではないかと内心少し期待していたのです。

ベンヴェヌート　短時間セッションではなく、変動時間セッションと言って欲しいですね。契約というものが存在しますが、しかしそれはどんな契約でしょう。契約とは他者と結ぶものです。クライン派の流儀では技法に重きが置かれるというのはもっともなことです。ラカン派の流儀では技法はなお理論的な問題なのです。フロイトの技法論はきわめて高度に理論的です。アンナ・フロイト、バリント、クライン、そしてウィニコットの分析においては技法の背後に臨床的な戦略があります。変動時間セッションはラカン派の技法の一つであると言っておきましょう。それは〈無意識〉を開示するための戦略なのです。他の学派も、〈無意識〉を開示するための自分たちなりの戦略を持つようになるでしょう。

変動時間は時間を設定するという問題に尽きるものではありません。規則的なセッションに関しては、セッティングを行うことが重要であるという点には同意します。規則的なセッションは患者との契約の一部として認められてきていますので、そこでそれなりの分析作業を行うことはできるでしょう。たとえ五十分のセッションを続けたとしても、その内部で時間の問題が生じます。それは主体の時間の問題です。主体の時間とはどのようなものであるかを予測することはできないでしょう。これは分析家一人によって決められるべきことではなく、分析主体との契約において決められるべきことです。私が五十分のセッションを契約したとしても、面接室から相手を突然蹴り出すようなことはしないでしょう。そんなことをしたら明らかに治療者を分析する必要があるでしょう！

変動時間が分析作業にとって本質的なものとなった場合、〈無意識〉はセッションの最後の十分まで待ってから開くというようなことはできず、セッションがいつでも閉じる可能性があるので最初から開いていなければならないということを、患者は知るようになります。セッションを閉じることはトラウマ的になることもあるでしょう。それはトラウマを反復するかもしれません。だから患者はその場を去って列車に飛び込んだりとか……。

ロバート・M・ヤング　いやむしろ列車に投げ込まれるのは分析家のほうだったりして（笑）。

解釈と技法

カタリーナ・ブロンシュタイン
バーナード・バゴーイン

1　クライン派の技法と解釈

カタリーナ・ブロンシュタイン

ストレイチーはフロイトの技法論集への序文のなかで、重要なことを述べています。「規則は、その根拠を正しく理解し自分のものとした時にのみ価値がある」。彼はまたこのように強調しました。「問題に精通することは、臨床経験からのみ得られるのであって、書物からではないということを、フロイトは主張して止まなかった」。ここでいう臨床経験とは、患者との臨床経験に限定されるものではなく、「とりわけまた、分析家自身の分析から得られる臨床経験」（Strachey, 1958）でもあります。

臨床の仕事はクラインにとって最も重要なもので、彼女はそれを礎にして理論や技法を発展させました。この講演の招待を受けたとき、私は臨床例、つまり症例について話すべきかどうか訊ねました。すると、クライン派はみんな同じ質問をしていると言われました！　そこで私は、今日の題目に理論的観点から近づいて、その後、短い臨床のスケッチでそれを説明することで折り合いをつけることにしました。

子どもの治療を行う際にクラインが用いた遊戯療法は、彼女の理論と同時進行で発展しました。彼女の技法によって、ときには三歳以下のこともある、とても幼い子どもを分析することができるようになりました。クラインは、子どもの遊びが大人の自由連想に相当するとみなし（Bott Spillius, 1994）、子どもも大人と同様に転移神経症を発達させると考えました（Klein, 1932）。それゆえ彼女は、大人の分析の目的、つまり、無意識的幻想を解釈することの重要性を考えるなら、子どもの分析と大人の分析にはなんら違いはないと結論づけました。子どもとの作業に教育や安心感など、他の要素を取り入れる分析家に対して、クラインは批判的でした。クラインが子どもの分析のなかで発展させた技法を、今から簡単に説明しましょう。彼女は子どもに小さくてシンプルなおもちゃをいくつか与えました。彼女が説明するところによると、それらは「木製の小さな男女の人形、猫、車、電車、動物、積み木と家の模型、そして紙、はさみ、鉛筆」です（Klein, 1932）。また、クラインは水と洗面器を用意することも重要だと考え、スプーンやガラスのコップや、いくつかの容器を与えました。水遊びは子どもの根源的な前性器期の衝動について、分析家に深い洞察を与えるとともに、子どもの性理論を説明する手立てとなるとクラインは考えました。

子どもによっては、部屋に入る時や分析家と一緒にいる間ずっと、とても不安な状態にあるため、ただちに解釈を始める必要があるとクラインは考えていました。彼女は、このような解釈によって、子どもの抵抗が減少し、子どもが遊び続けることができるようになる様子を生き生きと描き出しました。そして、転移は大人のものと同様、子どもにとっても理解と解釈が可能であり、どちらとも似たような仕方で展開していると力説しました。さらに彼女は子どもの分析の経験から、彼女が通常サディズムとして説明するところの破壊衝動の重要性と、それによって活性化する不安と防衛の重要性を強調し、他方で陽性転移を強調することに基盤をおいた分析に強く反対しました。そうしたクラインの観点は、アンナ・フロイトが支持した観点とは対照的であったため、彼女と衝突しました。しかし、クラインは、自分の理論はジグムント・フロイトを基盤に置いたものであると断言しています。

子どもたちとの間でクラインが持った経験は、彼女の解釈を施す仕方にも影響を与えました。彼女は、部分対象という、身体性に基づいた言語を使用する方向へと進んで行きました。

解　釈

クラインにとって解釈が転移の概念と不可分のものであるならば、転移と逆転移の両方について述べる必要があるでしょう。この主題は別の発表で議論されることなので、ここでは手短に述べることにします。

クラインにとって転移の概念は無意識的幻想の概念に結びついています。無意識的幻想はすべての思考（意識と無意識）の下敷きとなっているもので、スーザン・アイザックスによって本能の心的表象として描写されています（Isaacs, 1952）。それゆえ、この無意識的幻想の概念から、転移が広く遍在しているということが強調されるようになります。このような転移の概念は、フロイトの使用する転移の概念、つまり抵抗としての転移という概念から、さらに先に進みました。単にかつての態度や葛藤が反復しているのではなく、分析の場において無意識的幻想が《今ここで》外在化しているのだと考えられているのです。

「転移の起源」（一九五二年）のなかで、クラインは対象との関係における早期の不安（妄想分裂態勢の妄想不安と抑うつ態勢の抑うつ不安）の重要性と同時に、それらに付随する防衛を描写しました。クラインはそのような不安の内容や、赤ん坊が投射や取り入れなどの原初的過程を用いて不安に対処するメカニズムに主に関心をもちました。それは転移が作動する基盤としての、投射同一化の概念の発展に寄与しました。このテーマには後に戻ることにしましょう。その際には、クラインが転移解釈によって何を言おうとしていたか理解するために、投射同一化が重要であるということをお話ししようと思います。

クラインはまたこう述べています。「私の経験では、転移の詳細を解明する場合に、過去から現在に転移されている全体状況について考察することは、情緒、防衛、対象関係について考察することと同様重要なことである」。発達論とは異なる彼女の「態勢」の理論によって、転移のなかでそれらの不安をアクティング・アウトするという考えが理解できます。つまり、アクティング・アウトは単に早期の発達段階への退行という考えに基づいているのではなく、《今ここで》の無意識的葛藤の表現なのです。《今ここで》こそが過去の経験を理解するための道筋なのです。反芻処理[*1]の過程の根底には、妄想分裂態勢と抑うつ態勢の間の揺れ動きがあります。始源的対象との関係が、そのとき分析状況で再体験されています。クラインによると、患者の心に浮かぶすべての自由連想は転移と関係していると言えます（Hinshelwood, 1991）。この全体状況としての転移という考えと、分析状況での患者の無意識的幻想（衝動や防衛など）のアクティング・アウトは、後にベティー・ジョセフなどのクライン派分析家によって研究され、発展させられました（Joseph, 1985）。

クラインは一九五二年に、次のように強調しました。「転移についての私の概念は……提出されるすべての素材から、転移の無意識的要素を推論する技法を必要とする」。

クライン派の分析では転移を理解することが最も重要ですが、過去三十年でクライン派の技法にはいくつかの変化がありました。それについてスピリウスが詳しく記述しています（Bott Spillius, 1994）。たとえば、初期には生来的な羨望と死の本能についてのクラインの考えが発展した結果、破壊性が強調されました。しかし後には、憎悪と愛情の両方がいっそう理解されるようになり、幻想のなかで攻撃され破壊された対象を償いたいという願望、あるいはその可能性が重要になりました。対象――乳房――に攻撃が加えられるという考えは、このダメージを償い、抑うつ態勢でその喪失を嘆くことができるようになるという願望と結合されたのです。

また、部分対象のレベルで解釈すること、すなわち部分対象の言語を使うことから離れる動きがありました。クラインは部分対象と身体的機能の非常に具体的な言語を、小さな子どもとの作業のなかで発展させました。こ

＊1　訳注　working through. フロイトのドイツ語原文ではDurcharbeitung。これまで徹底操作と訳されてきたもの。本書では反芻処理と訳しておく。

うした言語はむしろ儀式的になるきらいがあり、多くの分析家はこのような言語を、患者に「強制的」に分析家の先入観を受け入れさせるものであると感じました。クライン派のなかには部分対象の言語で無意識的幻想を解釈する分析家もまだいますし、小さな子どもや精神病患者の場合にはそれも適切なのかもしれません。しかし現在のほとんどのクライン派は、転移において患者の直接的な経験、すなわち夢や自由連想などを通して表現される不安と防衛の内容を解釈します。しかし、クライン派のなかには単に《今ここで》の転移を解釈するだけではない分析家もいます。ハンナ・シーガルによれば、「完全な転移解釈（私たちはいつも完全な解釈をできるわけではなく、それを最終的なものとして目指すだけですが）は患者の感情、不安や防衛の解釈に関わり、現在の刺激と過去の再体験を考慮することからなる」(Segal, 1973)。

このことから私たちは次のことを見て取ることができます。クライン派のなかには《今ここで》の転移解釈と患者の過去の経験を結びつける分析家もいれば、解釈を主に《今ここで》から施すことを好む分析家もいるということです。

クラインの転移の概念は、投射と取り入れのメカニズムについての理解と共に展開しました。内的対象関係は分析家への投射によって動きを与えられ、そして解釈とそれらの再取り入れという経験を通して修正されます。しかし投射されたものは単なる「全体」対象であるというだけでなく（たとえば身勝手な母親として経験された分析家）、患者にとって堪え難いと感じられる自分自身の一部でもあるのです。たとえば、患者は自分が分裂させ投射した羨望を内に含むものとして、分析家を経験するかもしれません。続いてその分析家は羨望をもった対象として患者に経験され、そのため患者は分析家から身を守らなければならないと感じるでしょう。

それでは、これから臨床のスケッチを用いて、これらの技法と解釈の要点を素描したいと思います。患者は三十歳の男性です。彼は何年か分析を受けており、働くことができず大人の生活を送ることができていないと感じていました（無職であること、また恋人はいたが、事実上の性関係はなかったこと、など）。彼の生育歴には、彼が熱愛する、独占欲が強く恐怖症を持つ母親がいました。そんな彼はあるセッションに十分遅刻して、カウチに横になる前に早口でとても不安そうに話し始めました。「なぜ遅刻したのか訊かないでください。私にも何故なのかわかりませんから」。彼は続けて夢について話しました。夢のなかで彼は「女の子」と一緒で、その女の子のことを好いていていました。二人は再び会うことになっていました。背景には母親が見えました。彼らはパーティーの最中でした。女の子は彼のもとを離れるとき、また会いましょうと言いました。彼はとても幸せで、目が覚めてもセッションに間に合う時間にベッドから出ることができませんでした。彼はそう言ったところで止まり、他の連想を続けることができないようでした。

非常に広大な範囲の解釈を考えることが可能です。ここで、もし「いつ最初の解釈をするべきか」という問いから離れて解釈をするとしたならば、どんなことになってしまうでしょうか。

いつ、そしてなぜ解釈を始めるのかという問いは重要なものです。私見では、おそらくクライン派はラカン派よりもかなり多くの解釈をするでしょう。この分析では、私は夢の連想を妨げる不安に気づいていたので、それを手掛かりに解釈をすることにしました。

私は何を取り上げることができたでしょうか。ある人は、エディプスの素材がある、母親が夢のなかにいるではないか、おそらくそれは分析家への転移だ、分析家が彼の過去を思い出させるための要素だ、などと言うでしょう。実際には、夢のなかの二つのことが印象に残りました。一つ目は幼児の言語、つまり女性と言うかわりに「女の子」という言葉を使ったということです。二つ目は、離れるという観念です。

彼はセッションのなかで自分自身と私とを経験しており、解釈はその経験に向けられるべきだと私は考えました。そこは彼の不安と防衛が無意識的幻想と連関して合流する地点でした。もし私が女性に対する彼の欲望を取り上げて、背景にいる母親がそれを禁止していること、そして母親自体も禁止されていることなどを話したならば、彼はそれをすぐさま知性化し、治療的に何の効果もない物語として使用したことでしょう。彼は何故自分が十分遅刻をしてしまったかを知っていると（「わからないからなぜか訊かないでください」という二重に否定することを通して）言うことから私に話し始めました。彼が知っている何かとは、彼の性的欲望に関係するはずです。私に対して、彼は通常の大人の言語を使うことができないと感じていました。私は彼の心のなかではどのような種類の対象でしょうか。彼はなぜ私をなだめる必要があったのでしょうか。おそらく彼はこの夢を見ることによって私を攻撃したと感じたのでしょう。ここで私はいくつか考えられる問いをお伝えしようと思いますが、それらは私にとっても十分意識的に定式化されていなかったような問題です。つまり、この夢は単に女性に対する無意識的欲望を表現していたのではなく、転移に見られる全体状況の一部だったのです。

私は彼に言いました。彼は自分が密かに知っていることを私に知ってもらいたがっている。つまり、自分は女性についてのエロティックな夢を見ることのできる男であるということを。しかし、この知識は彼をとても不安にしている。というのも、彼は私がそれに対して返答することを恐れているからだ、と。

すると、彼は、目覚めた時に自分が勃起をしていたことを話しました。その際彼は恋人を抱きしめましたが、彼女に夢のことは話しませんでした。その話の後に彼は次のように思い出しました。前日セッションを去った後、ただ家に帰って一日中何もせずに過ごした。いつも通りに何も考えず、ただテレビを見ていたと。

私は言いました。前日に分析を終える際、私のもとを離れることによって自分がどのような気持ちになったのかを彼は知りたくなかったのだ。というのも、私が背景でただ彼を待つような女性ではないことを認めたくないからだ、と。

この素材について、次のように言うことができるでしょう。彼が彼自身の内的対象のイメージを私のなかに投射した結果、私は迫害する対象になったのです。そのような私は彼のセクシュアリティーを受け入れることができず（ここでは私は素材を理解する他のすべての可能性、たとえば私に対するエディプス的な性的関心などを脇に置いています）、彼が私に秘密にしている性的能力を羨むような者だからです。

不安と防衛（というのも、自分は知らないと言うことによって彼は私をなだめねばなりませんでしたから）の解釈によって、彼は弱まった迫害的対象を再取り入れすることができるようになったとともに、前日のセッションを去った後の感情の否定を、私を待たせたあの十分でアクティング・アウトしたのだということに気づくことができたのです。

次のようにも言えるでしょう。自分の思考能力に対する攻撃の欲求は（実際に彼は一日中何も考えずにテレビを見ている窃視者になりました）、分離した私に対する気づきを殺すという欲求、つまり、彼が去った後に私が他の人たちと交流する[*1]だろうという考えに気づきたくないという欲求に関連があるかもしれません。私は彼の投射された憎悪と嫉妬によって、攻撃する可能性のある対象に変えられました。それと同時に、患者はなぜ遅刻したかということと、彼自身それを知っているのだということの両方を私に知ってもらいたがっていました。歪曲される必要はありましたが。

ところで、これまで転移について話をしてきましたが、逆転移については述べていません。クラインはポーラ・ハイマンの逆転移概念の拡張にいくぶん懸念を表わし、この用語を自身の経験と困難によってもたらされる分析家の反応と感情に、より厳密に結びつけました。私の知る限りでは、現在はほとんどのクライン派が逆転移の概念をより広い意味で使用しており、次のように逆転移を捉えることもできます。「患者の言語的、または非言語的な行為の結果として、部分的に分析家のなかに引き起こされる心の状態。これは投射同一化による患者の幻想が、ある意味で現実になったものと見ることもできる」（Bott Spillius, 1994）。分析家は逆転移を患者の投射を理解するための手助けの道具として使用するのです。

＊1　訳注「交流する」の原語 intercourse には「性交する」という意味もある。

セッティング

分析の過程が進行するためには、セッティングがなければなりません。クラインの技法の基本的特徴はフロイトに由来しています。それらの特徴のいくつかは（Bott Spillius, 1994）、転移を可能な限り純粋で汚染されていないものに保つための分析セッティングの厳密な維持、週五回のセッション、分析家の積極的で受容的な態度、不安と防衛を一緒に解釈すること、転移を理解し解釈することの重要性などです。また、暗示、保証、分析家の感情を共有させること、プレゼントの交換など、他の種類のコミュニケーションを避けることが必要となります。

クラインとラカンの違い

私は本日の議論で、時間の長さを定めないセッションと固定された時間、たとえば五十分間のセッションとの違いが論点として出てくることを考えていました。セッションの長さを一定に保つことは、セッティングの安定を保護するために重要だと思います。もし分析家がセッティングに変化を導入するならば、患者によって何が伝達されているかを理解することはより難しくなるかもしれません。セッティングの変化により分析家は逆転移をアクティング・アウトするように導かれるかもしれません。これはいったん患者が去った後に、分析家がしばしば気づくことです。分析家は患者によって投射されるものや、自分自身の個人的な葛藤に基づいたもののいずれもアクティング・アウトすることがないように細心の注意を払うべきでしょう。

解釈の問題に移りましょう。私のラカンについての知識は乏しいと言わざるをえませんが、ラカンはクラインの仕事にはっきりと敬意を払いつつも、彼女を批判していたようです。その批判の一つに、彼女は主に想像的なものの領野で作業していた、あるいは象徴界を導入していたかもしれないがそれに気づくことはなかった、というものがあります。エリック・ロラン（Laurent, 1992〔英訳版 1995〕）はメラニー・クラインについて言及した際、このことを強調していました。彼はまたクラインの作業は想像的なものを中心にすると断言し、そしてクライン派の転移解釈というものを、分析家を中心としたある種の妄想と同じものとみなしました。

私はそれが事実だとは思いません。もしビオンとシーガルによる発展に照らしてクラインを考察するならば、思考能力、すなわち患者の不安を同定し、その不安が分析家へと投射される様を書き留め、それらを言葉にする能力は、複雑な現象であるとはいえ、次のような能力に似たところがあると言えるでしょう。つまり対象を、エディプスの三角のなかでもう一つの全体対象と関係を持つことのできる、別個の全体対象として見るという能力です。それゆえ、もし彼の投射に同一化をせず、それらをアクティング・アウトもせず、つまり「生きた鏡」になることなく（Lacan, 1955）、不安について思考する空間を患者に提供するならば、そのとき私は象徴界を導入していることになるでしょう。もし私が患者の投射に同調し、たとえば彼が遅刻した事実に怒って反応したならば、あるいは女性の代わりに「女の子」について話すことによって想定された私の羨望と嫉妬をなだめようとする彼の欲求に同調したならば、私と彼は想像的でナルシスティックな同一化のなかに留められたでしょう。それはおそらくクラインの説明する妄想分裂態勢の〈理想対象〉の希求と同類のものです。そのような場合、彼は勃起しながら目覚めたことを思い出すことができなかったでしょう。彼はそれについては話すまいと予め決心してきていたのですから。

2 解釈

バーナード・バゴーイン

精神分析は人間の苦悩に対する一つの応答です。苦悩との関わり方に変化をもたらすことを目的とする介入の仕方は他にもありますが、精神分析はとりわけ、精神医学や医学によって提唱された仕方とは異なって、化学薬品や外科手術ではなく、言葉を用います。しかし、言葉がどのようにしてそのような効果をもたらすのかということについては説明が必要です。フロイトは生涯を通じてこの理論に手を加えるのをやめませんでした。言葉は精神分析的状況における基本手段であり、それらを用いて症状とその基礎をなす構造が分析されます。それゆえ言葉が解釈の問いの中心にあることになります。

分析作業は、分析家に何かをして欲しいと要求し訴える人が、分析家のもとへとやってきたときから始まります。この訴えは仕事や恋愛、あるいは両方に関するものであるのが常です。分析主体になろうとしている人はこれまで同じような失敗や苦痛を幾度となく繰り返してきており、変化を求めています。しかし一般に、性愛については自分の意見を変えたくはないのです。彼らが変化して欲しいと望んでいるのは症状の方です。分析の予備作業の多くは、分析家が分析主体に、症状は分析主体の意見から生じているのであり、一方なしには他方を変えることはできないと納得させることを目的とします。しかし、そのような納得をもたらす分析の過程はどのようなものでしょうか。

精神分析的人間関係は、分析主体がきわめて特徴的な仕方で話すように促されることによって実現されます。つまり、普段ではしないような仕方で話すということです。これに対応させて考えるならば、分析家にとっての契約とは、言われたこと、ほのめかされたことの聴き取りに同意することです。他方で、分析家はこの聴き取りから自分の個人的な関心によって答えることを一切差し控えます。それゆえ精神分析は、変化の媒介項としてきわめて特異な人間関係を、つまり、日常的な人間関係では決してお目にかかることのできない特異な話し方や聴き取り方を提唱することになります。では、それまでは言葉にならなかったものを言うように心がけることで、性に関する意見や性的な幻想はどのように変化するのでしょうか。この問いに答えるためには、フロイトが一九二六年に指摘したように、分析的関係を作り出す素材を築く、独特な話し方について考察しなければなりません。「何ともいえない良い気分」にすることも「ひどい傷を負わせる」こともあり得る、言語という「力強い道具」が、分析上の関係の新しいセッティングに与えられます。フロイトがはじめから固く心に決めていたのは、言葉がいかに作用するかという問題を分析技法の中心に置き続けること、またそうして、人間の魂において言語がどのように働くかという問題のまわりに精神分析の理論と実践のテーマを組織することでした。

フロイトが直面した問題とは、どのようにして特殊な話し方が意見を変化させるのか、ということでした。ソクラテスの時代に由来するこの問題に対して、古くからの解決法があります。フロイトはこの解決法についてよく知っていたのですが、それを明らかにするためにも、人間の魂のなかで言語が毒として機能することについて述べているギリシアの理論を、あらかじめ見ておく必要があります。ソクラテスの探究法の発展に直接先立つ学派は、「弁論家」と名乗っていたグループです。普通彼らは「ソフィスト」という名で知られています。このグループの哲学者たちはプラトンによって悪し様に書き立てられていますが、彼らの仮説の多くはソクラテスによって同意されています。とりわけ、ソフィストのゴルギアスによって書かれたテクストは、言語というのは思考のニュートラルな道具――こういった観点は後にイングランドで広く普及しましたが――ではなく、毒として機能すると主張しています。彼はトロイ戦争をもたらしたヘレネーは有罪であるかについて考察していますが、彼女を擁護するために次のような議論を展開します。すなわち、彼女がそのように行動したのは、すべての人間が服属する二つの要素によって毒されていたからだ、と。その毒というのは、言語という毒と愛という毒です。彼は言います、「話は強大なる支配者であり、その姿は微小で目に見えず、神妙な働きをする」。彼は続けます、「話の力は」身体に「薬物の組成と同様の影響を及ぼす*1」。ラカンも言うように、人間は言語によって毒されているのであり、言葉を媒介にして欲望をやり取りするよう運命づけられているのです。

仕事の領域にせよ愛の領域にせよ、人びとは一切の方針を持たずに一つの意見から別の意見へと移行していきます。人間が置かれている境遇はそのようなものなので、そこには何らかの介入が必要になるとソフィストたちは考えます。話の効果が「苦痛を引き起こし……、魂を麻痺させて呪いにかけている」からです。この言語の領野は誕生の瞬間から人びとに影響を及ぼしており、こうして人びとは普遍的な抑うつ的不活性状態に陥っているのですが、これに対して弁論家が見出したのはただ一つの解決法でした。それは、うまく話す弁論家という一つの階級を設けるということでした。弁論家は弁論術の力によって個人とグループを活性化し、彼らに課題を与えて、その生活に方針が欠けてしまわないようにするのです。これに反論してソクラテスは、人びとが混乱し、方針が欠けているという診断には同意するものの、暗示と弁論術の領域にのみ答えが存在するということについては同意しませんでした。ソクラテスが提示した新たな解決法は、新たな話し方が存在すると主張するものであり、それぞれの陣営は強制的な力によってではなく、相手の意見から理に適わない帰結が生じるということを見

＊1　訳注『ソクラテス以前哲学者断片集』第Ⅴ分冊、岩波書店、一九九七年、七三―七四頁。ただし、訳語は本書の文脈に合わせて変更した。

せつけることによって、他の陣営の意見を変えさせるということでした。この新たな対話法の目的は、特定の意見に対する愛着を放棄ないしは弱めるよう他人に促すことにあります。フロイトは一八七九年にソクラテスの対話法の理論のかなりの部分をドイツ語に翻訳しており、少なくとも初期の精神分析的な著作においては、この対話法が構造として機能していると考えていた節があります。フロイトが受けた広範囲の哲学的影響関係――とりわけスコットランド啓蒙主義の影響――に踏み込むことは避けますが、少なくとも初期の精神分析的著作は、ソクラテスの対話法の導入として定式化することができるでしょう。分析家は分析主体に、性に関する特定の意見への愛着を緩めさせるよう試みるのです。この見方はジャック・ラカンによって繰り返し強調されており、解釈の作業についての彼の理論において最初の主導点を表わしています。

解釈の問題はこの対話法の機能と関係しています。フロイトにとってもラカンにとっても、シニフィアン連鎖と、とりわけその交差によって構築されたネットワークは、解釈が作用する素材を形作ります。解釈の正しさはそれがより多くの素材を生み出すか否かによって判断されるのであって、分析主体に他の影響を及ぼすとか、分析主体がそれを拒否するとか同意するとか、分析家の気に入るとか、そういったことによって判断されるのではありません。つまり、解釈は抵抗をある程度克服してこそ有効であると言えるのです。分析家と分析主体との間のソクラテス的な関係において、夢やその一部は、先行する解釈に対する応答であることがしばしばあります。その解釈は、分析家によってなされたものであることも、分析主体自身によってなされたものであることもあります。さらなる素材を生み出すという解釈のこの機能については、疑問も思い浮かぶことでしょう。誰が最も良く、夢から連想を導き出すことができるのでしょう。その答えは、分析主体です。誰が最もよく解釈することができるのでしょう。その答えは、分析主体です。というのも、たとえ当初は意識に到達しない仕方ではあるにせよ、分析主体の精神―性的な歴史の特殊性を知っているのは、分析家ではなくて、分析主体だからです。ラカンによるフロイト読解によれば、分析家は比較的、解釈をあまり行いません。分析作業には、分析家がほとんど解釈する必要がないという時期が多く存在します。しかし、それらのうちのいずれにしても、解釈の機能は無意識の欲望へと接近する小道を生み出すことにあるのです。

ラカンがよく述べていましたが、抵抗は常に分析家の側にあります。もし分析家が自我に不意打ちを食らわし、驚きでもって自我を捉えるのに熟練していなければ、そのときは言われていないこと、つまり行間でのみ言われていることを聴き逃してしまうでしょう。ラカンが勧めている解釈の主要な形式の一つに、多義性があります。多義性の機能とは自我を混乱させることにあるのですが、というのも自我は一つの意味の流れを掴まえることで別の意味の流れを取り逃がしているからです。ここからもジョークが解釈として常にきわめて効果的であるという理由がお分かりいただけるでしょう。ラカンはまた、謎めいた解釈が同じように機能することがあると指摘しました。連想のタペストリーは無意識を翻訳するものですが、そのなかで役割を果たすいかなる言語的なタームも、当然ながら多義的に機能するものです。フロイトが夢の要素のそのような特性を示すために使用していた用語があります。それは「重層決定」です。つまり、夢の要素には多くの意味の撚り糸がくっついているということです。この多義的なシニフィアンとその翻訳という問題は、フロイトが表象と記号に割り当てた働きとはどのようなものかという問いを提起します。フロイトとラカンにおける記号と意味作用の問題の先行者のなかには、おそらくヘルムホルツとパースが含まれることでしょう。この点について詳細に踏み入る時間はありませんが、ストレイチーによるフロイトの翻訳や、ラカンに対するアングロ-サクソン系の註釈から出発しては気づくことはできないものがあるとだけ言っておきましょう。フロイトによって提唱された初期の理論は、抑圧という作用——これは神経症において作動する基本的な防衛ですが——は、記号のシステム間の翻訳という問いによってもたらされるということであり、抑圧はそのような翻訳の失敗の直接的な帰結であるということです。最初期のフロイトのもう一つの理論、つまり多くの臨床家によって無視されてはならないと思われる理論とは、言語記号は心的構造のなかで利用できる表象のもっとも分節化された形式であるということです。では、フロイトによってこれほど言語に強調が置かれていたのに、精神分析運動の発展はどのようにしてこれを見失ってしまったのでしょうか。

ラカンは、フロイトの仕事からの一連の逸脱とでも言うべきものを描写しています。フロイトのそもそものプログラムは、分析を素材の分析とすることでした。第一次世界大戦の頃までには、抵抗がそのような素材への接近を妨げるという考えが分析運動のなかで流通するようになり、まずは抵抗を分析して、それから初めて素材の分析に移るという新しい理論が提唱されました。一九二〇年代には、抵抗を分析した暁には、分析されるべきすべてのことがらを分析したことになるという考えが提唱されました。そういうわけで、精神分析は抵抗の分析であって他のなにものでもないものとして受け取られるようになりました。ライヒの性格分析という考えは、このようにしてフロイトからさらに離れていったものの一つです。この最も新しいフロイトからの逸脱は、一九三〇年代までには、抵抗の分析は自我の防衛の分析と等しいものであるという主張として受け取られていきました。そしてフロイトの生涯のうちに生じたこの流れの最終的な逸脱は、自我の分析が素材の分析にとって代わり、精神分析作業の指導方針となったということです。一九五〇年代におけるラカンの仕事の多くは、解釈が「自我から自我へ」と働くものだという定式を批判することを目的としていました。リックマンとバリントによって導入された二人、三人、四人の心理学の間の区別を引き合いに出しながら、その代わりにラカンは解釈の目的として主体の歴史の再構成を提唱しました。ラカンにとっては、解釈は自我を宛て先とするのではなく、言葉が機能することで構成される主体性を宛て先とするのでした。

クラインは一九二七年に発表された論文（「早期分析における言葉の重要性」）のなかで、彼女流の分析の仕方に沿った形で言葉の重要性を強調しました。「言葉は……子どもがただ遊びによってのみ自分の幻想を表現するかぎりは避けている、現実への架橋である」。誤解を避けるためでしょうか、彼女は強調して付け加えます。「子どもが自分自身の言葉を通して、もろもろの対象の現実性を認めねばならないとき、それはつねに進歩を意味すると言えるのではないか」。クラインによれば、幻想は問いと応答の弁証法〔対話法〕のなかで姿を現します。彼女は時折言葉に対するこのような依存状態について大変明瞭に語っていますし、そしてこの点を論証するために著作の最初から彼女は見事に明瞭な理論を利用しています。この点はたとえば『子どもの精神分析』を見れば明らかです。彼女は言います、「解釈が与えられる形態も、非常に重要である……。私は無意識の幻想の内容をできるだけ明確に峻別できるように努力をする。そのようにして、私は自分のモデルとして、子どもたちが自分自身のイメージを使って考え会話するやり方を採用する」。子どもの言語の本性についての彼女の理論は、彼女が大人の言語について持っていた、もっと当たり前の考えよりもいっそう明瞭なものです。一方でクラインのなかには幻想についての鋭敏な研究があり、他方では意味の法則についての常識的な仮定が存在するということです。子どもの言語の説明によって、彼女は幻想の機能と言葉の機能との関係として考えていたものを定式化できるようになります。「子どもが言葉を分析するのは、それが物事を鮮明に描写するからであり、幻想を仲介するものだからである」。この関係が困難を孕んでいるにもかかわらず、彼女はいくたびとなくこの問題を彼女なりの言語の理論を用いて説明しました。「もし私たちが、子どもの分析において子どもの無意識に近づきたいと思うならば（当然、私たちは自我を通して会話によって行わなければならない）、私たちが……簡潔な言葉を使用するなら、そのときにのみ成功するであろう」。「無意識の言語は具象的で絵画的なものである」と彼女は言い、子どもに解釈をほどこすなかで彼女はそのような簡潔で直接的な言葉を用いて解釈を定式化しました。ここでは解釈の性質はどのようなものか、そして無意識との関係において言葉はどのように機能するか、こういった点について多くの重要な問題が挙げられますが、しかしこれらの問題は彼女や彼女の学派の発展過程によって提出されることはなく、そしておそらくは解決されることもありませんでした。

精神分析のなかで言葉がどのように機能するのかという問いは、身体や同一化といったテーマと同様、ラカンの著作の中心的な関心事を方向づけています。これらのテーマはラカンの一九五八年のテクスト中で発展させられています。このテクストの英語版のタイトルは「治療のルールと力のルアーについて」（The Rules of the Cure and the Lures of its Power）となるかもしれない、とラカンはウィニコットに軽く提案していましたが、最終的には「治療の指針と力の諸原理」（The Direction of the Treatment and the Principles of its Power）と呼ぶことになりました。ラカンはこのテクストのなかで数多くの考えを提示しました。そのうちの一つによれば、修正の機能、すなわち現実に対する分析主体の関係の変化の機能は、転移と解釈の作業を経て最後に到達される分析の目的なのではありません。むしろ、ソクラテスの対話法の機能は、初めから、自分自身を取り囲む世界における分析主体の身の置き方、そして他人との関わり方の両方を変化させるという目的を持ち込むのです。また他の効果もあります。対話法は分析主体の性に関する意見に破綻を導入し、この破綻は幼児期の破綻した愛の関係を呼び起こします。ソクラテスの対話法は抑圧され続けていたエディプス的愛の関係を呼び起こすのであり、こうして転移が生み出されることになります。過去の愛を呼び起こすことで、これ以外の効果も現われます。一九二〇年代にクルト・レヴィンのベルリン学派によって発見された心理学的効果とは、破綻し中断された課題は、最後までやり遂げられた課題よりもはるかに意義深く記憶されるということです。ラカンの定式によれば、この「ツァイガルニーク効果」によって、分析の対話法は記憶を増大させるという分析状況の中心的な目的の一つを達成できるようになります。ラカンによる変動時間セッションの導入は部分的には同じ原則に基づいています。ソクラテスの対話法も変動セッションも幼児期の愛の関係を呼び起こすのです。転移と解釈の関係のうちのいくつかは、これらの構造のなかで作用しているものと見ることができます。転移の契機というのは、分析家の――あるいは分析家の環境の――いくつかの側面が、分析主体の抑圧されていた愛の関係の総体へと持ち込まれることです。分析主体はそれまで袋小路のみを経験してきたのであり、他人との愛の関係において生じた問題を解決することができなかったのですが、この取り入れによって通り抜ける経験が生み出され始めるのです。分析の開始とともに導入されるこの主体の修正もまたラカンにとっては解釈の一形式なのですが、この点についてはパリの「臨床部門」[*1]における同一化のセミナーのなかでエリック・ロランが強調しています。ラカンによれば治療の方針はこの主要な主体の修正から、つまりソクラテス流の解釈から、転移を生み出すことへと、そしてこの転移関係における解釈へと進展するものでして、ここで分析主体は「解釈の空間へと突っこまれることになり、分析家はたとえ沈黙していても解釈を為していることになる」のです。これらの考察はラカンにおける解釈の第二のそして第三の方針をもたらします。

分析の間に生み出されるすべてのシニフィアンのなかでも、いくつかのものはとりわけ重要な役割を持っています。分析主体の症状と性生活を構築しているタームのすべての集合は、いっそう少ない数へと還元することができるようです。この「コンパクト化」されたタームの集合は、言語の身体への関わり方と特別な関係を持ちます。この小さな集合はまた原幻想が構築される枠組みでもあります。分析の後半期は、分析主体の身体に響き渡るこれらのタームを探し求めることになります。古典的な言い方をすれば、この後期の作業は幻想の構築と呼ばれますが、ラカンが主張するのは、このようにして多くのシニフィアンをコンパクト化できるようにあらかじめ反芻処理を施しておく必要があるということです。最後のシフトは、分析主体が症状の機能によってはもはや支配されることがない性生活に取り組めるようになるということであり、そのためには分析の中盤と終盤の間に幻想に徹底的に取り組んでおくことを前提とします。

クラインは幻想の構造をもっと早い段階に見つけることができると考えていましたが、これについてはすでに言及しました。彼女は言語の性質についての自分の見方にしたがうことでこのような見解へと導かれたのでした。実際、幼児の不安の解釈についての彼女の理論は、言葉がどのように機能するか、そして言葉はどのように

＊1　訳注　パリ第八大学の精神分析学部の一画を形作る組織。大学の課程の一貫であるが、精神分析家、精神科医、心理学者および、精神保健の専門家の養成に関与している。

して幻想の構造と関係を持つのかという考えを前提とします。これらの問題の多くはラカンの著作のなかで呼び出されており、そして第二次世界大戦が終わるまでは、ラカンの仕事とクラインの仕事との間に広範囲にわたる共通の基盤がありました。まさにこの時期に学派は最終的に分岐し、クライン派はそれまでには「無意識は一つの幻想として構造化されている」という旗印を取り上げ、他方でラカン派はそれに競合する「無意識は一つの言語活動として構造化されている」という旗印を採用しました。英国精神分析協会内部の「論争」[*1]の時期に勃発した批判と討論の多くは、言葉の機能の性質に関係しています。この時期にスーザン・アイザックスは、子どもの生活において幻想が「前言語的に《プレヴァーバル》」構築される時期は存在するかどうかを調査しようとしました。そのように想定された時期は子どもが初めてしゃべる瞬間によっては決めることができないとしたという点で、彼女は大変明瞭でした。というのも、しばしば大変込み入った言葉の系列を理解することは、「それを使用することよりもはるかに先立つ」からです。彼女はまた、言葉を「理解すること」と「使用すること」との間には大変長い期間がある――「おそらくは一年ぐらいである」――と論じています。さまざまな議論の仕方を用い、そして（当時の）心理学のテクストに重きを置くことで、彼女は最終的に「言葉……の……音韻論的な形式」が理解できない時期が存在するに違いないと結論づけ、そしてこの時期――生後六カ月――は、子どもの経験が「言葉とは独立して」存在する「前言語的《プレヴァーバル》」と想定された時期の母型となるとしました。彼女は、子どもがしばしば生後六カ月に「明らかに明瞭な音節」を口に出すことや、たいていの子どもが十二カ月後には話すようになることに同意しており、また、彼女がこの瞬間と理解との間に発見した「タイムラグ」は一年ぐらいにもなると認めていますが、それにもかかわらず、今しがた述べたような結論を下したのでした。彼女はまた生後半年の間に起こる「言語

*1　訳注　一九四一年にアンナ・フロイト派とクライン派の間で起こった論争。議論はすべて以下の本にまとめられている。*The Freud–Klein Controversies 1941–1945*, edited by Pearl King and Ricardo Steiner, Routledge, 1991.

ゲーム」の存在について語ってもいます。にもかかわらず、「前言語的な《プレヴァーバル》」段階という考えは結果的にはイギリスの分析実践の仮定に深く彫りこまれていきました。しかしラカンが主張するには、スーザン・アイザックスが描いたどの時期よりもずっと前に、子どもは母によって使われ母へと向けられた言葉によって影響を受けています。子どもはおそらく誕生前からでさえも、このようにして言葉の影響を受け冒されているのです。これらの議論のなかには多くの価値のあることがあります。にもかかわらず、これらの議論の影響力が弱まっていき、結局は話による構造化については従来の既成概念が受け入れられるようになってしまったことは、まことに遺憾というしかありません。

言葉の機能から距離を置こうとしたのはクライン派だけではありません。一九三〇年代以降、言葉の構造に対しては、それと分かるように従属的な位置を与えておくよう振る舞うことは、新しいスタイルの精神分析が成功するために必要な保証書となっていました。しかし、そこでは言葉は明らかに従属的なものだったのです。どれであろうとフロイトの症例――ドラ、鼠男、狼男――をご覧になれば、作業が始まると共に厖大な数のシニフィアンが現われていることがお分かりいただけるでしょう。これとは対照的に、クラインはそのようなタームの一揃いが生み出されるのを待つことはなく解釈できると考えていました。日常的な関係の世界ですでに構成されていると彼女が考える語彙に依拠するだけで、解釈をほどこすことができると思っていたのです。しかし実際には、シニフィアンの構造の向こうに横たわるものへと移動することができるためには、分析主体の精神―性的な歴史の特殊性を分析的な関係に持ち込む必要があるでしょう。これらの特殊性は、最早期の幼児期以来、分析主体の愛の関係が起こした葛藤へとつながっていくタームなのです。フロイトは症例ドラのなかでこれらのタームを構築することから始めました。彼女の症例を分析するなかで現われた「中庭《ホーフ》」という言葉は、彼女の性生活を、家族コンプレクスと結びつける予備的なタームであったでしょう。「墓地《フリートホーフ》」「駅《バーンホーフ》」「檻《ツヴィンバーホーフ》」「前庭《フォアホーフ》」といった言葉の連鎖は、死んだ父の夢表象から、父のセクシュアリティーについて母に問いかけることへと、連想をつなぎます。この連鎖は、一つの身体的空洞がもう一つの身体的空洞の入り口になっているようなものであって、これを経由して、ドレスデンの美術館が、彼女の若い求婚者へとつながれます。この暗号解読の過程は夢を構築するいくつかの里程標へと適用されますが、この過程によってタームの総体が決定され、そのなかで分析主体は自分自身の身体の現実性を構築するのです。解釈は明らかにこの身体との関係で作動するのです。こういう人もいることでしょう、「私に身体の概念を与えよ、そうすればそれに相当する解釈の概念を与えよう」。ラカンは体内化というテーマと関連してさまざまなスタイルの解釈について何度も問い返しています。とりわけ彼はエルンスト・クリスによって呈示された分析の詳細を検討することでそのような問いを投げかけているのですが、この症例はクリスがメリッタ・シュミーデバーグから引き継いだものです。ラカンはこの症例に対して何度も言及しています。最初はラカンの『セミネール』第一巻のなかで、ジャン・イポリットがフロイトの論文「否定」を紹介したのに対して彼が応答するという形で言及しています。第二の言及は「治療の指針とその力の諸原理」のなかでのことで、第三の言及はラカンの一九六六―六七年の『セミネール』のなかで見て取ることができます。一九五三年から一九六七年までのこれらの言及から、ラカンがこの症例は註釈する価値があると考えていた節があるように思えます。ラカンが一九六七年の『セミネール』のなかで聴衆に与えた指示に従うことにしましょう。彼はクリスの論文と、この症例が最初に提示されているシュミーデバーグの元の論文を読むよう勧めています。†1

†1　原注　シュミーデバーグの論文は最初、一九三三年、英国精神分析協会の会議において英語で発表された。ラカンのコメントが拠り所としているのは、後にジャクリーヌ・ローズによって英語に翻訳されることになるドイツ語の版である。一九三八年、若干異なる版が、「知的制止と摂食における妨害」という題で『国際精神分析雑誌』（*International Journal of Psycho-Analysis*）に発表された（Schmiedeberg, 1938）。私の引用はこの最初の英語版からであるが、これはシュミーデバーグが英国協会に送付した論文の「一部」として執筆したものである。

シュミーデバーグはこの症例を、他の分析主体との作業の断片に言及してから提示しています。最初は統合失調症患者で、現実の価値を持つどんなものも「食事と食事の間に盗まれた食べ物」としてのみ経験していた女性の例です。第二の分析主体は、「ひそかに獲得した知識、つまり〈盗んだ知識〉のみ重んじている」男の例です。シュミーデバーグがいうには、この男のおもな不安は、女性が自分の脳みそを喰らおうとしている、というものです。シュミーデバーグはフロイト-フェレンツィ流の「象徴等式」の考えを用いて、この症例の「知識」と「脳みその内容物」そして「身体の内容物」とを等置しようと試みています。後にクリスと出会うことになる分析主体の症例についてはこの分析主体について「彼の目には活動は盗みと結びついており、科学的業績は剽窃と結びついている」と述べています。彼女のコメントから明らかなことは、彼女がこの「結びついている」という言葉を象徴等式の観点から分析しているということです。しかし、クライン派の流儀によく見られるように、彼女はどのような契機においても、そうした象徴等式の機能を言語の構造の研究から得られた結果をもとにして分析するという方法を提示していません。その代わり、彼女はそのような象徴の機能がすでに働いていることを当然のことと見なし、この言語の構造のタペストリーのなかにある解釈の問題に焦点を置こうとせず、部分対象と母との関係という観点からこの症例を解釈し続けています。この症例のみならず、この報告で呈示しているすべての症例についても、シュミーデバーグは母の身体の神話を用いて自分の作業に方針を与えています。この論文の公表されたヴァージョンにおいても、彼女はこれとは分離された父の機能についてなんら言及することはありませんでした。ただし、驚くべきことに、英語版で「父」が最後の言葉として記されていることを除けば。

シュミーデバーグとの分析の後にクリスのもとを訪れた分析主体は「三十代前半の若い科学者」でした。この分析主体はクリスとの第二の分析を先の分析家には黙っておいて欲しいと要求しています。というのも、そうでないと今は「男によって」分析されていることに彼女が傷つくと思ったからです。分析主体のおもな症状は「他人の考えを使うという衝動」でした。分析のあいだ、この分析主体は自分があらかじめ剽窃したと恐れている論文に取り組んでいることを明らかにしました。彼は自分が盗んだと思っている出所についてさえも分析家に教えています。これに対するクリスの応答は、言及された業績のコンテクストについて調査し、剽窃をしているという恐れは実際は根拠がないということを詳細に検討するというものでした。それからクリスは、患者がいっしょに親密に仕事をし、考えを盗み取ったと思い込んでいる相手である「若い同僚」こそが実際には分析主体の考えを許可なしに使用していると決め込みました。こうした立場を取ることで、クリスは彼自身の自我による考察を経由して、自分に提示されている素材のなかの現実的なものへと接近したと思い込みました。この症例についての彼の説明のなかでは、素材のなかで現れている連想の連鎖への考察はほとんどありません。端的にこのネットワークやそれがほのめかしている事柄、つまり欲望の構成に基礎を置いた解釈は提示されていないのです。クリスは自分が二つの集合に直面していると感じていました。第一の集合は、彼が「含意を持った表現」の系列と呼ぶものが素材のなかで存在しているということであり、第二の集合はこれに対応する形で分析主体のなかに「行動の典型的なパターン」が存在するということです。これらの二集合のデータに直面したクリスは、第二の集合の解釈を優先しました。「私は剽窃をしているのでは」という文を感情として受け取り、それを意味ではなく「行動のパターン」として確立されたもののなかに置くのが彼のやり方でした。意味をそのように省略することは、一般的に言ってアクティング・アウトを呼び起こします。もしクリスが「表現」は多義的な意味を持つということに、そして「含意」の系列を持つということに気づいていたら、そのとき彼は意味の問題が複雑であり、分析的な関係のなかでは中心的な位置を占めるということに気づいていたことかもしれません。クリスはそうはせず、分析のセッティング外の行動によって「新しいアイデアを得る」という欲望の機能へ言及することになりました。

しかし、クリスの論文には父への中心的な言及があり、これはシュミーデバーグによって採用された解釈のスタイルに新たな光をもたらしました。クリスが言うには、剽窃コンプレクスは「父親との早期の関係の葛藤を再生産するものであった」。実際、クリスは父よりももっと遡ろうとしました。分析主体の祖父は偉大な科学者で、この領域で祖父は成功し、父親は失敗したのでした。クリスはある夢を報告しています。分析主体は本を武器として使って、父親と格闘しており、そこで「勝ち取られた本が呑み込まれる」という夢でした。これはエディプス的な夢であり、分析主体は父親に同一化しているのだと彼は言っています。もしそうなのなら、分析主体は祖父と戦っているのであり、祖父の成功の基準となる本を食べようとしているということになります。しかしこの成功の道具は彼の父のものではありません。彼はそれを誰か別の者から取ってきたのです。三世代に渡るこの家族史のシナリオを構築しているタームをクリスは十分に利用することもできたでしょうが、それらを解釈のために利用することはありませんでした。クリスはその代わりに、夢を「父のペニスを体内化したいという願望として」解釈しました。このスタイルの解釈はしばしば拡充を必要とするものであり、クリスはこの解釈を分析主体の歴史からもっと触診可能なものへと結びつけます。分析主体は父親と釣りに行き、誰がより大きな魚を釣ることができるかを見ようとしました。魚を釣ること、魚を比較すること、魚を盗むこと、アイデアを盗むこと。クリスはこのネットワークを「潜伏期と思春期との間に分岐し擬装されたもの」として追跡しました。しかし彼自身がこのようにして追跡したものは行動の詳細であって、分析主体の父親に対する関係を構成したタームのネットワークではありませんでした。最終的にクリスは分析主体に対し、この父親への行動が「アイデアに置き換えられた」という着想を提示しました。クリスは言います、「私はこの時点の解釈で患者の反応を待っていた。患者は沈黙しており、まさにこの長い沈黙が特別の意味を持っていた」。行動よりも言葉に関心を向ける精神分析家なら、反応よりも応答を待っていたことでしょうが、反応こそがクリスの得たものでした。患者は、彼が昼食時にセッションを去った後、このような解釈の後にしばしばしていたことを報告しました。彼は「好きな料理、生《なま》の脳みそ」を食べようと外出したのでした。

ラカン、シュミーデバーグ、クリスのいずれもが同意しているのは、この男の欲望は他人から何かを取るということを中心に組織化されているということです。しかしクリスはこの欲望を構成するネットワークは行動によって生み出され、置き換えによって形作られていると推測したのに対し、ラカンはむしろこの若い男の歴史を形作るなかで作動するシニフィアン連鎖のネットワークの観点から分析を導いたのでした。この文脈では、クリスは祖父〈grandfather〉という語や、父親よりも大きな魚を獲るというゲームから〈grand〉というシニフィアンを取り上げましたが、この点で彼は正しいとラカンは言います。しかしクリスはこの〈grand〉をぎこちない仕方でイタリック体にして、「偉大な父親」〈a grand father〉と言っています。ラカンがこの〈grand〉という言葉の転換的用法にフランス語で与えた説明は、英語には翻訳できないものです。「偉大な父」〈grand-pére〉そして「釣りあげられたとびきり大きな魚〈le plus grand poisson pris à la pêch〉」は、どちらもこの分析主体の歴史の交差点におけるタームとして英語には翻訳できないものです。しかしこの分析は、少なくとも若い頃にドイツ語を話した者の分析ではないかと推測することができます。これが事実であることは十分ありえます。この推測によってこれらのシニフィアンの機能の問いは英語ではついて回る困難を逃れることができます。分析主体と彼の父親とのライヴァル関係が「大きな」魚、ドイツ語で言う〈Gross〉な魚という言葉で表現されています。子どもと父親との関係は祖父を、ドイツ語でいう〈Grossvater〉を含んでいます。そういうわけで〈Gross〉は子どもの歴史のなかのシニフィアンとなるのです。これこそがクリスの問いに対する応答です。どのようにして食べ物を盗むことからアイデアを盗むという置き換えが生じたのでしょうか。分析主体はお菓子を盗むことから始めました。この〈Gross〉という言葉は祖父の本と父の魚とを結びつけ、食べ物とアイデアとを結びつけるチャンネルを提供しました。〈Gross〉というタームについて言えば、脳を指すドイツ語〈Hirn〉は本来の脳、つまり大脳を指す〈Grosshirn〉という合成語を持つと指摘する価値があるでしょう。〈Gross〉はアイデアを持つ父親を指すタームでして、彼自身の父親はアイデアを持っていません。盗む、食べる、剽窃するという繋がりは、欠如を導入するシニフィアンであると同時に、欲望の機能を作動させるものなのです。

クリスがどのシニフィアンを見落としてしまったかという問いは今や、彼が言語の機能をどのようにして飛び越えてしまったかを発見するという問題になりました。ここから何が解釈の問題へと続くのでしょうか。クリスが行動として読解したこの素材をもっとラカン的あるいはフロイト的に解釈するためには、〈Gross〉というタームにアクセントを置く必要があるのです。そのような仕方はさまざまでして、効果を発揮させる標準的な解釈は存在しません。しかしだからといって、古い解釈のいずれでも良いというわけではありません。ただ欲望の構築に向けられた解釈が必要なのです。たとえば、〈Gross〉は可能な解釈の一つです。「魚をほとんど持たない父親」という解釈もあります。「魚をほとんど持たない父親、そしてアイデアを持っている祖父」という第三の解釈もあります。あるいはラカンによって導入された解釈を試みてもいいでしょう。「あなたの父親はアイデアに恵まれていませんでした。あなたの祖父が奪ったのではないでしょうか」。シュミーデバーグが中心化し、クリスが報告した夢のなかにも継続している、口唇的対象の体内化というテーマへと、ラカンの解釈がいかに立ち戻っているかに注意してください。

ラカンはこの素材に対するクリスの解釈について二つのことを述べています。最初に、それは塩に値する（「価値のある解釈である」）[*1]ということです。ただし、生《なま》の脳みそにかけることができるものとしての塩です。第二に、それはアクティング・アウトを引き起こしたということです。アクティング・アウトは常に解釈の不足の結果として現われます。クリスの解釈の欠点は、①剽窃の実際のテクストに重点を置くこと、そして、②シニフィアン連鎖を素通りしてしまったこと――これは、脳みそのある店を通り過ぎずに留まった患者とは異なりま

＊1　訳注　原文 it is worth its salt は、その昔、給料を塩で払ったことから、「給料に値するだけの働きがある」という意味で慣用的に使われる。

す――です。クリスは実際に患者に欲望の対象について問うていました。この対話法のなかでクリスに与えられた返答は、皿に載った対象でした。解釈の糸がこの対象に接近できないとき、代わりに行為が生じるのです。アクティング・アウトを生み出すコンテクストは、分析家の解釈が弱くて不十分であるということです。解釈されることがなく、分析作業のシニフィアン的素材のネットワークに入らないとき、その返答は応答という手段ではなく行為という手段によって行われます。ラカンはこの用語を明晰にするために、「アクティング・アウト」という熟語の英語での用法を見ています。結局、驚くべきことですが、この言葉は分析の語彙のなかでも英語の形で入っているのです。ウェブスターの辞書はこの事柄の意味を発見するのには適さないように思えますが、しかしラカンは一見ありえなさそうな背景から手がかりを見つけるのが大変得意なのです。彼はウェブスターが劇との関係で描写している用語を取り上げます。劇をアクティング・アウトする〔演じる〕とは「行為のなかで何かを表わすことであり……これは読解に対立する」。つまりここには、テクストに対する注意の欠如、言葉の機能に対する応答の欠如を背景とした行為への示唆があるのです。劇は誤った解釈を背景幕として演出されるのです。幼児期のドラマは、言われていることに十分な注意が与えられていれば、分析のなかに留まるのです。

ルネ・スピッツは一九五七年に、幼い子どもの言語の機能に考察を加えています。このような精神分析的考察は稀であり、彼はこの点についてテクストへの導入のなかで明瞭にコメントしています。彼は言います、「言葉によるコミュニケーションも言葉によらないコミュニケーションも」ともに精神分析の道具をなすものであり、第一次世界大戦以来の精神分析の文献に言語の問題への言及があまりに稀薄なのは驚くべきことである、と付け加えています。スピッツのコメントから約四十年間、アングロ―サクソンのコンテクストで言語の構造が明瞭に考察されているのを見てとることは今なお稀なのです。ラカン派はスピッツの著作が公表されたときから注目していました。とりわけ彼の著作が、幼児の生活において「ノー」の機能の介入がどのように影響を及ぼすかについて考察しているという点で注目していたのです。スピッツは、これらの問題を解決するために必要な要素はすべてフロイトの「草案」のなかにあると考えています。この草案は一九五〇年代の初頭に公表されていますが、書かれたのは一八九五年のことであり、もう百年以上も前のことです。百年間というのはいかなる科学においても休止状態に陥るのに十分長い時間でして、百歳にもなろうかという領野においては無論のことです。一九五〇年以降、ラカンの方針は、人間関係における一切の不能は、言語の関係以外によって欲望をやり取りすることができないということから生じていると保証することでした。世界の半数の分析家は現在この方針のなかで仕事をしています。残りの半分はそうしていないのであり、彼らはこのようにする分析家たちを無視しようという傾向があります。それゆえ、ラカン派とクライン派との間の討論からは豊かな成果を得ることができるでしょう。そのような仕事を発展させる時期なのです。そして願わくはこうした討論が、話の世界に及んだ標準化の影響を消し去らんことを。

3 解釈についての討論

ロバート・M・ヤング　まず、バーナード（バゴーイン）の発表について意見を述べたいと思います。解釈の目的は素材が現われ続けるようにしておくことだとあなたは言いました。これについて思い出した話があります。セッションに十分遅れて来た患者に、クラインは「あなたは最初の解釈を逃してしまいました」と言ったという話です。また別の話で、これはアーネスト・ジョーンズの話ですが、彼はセッション中に二回しか話しませんでした。一回目は「こんにちは」、二回目は「さようなら」でした。私の患者のひとりは統合失調症でして、多世代的な妄想体系を持っています。もし、私がそれに割って入ることがなければ、彼は永遠に続けていたでしょう。また別の患者は、ベティ・ジョセフが「ぶつくさ言い」と呼んだ特徴を示しています。その場合、素材はいくらでもありますが、何に関するものでもありません。すべては上っ面のものです。仮に何らかの目的があるとすれば、それは防衛でしょう。これもやはり割って入ることが必要です。私は解釈の目的についてクライン派のやり方でずっと考えてきました。クライン派のやり方とは、原初的不安へと可能な限り手を伸ばし、核心を突き、その効果によって不安を和らげるということです。素材を漂わせておくだけなんてことはしません！

バゴーイン　まずは二点目についてお答えしましょう。そうです、もちろん、山ほどおしゃべりされるわけですが……。分析家は、そこに素材があるかどうか判断するために機能しています……。

ロバート・M・ヤング　それでは、「素材」とは質的に判断されるものですか。

バゴーイン　何であれ抑圧されているものへと分析が動くときには、一つの方向があります。多弁になるというのは、それを避けるためなのです。無意識の素材へと向かうこの運動を助けるために、分析家はすでに言われたことのなかで結びつきを作るのです。しかし、まずお断りしておかなければなりません。私が述べていることはすべて、神経症との分析作業に関する古典的な分析理論の文脈のうちで意味があることです。神経症との分析作業での分析家の位置は、精神病と作業するときとはまるで違っています。人は神経症構造か精神病構造のいずれかを持つとラカンは主張しております。分析作業の始まりに際して仮説を立てておき、取り掛かりの際にはそれを判断して、分析家自身の位置を決定する。このことが分析家の仕事なのです。分析家の位置は、精神病者と作業するときには目撃者としての立場をとるのでして、ソクラテス的な問答を利用する立場にいるのではありません。神経症者は何が起きているのかを知りませんから、ソクラテス的問答によって、このことが指し示されるのです。しかし、精神病者は何が起きているのかを非常によく知っています。誰もが少しは狂っていて、いくぶん精神病的な部分に出会う定めなのだと、このような想定がイギリスやアメリカで多くなされました。しかし、ラカンが言ったことはこれとは違います。神経症的な構造を持つ人間もいれば、精神病的な構造を持つ人間もいると言ったのです。統合失調症患者との作業、あるいは一般の精神病者との作業においては、ソクラテス的対話に従うことからは、多くは期待できません。

ロバート・M・ヤング　不安を和らげるために、できるだけ深く入り込んでいくという私の質問はどうでしょうか。

バゴーイン　不安の理論は複雑です。アングロサクソンの伝統のなかでは、ある確信をもって情動に信頼が寄せられていますが、ラカンはそうした伝統とは異なります。ラカンは、あらゆる情動は置き換えであるが、一つの例外があり、それこそ不安であるということを示しました。この点で彼は自分がフロイトを引き継いでいると感じていたのです。もし、あなたがある男のことを嫌いであるなら、それはあなたが彼の妻を愛しているからかもしれません。不安を除けば、あらゆる感情が置き換えられます。不安は〈無意識〉の構造のなかで大変根源的な機能を持つのです。この理論は不安と分析作業のさまざまな局面との関係を説明するものですが、この点に踏み込みますと時間がかかりますから、クラインとの主な違いについてだけ言っておきましょう。それはクラインが言葉を、単純に直接意味へと通じる理解しやすいものとして考えており、また、不安を解釈することは初めから可能であると考えていたということです。ラカンの場合、象徴等式という考えは象徴作用といういっそう構造化された領野に取って代わられました。その考えに対してクライン学派はなんの答えも出していません。クライン学派においては、自我と常識とが信頼に足るものと想定されているからです。ラカンにとっては、自我の構造にはなんら信頼に足るものはありません。信頼できることといえば、いくつか表面的な症状があるということ、そして、それらの移り変わる表面の一つから、背後にある無意識の素材へと至る方法がいくつかあるということだけなのです。自由連想によって作られた道は、とても狭い通路ですが、分析によって構成され、促進されるべきものです。クライン派の方々は随分と簡単にやっておられるようですが。

ブロンシュタイン　今私が考えていたのは、クラインの場合、同じ技法を使って精神病者を分析することが可能であるということです。私たちがみな狂いうるとクラインが言っているとは思いません。クラインが言っているのは、私たちみなのなかに、精神病へ向かう可能性ではなくて、二つの態勢に向かう可能性があるのだということであり、またそれは無意識的幻想の力動に左右されるということなのです。精神病にある人間にとっては、分裂されたものは自己の一部であるというようなことをいう人がいます。連結に対する攻撃が対象関係を妨げることにより、対象が分裂されている。そうすると、外界は、憎悪と、そして投射されつづけている自己とを包み込む奇怪な対象となる。これが彼自身の一部となっており、彼はそれを追い払いたがっているのだと言うのです。実情もそれほどかけ離れていないと私は思います。

質　問　カタリーナ（ブロンシュタイン）の症例について質問したいと思います。というのも、あなたの報告を聞きますと、それは迫害についてのものと思われたからです。また、そのことは子どもという問題、そして、「女の子」ではなく「女性」という言葉を選んでいるという点で、言語との関わり方の問題とも絡んでいるようです。セクシュアリティーや性的欲望の問題を導入することによって、あなたは彼をそのこととは別のところに位置づけました。お見受けしたところ、あなたは「象徴的」という言葉を発達という観点から使っているようです。そのことは、妄想分裂態勢から抑うつ態勢への発達に関してあなたのおっしゃったことによっても確認できます。しかし、分析主体が双数的関係に押し戻されているという批判についてはどのように扱うおつもりでしょうか。というのも、結局あなたは「女の子」ではなく「女性」を選ぶことによって、一方の立場しか支持していないからです。ラカン派ならば「女の子とはどういうことでしょうか」と言ったでしょう。何故、あなたは、一方の立場を選ぼうとなさるのですか。分析主体が自分の立場を確立できるように、彼に彼自身の素材を生み出すことを何故求めないのでしょうか。

ブロンシュタイン　彼は初めは「女性」と言うことができなかった、なぜなら彼の連想が彼を止めていたからだ、そのように私は考えていたのです。彼の不安を理解することがなにより重要なことだと思います。私がただ「女の子」とだけ言うことで、彼がその不安にたどり着けたかは分かりません。女の子とパーティーの間の連結というのもありました。最後のセッションに関連して女の子とパーティーとが結びつけられたのです。思うに、私が解釈したときに、より多くの連想が生み出され、彼の不安は減少したのです。そのときに、彼の感情に関する問題が生じ、彼は自分が勃起したことについての連想を生み出したのです。解釈は妄想的不安を軽減したと思います。彼は自分自身についての不安を減らしましたし、少年としてではなく、男性としていられるようになりました。そして、そのセッションが終わった後に何が起きたのかについても話し続けることができるようになったのです。

質　問　それは解釈という方法で、彼を安心させているだけなのではないでしょうか。

ブロンシュタイン　彼が男性であるか否かということは、彼を安心させるという問題ではないと考えます。私が分離した対象であるということを彼が許さなかったなら、彼は男性となりえなかったでしょう。私は彼が男性であることを示して、彼を安心させたのではありません。彼が私を攻撃していること、そして自分自身を私に投射していることを彼に教えているのです。それは安心を与えることではないと思います。

バゴーイン　あなたの解釈のスタイルとラカンが使用した介入との間には、類似点があります。「女の子」「女性」「パーティー」といった用語の間には、シニフィアンの横糸があります。これは性的な競合に関係しており、また情動や不安といったことにも関係しています。もちろん、大人の生活における性的な競合とも関係しています。というのも、情動や不安は子ども時代のエディプス関係に影響されており、そこへと戻るものですから。ラカンにとっては、シニフィアンを取り巻く一連の情動は、シニフィアンの構造の内部に場所を与えられているのです。私たち両学派は、どのようなシニフィアンが分析主体の生活において適切かという点で一致をみないわけではありません。私たちの立場の違いは、分析作業を方向づけるために何を信頼するかという点にあります。発達、常識という概念、現実性、こうした考えにおいて違いがあるのです。また、ラカン派は、シニフィアンの構成のみが、〈無意識〉が見分けられる土台を提供するということを主張します。これもまた違いの一つでしょう。

質　問　私はセッティングとその内部での解釈について、あなたが初めにおっしゃったことに興味を覚えました。あなたは二つのことをおっしゃいました。その一つは破綻についてです。私がそこで考えたのは、よく言われている類のことですが、セッションの間に分析家によるアクティング・アウトがどのようにして起こるのかということについてでした。一方、あなたが冗談についておっしゃったこともまた興味深く思いました。というのも、こうしたことの多くが持つ意義というのは、ある種、諸刃の剣のように私には思えるからです。一方で、冗談が防衛をかいくぐろうとするのは明らかです。しかし、それらは非常に容易に誘惑になり得るのです。これと同じように、破綻を強いることはアクティング・アウトとなり得るのでしょうか。あるいは誘惑になるのでしょうか、拒絶になるのでしょうか。何かコメントがあればお聞かせください。

バゴーイン　「アクティング・アウト」をどのように定義するかは、技法上いささか困難なところがあります。しかし分析家がセッション中にアクティング・アウトできるとは思いません。あなたの質問は権力に関するものです。分析家は分析的配置、つまりセッティングをどのように調整するかということの帰結として、大きな権力を握ります。もし分析家がどのようにしてであれ、その権力をふるうならば、そのとき分析作業は妨げられます。よほどひどく権力をふるうようなときは、分析作業は完全に止まってしまうでしょう。権力はありますが、それは倫理の一部としてです。契約を分析家の側からの視点で見るなら、責任として分析家が負っている義務とは、分析主体が言おうと努めていることにただ耳を傾け、そしてその聴取を促進することなのです。その権力をふるうことではありません！　もしもその点に関して分析家が過ちを犯すようなときは、結果をいくらか修正しようと望むくらいのことしかできません。

セッションの終了は強いられるべきではありません。それは、分析主体が言葉を紡ごうと努めるときに直面する、さまざまな問題の一部をなしている素材によって決められるべきです。その意味では、いつ、どのようにセッションを終えるか決める際に、分析家が直面する問題は、いつ、どのように解釈するかという問題とまったく同じことなのです。分析家は解釈を強要することができます。分析家は自らに権力を与えるような解釈を与えることができるのです。こうした傾向を取り払うためにも、分析家はフィルター機構を持っていなければなりません。たとえば、あなたは分析家で、解釈を考えているとします。そして、解釈をまだ言わないうちに、わずかにせよ、「いいえ」という声が自分のなかから聞こえてきたとしましょう。そういう場合には、なぜそのような声が聞こえてきたのかが全然分からなくても、その解釈は、まずまちがいなく、言ってはならない解釈なのです。そうした権力を使用したり、乱用したりしないことこそが、分析家の責任なのです。

質　問　これが質問かどうかわかりません。むしろ、あなたのおっしゃったことへの感想です。私は人間の苦しみへの応答としての精神分析について、考えていました。気になったのは、あなたの発表で繰り返しエディプス状況、そして「父」が参照されていたことです。さらに、フロイトがある点で母の役割を無視したということもです。私はここに座りながら、象徴界の総体という概念について考えたり、あなたのラカン的な発表のなかの、力強い男性について考えたりしていました。クラインは女性ですし、そのために名声などを傷つけられているという事実について考えていました。ただ象徴界を扱うだけではなく、女性と呼ばれるものの領域にある何か別のものを扱うことですとか。この点について何か答えていただけますか。

バゴーイン　ラカンはフロイトに焦点を当て、フロイトを定式化することで、エディプス・コンプレクスと去勢コンプレクスを〈無意識〉の構造のうちで中心に定めました。このことによって、ときにプレエディパル（前エディプス的）と呼ばれている素材をどのように扱うか、しばしば前言語的《プレヴァーバル》と呼ばれているものの実在に賛成するかどうか、といった問題が生じています。ラカンによれば、子どもは、誕生以前の子宮に宿っている間に、言語に感染しています。愛する人に対して母親が抱く情熱や興奮のために、子どもは直接に強い情緒を感じ、それにより言語に感染するのです。

ラカンが一九五〇年頃からそれらの問題に与えてきた定式は、クラインとの共通の基盤から離れるものでした。それ以前の二十年間は、ラカンは多くの点でクラインにとても近づいていましたが。一九三〇年代ですら、彼はイメージ、つまりイマーゴ、そしてイメージの無意識的機能についての考えを定式化しようとしていました。これは多くの点でクラインの定式と密接に対応しています。その頃のラカンは、後のような、言語の機能がイメージの機能よりも優勢であるとする決断をしていませんでした。つまり、一九三〇年代を通じ、第二次世界大戦までは、ラカンとクラインは多くの類似した仕方で、類似した問題に取り組んでいたのです。

イメージの機能は言語の機能に対し二次的であるとラカンが最終的に決断したのは、一九四八年から一九五〇年頃のことです。無意識のイメージも含めたイメージが、象徴界の枠組みによって提供された構造のうちに、その居を定め、巣を作ったということもできるでしょう。ラカンが象徴界の優先性を強調し、象徴界、想像界、現実界の三つ揃いを導入したのは、その時なのです。現実界とは、近づきがたいなにかです。現実界は、自我によって構成された現実性とはまったく違うものです。現実界とは、フロイトがトラウマを説明するなかで提示した「同化することの不可能」の概念を捉えようとするものです。この古典的なフロイトの問題に、クライン学派が取り組んできたのとはますます違った仕方でラカンが取り組むようになるのはこの時なのです。しかし、たとえば一九三〇年代には、スーザン・アイザックスが無意識的幻想による経験の構築について述べました。その同じ時代、ラカンはイマーゴと同一化の機能を通じての現実性の構築に関して述べており、この二つの議論には多くの類似点もありました。とはいえ、ラカン派は、クライン派が蒼古的で根源的な幻想について発見したことを間違っていると言っているのではありません。実際に幻想が作り出されたなら、それらは象徴的機能に関連づけられるのです。幻想は慣用表現に関連づけられます。それらの慣用表現が幻想の構造を完全に表わすことは不可能であり、そのことによって現実界の領域が導入されるのです。

女性のセクシュアリティーと男性のセクシュアリティーとに関して、エディプス的な愛についてのフロイトの理論から問題が生じます。エディプス関係をどのようにして横断するかという問題、分析においてこれらの状況から人はどのように抜け出すかという問題です。エディプス関係を切り抜けた結果、人は一つのセクシュアル・アイデンティティーに到達します。ラカンは女性のセクシュアリティーということについて再検討しましたが、それは、男性になったり、女性になったりする際に通過するさまざまな経路の研究に基づいていました。

女性であるとはどのようなことかについてラカンが言ったことに関して、流通しているキャッチフレーズがあります。彼は、男性であるということは、シニフィアンの構造の効果の内部にすっかり囚われていることだと言いました。女性もまたそこに囚われていますが、女性はさらに広い資源を持っています。ラカンのスローガンとは「女性はすべてではない」というものです。彼女の人生のすべてが、象徴的構造とそのファルス関数によって決定されるわけではないのです。私が最近読んだ出版物では、女性は「象徴界の取り込みに失敗しているのだ」とラカンが言っているように書かれていました。そんなことはまったくありません。彼が言っているのは、女性は象徴界に立ち向かうのにはすこぶる熟達しているということなのです。

ブロンシュタイン　女の役割や前言語的《プレヴァーバル》なものについての質問について考えました。言語の発達を待つまでもなく、無意識的幻想があるということをクラインは強調していたと思います。もちろん、言語によってしか接近することはできませんから、私たちはそれ以前に何があったのか知りません。しかし、ある二歳の女の子は母親が新しい赤ん坊におっぱいをあげているところを見ている際、母親の乳房を見て、「それで私に噛みつくんでしょ」と言っています。その瞬間の彼女の幻想は、言語を介して、言語によって構築されているのでしょうか。それとも、早期の無意識的幻想がこのとき言葉に置き換えられたのでしょうか。

同じくこれについて多くを考えた人が、ビオンです。彼が述べるところによれば、赤ん坊はとても小さな頃から、前概念作用や不安を持っており、母親はこの生《なま》の素材を拾い上げる能力を持っています。この生《なま》の素材をビオンはβエレメントと呼びました。これを解釈し、不安を言葉に代える能力を母親は持つのです。母親は言葉と言語を導入します。それらは生《なま》の不安を抱える赤ん坊を助けます。そのことは殲滅《せんめつ》の不安、バラバラにされることの不安と関係があるでしょう。母親に名付けられることによって、それらはαエレメントに変形します。そうした原初的相互作用においてこそ、子どもはある意味、発達を開始しうるのです。クラインとラカンの間にはこうした違いがあると思います。

幻想

ロバート・M・ヤング
ダリアン・リーダー

1 幻想と精神病的不安[†1]

ロバート・M・ヤング

ポスト・クライン派精神分析は「何かを知ること」と「何かについて知ること」の区別に光を当てました。精神分析において、何かについて知ることは、より深く情緒的にそれを知ることに対して、しばしば防衛として作動します。高い評価を受けていた、私にとって最初のスーパーバイザーであるボブ・ヒンシェルウッドが、自嘲的な口調で言っていたことを私はよく思い出します。セッション中に患者が何について話しているのかわからないとき、分析家の解釈は頭でっかちなものとなる。患者のうちにまったく入り込んでいないからこそ、分析家は論文を書くことができるのだ。

私がこの発表で言おうとしている事柄は新しいことではありません。ほとんどの情報源は、私が生まれた年から学部の二年目に真剣に精神分析を読み始めた一九五五年までの間に出版されたものです。私は無意識的幻想と

†1 原注　これは一九九一年十一月にTHERIP（精神分析の研究と情報収集のための高等教育ネットワーク）で行われた講演のテクストを改訂したものである。その後、このテクストは、『心的空間』（*Mental Space*, Young, 1994）のひとつの章、「精神病的不安の偏在性」に関する小論の下敷きとして使われた。

精神病的不安に関する文献をたくさん知っていましたし、自分の教育分析以前とその期間中にクラインとビオンの著作を読んでいました。しかし、臨床研修中に多くのものを読むことは良くないという著しい偏見がありますから、研修生は一つのテーマを体系的な仕方で学ぶことはほとんどありません。その結果、私は教育分析を終えて何年も経った今になってようやく、自分がこれらの問題について正しく理解しているという感触（この感触の強さを誇張したいとは思いませんが）を持ちつつあります。私はそれを知ることの麓にいると思います。これらのテーマを発表する私の目的の一つは注釈的なものです。つまり、これらのものが私にとって一貫しているかどうか照らし合わせてみる試みなのです。

もちろん、人が知ることになるのは、私が後で例証するように、初めから知っていたものです。それについて知ることは障壁ともなるでしょうけれども、触媒でもあり、それにより、言葉に表われないその知識について考えることができるようになります。私は無意識的幻想と精神病的不安の常態性と遍在性についてずっと知っていましたけれども、やっと最近それを理解できるようになりました。同様に、原始的な無意識的幻想の偏在が生活、文化、政治と知識についての理論に与える帰結について、ようやく熟考する余裕が持てるようになってきました。

無意識的幻想と精神病的不安に関する文献の再熟考が完了した後には、私には二つの仕事があります。一つ目は、種々の幻想に情緒的な意味を与え記述する試みです。この幻想に対して、私たちは（個人として、集団として、そして組織として）自らを防衛するために多くのエネルギーを費やします。二つ目に、クライン派とネオ・クライン派の考えが人間の本性というものの考えにとって何をもたらすのかということに注目し、考えをまとめてみたいと思います。人間の本性と言いましたけれども、つまりは個人とあらゆる文化と文明の水準に関わるものです。結局のところ、クライン派は精神病的不安に対する防衛を、近親姦のタブーよりも根本的な説明として提示しました。近親姦のタブーは、文明性を構築するために、社会秩序に通用するものと混沌（あるいはその恐れ）の間に立てられた破れやすい薄板のような基盤としてしか提示されませんでしたから。しかし、クライン派が提示するこの防衛は、諸刃の剣でもあります。というのも精神病的不安に対する私たちの防衛は、個人と集団の間のより柔軟な関係に向かう制度的、社会的変化に対して強力なブレーキとして作用するからです。

私が初めて精神分析について聞き及んだのは大学登校初日のことでした。もう四十年近く前のことになります。大学ではさまざまな背景を持つ新入生が一緒くたにルームメイトにされました。笑い話なのですが、ルームメイトの一人は私がフロイトを知らないと聞いたところ、フロイトのことを「すべての扉は女性のアソコで、ネクタイはイチモツであると考えた男だよ」というように説明しました。一九五〇年代のはじめに、アメリカの大学生にとって精神分析は性を、それも猥褻な性を意味しました。私がその性の問題と、暴力的で狂った殺人的な羨望の感情の間の緊密な繋がりについて知ることになったのはそう遅くありませんでした。たった数週間後、同じルームメイトがスイス製アーミーナイフで私を刺そうとしたのでした。その訳は、私にはガールフレンドがいて彼にはいないということに彼が堪えられなかったからでした。

私がこの逸話を取り上げたのにはいくつかの理由があります。第一に、フロイトの文明についての理論は、暴力的で性的な競争と強欲さに対するタブーが文明の礎になっていることに注意を促しました。多形性的族長が原始群族によって殺されたと言われています。[*1] こうして、近親姦のタブーが作られ、それがすべての他のタブーと、風習と法のシステムの基礎となり、文明と文化を生み出したのです（この二つの語をフロイトは区別しようとしませんでした）。フロイトは絶えず次のように強調しました。人は他人に対して狼である。文明という虚飾は薄っぺらであり常に脅かされている。そしてすべての生命は、エロス的本能と破壊的な本能の間の危険を孕ん

＊1　訳注　フロイトは「トーテムとタブー」（『フロイト著作集3』人文書院、一九六九年）において、原始時代に人間集団を束ねていた族長がその息子達に殺されることによって人間の文明が始まったという説を唱えた。ここでヤングは、この原始的な集団と、幼児の多形倒錯的な性の段階とを重ねて考えているようである。

だ空間で行われる絶え間ない戦いなのである。フロイトにとって根本的な葛藤は精神のこの水準で起こるのです（Young, 1994，第2章参照）。メルツァーはそのことを次のように描写しました。フロイトの世界は，「内外からの絶え間ない刺激の砲火の停止を探し求めている高等動物の世界である」。これに対してメルツァーは，クラインの世界を「分け隔てた死の本能の悪魔に悩まされる，聖家族のなかの聖なる赤ん坊の世界」として対比しています（Meltzer, 1978, part 3, pp. 115-116）。

これは単なる強調点の違いではありません。私の大学時代の衝撃的な例が示すのは，表面的には生殖的セクシュアリティーについてのように見えることが，実際には，苦悩のよりいっそう原始的な水準に関することであるということです。同様に，フロイトの世界とクラインの世界の違いは，説明と因果関係の水準の違いとして示すことができるかもしれません。ビオンは彼の論文「集団力動概説」の結論で明快に要点を挙げています。メンジーズ・リスが指摘するところによると，彼の著名な論文集「集団における経験」（一九六一）よりも，その論文において彼の考えにおけるクライン派的インスピレーションがいっそう明白に表れています。ビオンは言っています。「私が思うに，フロイトの集団力動の考えは，訂正というよりは補足を必要とするものである」（Bion, 1955, p. 475）。彼は家族集団はすべての集団の基礎であるというフロイトの主張を受け入れましたが，次のように付け加えました。「この考えは十分ではない。……私は集団力動の中心的な位置は，より原始的なメカニズムに占められていると考える。原始的なメカニズムとは，メラニー・クラインが妄想分裂態勢と抑うつ態勢に特有なものとして描写したものである。換言すると，私が思うに……すべての集団の原型としての家族集団というフロイトの発見が，不完全な解明しかもたらしていないということが問題なだけではない。この不完全さのために，集団の主な情緒的欲動の源泉が無視されているという事実が問題なのである」（ibid）。その後，彼は「作業集団」という概念と，「依存」「ペア形成」「闘争-逃避」という形で集団を襲う「基礎仮定」という概念をまとめました。そして三つの基礎仮定は共通の繋がりがあるか，あるいはお互いの異なった側面であると考えました。「さらなる調査が示したところによれば、それぞれの基礎仮定はきわめて原始的な部分対象とかなりの程度一致する特徴を含んでいる。これらの原始的な関係に属する精神病的不安は遅かれ早かれ放たれる。メラニー・クラインの分析によって、これらの不安とそれに特異なメカニズムは明らかにされた。彼女の描写は基礎仮定集団の情緒の状態と一致した。そのような集団の目的は、集団の明白な任務からかけ離れているか、さもなくば家族集団に基礎を置くというフロイトの集団に関する考えに適合するような任務ともかけ離れている。しかし精神病的不安の観点から接近し、原始的な部分対象の関係についての幻想と関連づけると……基礎仮定現象は精神病的不安に対する防衛的反応としての特徴を非常によく持っており、フロイトの考えを補足するものであって対立するものではない。私見では、家族様式に属するストレスと、部分対象のより原始的な不安の両方に対して、反芻処理する必要がある。事実、私は後者がすべての集団の態度の最大の源泉を含んでいるものと考えている」(p. 476)。

ここでのビオンの見方では、個人と集団の態度で問題となるのは、フロイトによる説明の水準よりもいっそう原始的なものです。苦悩の最大の源泉は精神病的不安であり、個人と集団に起こる多くの事柄は精神病的不安に対して立てられた防衛の結果なのです。だからこそ私たちは意識的にはそれらを耐え忍ぶ必要がなくなるのです。

これから「精神病的」という用語について述べましょう。その後に幻想の概念と原始的幻想が発生させる不安について述べてみます。ほとんどの人にとって「精神病的」という語は現実とのリビード的関係に原初的な障害を負った精神病を意味し、そして精神病の症状は、対象との繋がりを回復させようとする試みであると理解されています（Laplanche and Pontalis, 1973, p. 370）。私が一九五〇年代に州立精神病院で精神科の助手として研修を受けていたとき、精神病について教わったことはわずかでした。それでもレインとゴフマンが現われる以前の時代でしたから十分でした。精神病者はほとんど常に、「現実との接触を失っており」、彼らはそこにないものを見たり聞いたりし（幻覚）、物事を激しく歪曲する（妄想）、といったことです。

ではこれから、今問題となっているメカニズムを調べるために、精神病院から育児室への展開について目を向けてみましょう。クラインは分裂的メカニズムを「赤ん坊の発達の最初の一年に特徴的に」起こるものと描写し、「幼児は本質的に大人の精神病と同等の心の状態に陥っており、それはフロイトが意味するところの退行的状態である」（Meltzer, 1978, part 3, p. 22）としています。クラインは最も有名な論文「分裂的メカニズムについての覚書」の第三節で次のように言っています。「早期幼児期では、自我に特殊な防衛メカニズムの発展を強いるような精神病特有の不安が生じる。あらゆる精神障害の固着点をこの時期に求めるべきである。ところがある人たちは、この仮説をもとに、私があらゆる幼児を精神病的であると見ていると考えた。しかしこの誤解については、これまで他の機会に十分検討した」（Klein, 1975, vol. 3, p. 1）。メルツァーはこれについてコメントしています。「彼女は赤ん坊が精神病的であると言っているわけではないが、この主張を通すのは難しそうである」（Meltzer, 1978, part 3, p. 22）。

クライン派の考えは三段階に展開しました。先に述べた引用に見られる通り、クラインは分裂的メカニズムと妄想分裂態勢を、それぞれ統合失調症と躁うつ精神病の固着点と見なしました。その後、妄想分裂態勢と抑うつ態勢は発達段階となったのです。彼女の専門用語には初め「精神病期」が、続いて「精神病的態勢」が、そして最後には「態勢」が含まれるようになりました（Klein, 1975, vol. 1, p. 275n-276n, 279）。三番目の段階として、ビオンや他のポスト・クライン派の研究によって、これらは経済論的原則となり、日常生活におけるある契機から別の契機への変遷の一部となったのです。「Ps」と「D」の記号は二方向の矢印によってPs↔Dと接合され、内的状態がいかに簡単にそして頻繁に一方から他方へと揺れ動き、また元に戻るのか示されました（Meltzer, 1978, part 3, p. 22）。

統合失調症に関するビオンの著作では、パーソナリティーの精神病的な部分が遍在的であるのか、統合失調症患者にのみ現われるのかどうか曖昧にされたままでした。しかしメルツァーは、統合失調症についてのビオンの論文を研究し、これらの現象が患者のあらゆる程度の障害に存在するということを結論づけました。「健康な」教育分析志願者さえも例外ではありません（p. 28）。さらに、メルツァーと彼の同僚たちは自閉症患者の内的世界を描き標準的な特質を明らかにしました。フランセス・タスティンが神経症患者の自閉現象について述べ、またシドニー・クラインは神経症患者の「自閉嚢」について記述しました。

「精神病的」という用語が、正常で神経症的なものの領域に持ちこまれた経緯はこんなところでしょう。では「幻想」に移りましょう。私はまず、『精神分析の発展』（Klein et al, 1952）の索引の頁のまるまる一頁分が、このたった一つの用語で占められていることを指摘したいと思います。さらに、『フロイト-クライン論争 一九四一-一九四五』（King and Steiner, 1991）というその経緯を説明する本においては、この見出し語は頁の半分を占めています。『精神分析の発展』の諸論文は「論争」でのクライン派の立場の基礎を形成したものでした。多くの問題が立てられましたが、その核心には、内的世界の優位という問いがあると私は考えています。この問いは、相互作用的な適応的枠組みという考えとは対置されるものです。後者の考えは、自我心理学や、最近では現代フロイト派と関係づけられるようになりました。実際、アンナ・フロイトは、反駁はしているものの、「外的現実の様式と意識的な心的過程に偏りがちな慢性的な偏見を持っている」と批判されています（King and Steiner, 1991, p. 328）。事実、それはクライン派とフロイト派の方針のはっきりした区分であると思います。そしてそれはハルトマンやクリス、レーヴェンシュタイン、そしてデヴィッド・ラパポートの系統立った仕事によってまとめられたアメリカの学派の手によって、よりいっそう明確となったのです。

内的世界の優位というテーマに関して私が思い浮かべるのは、クラインと彼女に賛同する人びとが描写した内的世界の狂気と不快さに、人びとは本当にぞっとしているということです。実際に、この文脈に沿ってマイケル・バリントが抗議しています。彼はスーザン・アイザックスの重要な論文（後述）に関する討論のなかで冷淡にコメントしています。「おそらくクラインは、幼児における憎悪と不首尾感、攻撃の役割に対して不適切に誇張している」(p. 347)。これとは対照的に、フェアバーンはクライン派の幻想の説明が内的世界を上手い具合に描写していると（少なくとも当時は）感じたようで、「幻想」を捨てて「内的現実」を選ぶように提案しました(p. 359)。

初歩的な点から始めたいと思います。「幻想」と言えば「主に、あるいはすべてが無意識的幻想」を意味します。「幻想」は、たとえばコールリッジ[*1]による想像力の探求など、私たちが連想する意識的空想や想像の類とは峻別されます(Isaacs, 1952, pp. 80–81)。精神は常に経験の現実性を解釈している、「あるいはむしろ間違った解釈をしている。それは快感を増加させ不快から保護する主観的な仕方でなされる」(Riviere, 1952, p. 41)。ジョアン・リヴィエールはこのフロイトの仮説を強調しました。リヴィエールによると、フロイトはこの過程を「幻覚と呼んだ。それは私たちが幻想生活と呼ぶものの土台を形成する。個人の幻想生活は、それゆえ、現実の内的そして外的な知覚と感覚が、快・不快原理の影響の下で心のなかで解釈され、表された形である」。リヴィエールは加えて言います。「この原始的で基本的な精神の機能――自らの満足のために間違った解釈をすること――は、未だ大多数の文明化された成人においてさえ、その心において優勢を保っている」(p. 41)。

この一般的な機能はスーザン・アイザックスの定義で繰り返されました。「本能のこの心的表現こそ無意識的幻想である……衝動や本能の急き立て、それに本能的な応答というものは無意識的幻想として経験されない限りはないのである。最初の心的過程は……幻想の最早期の始まりと見なすことができる。しかし幼児の心的発達では、すぐに幻想は不安に対する防衛の手段ともなる。幻想は本能の急き立てをコントロールし、抑制する手段であり、償う願望の表現でもある。……すべての衝動、すべての感情、すべての防衛の様式は幻想で経験される。幻想が心的生活にこれらを与え、その方向と目的を示すのである」(Isaacs, 1952, p. 83)。

私たちが幻想の内容に目を向けるならば、コミュニケーションの問題が生じます。「幻想は非現実的で真実味がないという強い印象を生じさせやすい」(Riviere, 1952, p. 20)。これは私たちが幻想について書いたり話したりするとき、前言語的《プレヴァーバル》で原始的な心的過程に辞書から引いた言語の衣をまとわせるからです。それでも私は、自らの臨床経験と個人的な経験から得たそのようなイメージと経験を、ここで皆さんと共有してみたいと思います。ブラックホールや名づけようのない恐怖、部分対象、ごみ、糞便、尿、患者の夢に出てくる湿った灰、あるいは不毛の砂漠の心の景色、膿、粘液、圧倒される感じ、飲みこまれる感じ、ばらばらに崩壊する感じ、食われる感じ、何もない空間を落ち続ける感じ、蜘蛛、昆虫、蛇……幻想はこのようなものとして現われます。自閉症の患者との作業から引き出された言語は次のものを含みます。ばらばらに壊れる恐怖、永遠に落ちること、こぼれ落ちること、吹き飛ぶこと、殲滅《せんめつ》の恐れ、（統合失調症における解体 disintegration とはっきり区別されている）不統合 unintegration、（その人がいないことを淋しがる missing というよりも）いない人 missing person を穴として経験すること。

私はメモを見つけられなかったり、部屋を見つけられなかったりして、それがなぜだかわからないとき、単に自分の歳や心配事のせいだとは思いません。現実という織物は引き裂かれ、私は死や崩壊、堪えられない発作の差し迫った危険を感じます。私が少年だった頃、近所に大きな家がありました。その家の敷地は深い溝と壁で囲まれており、太い鎖のついた門は“DRIVERDALE”という文字が鉄板に刻まれていました。私は強い不安を伴わずにそこに近づくことはできませんでした（敷地内をバイクで疾走することが私の青春時代の度胸試しでした）。スイミングプールに行く途中で緑の家を通らなければなりませんでしたが、そのときも同じ強い恐怖を感じました。私たちはその家に住んでいる女性を「緑の魔女」と呼んでいたものです。私はブギーマン[*2]の存在を信じていて恐れていましたので、洋服だんすの戸が開いていたら寝つくことができませんでした。私は怪物フラン

＊1　訳注　Samuel Taylor Coleridge（1772-1834）. イギリスロマン派の詩人。代表作は『老水夫行』『クリスタベル』など。
＊2　訳注　子どもを叱ったりするときの脅しの種として語られる想像上の悪鬼。ボギーマンとも表記される。

ケンシュタインと『ミイラの呪い』という映画に出てくるミイラを死ぬほど恐れていました。大学に行くために実家を離れることになるまで、まずドアの隙間から手を伸ばして蛍光灯のスイッチを入れないことには台所に入ることができませんでした。それは手間のかかることでしたけれども。裏口についても同じで、日没後に庭に出ることなどは当然問題外でした。私の子ども時代と青春時代は恐怖と想像、空想、そして赤面せずには語ることのできない行いで満たされていますが、これらはすべて文明社会という織物を引き裂くものです。ずば抜けて恐れていたのは、「テレル」(Terrell)という言葉を聞くことでした。「テレル」とは、近所の州立精神病院の名前です。この語を思い出すときは、いつでも地獄のことが一緒に思い浮かびます。というのも、私が何かいけないことをしたとき、特に父親を十分敬っていないとき、私は抑うつ的な母親と一緒にその地獄へと投げ込まれる恐れがあったからです。この恐怖と似たものは、私が議論のとりこになってそれを止めることができないとき、未だに私を圧倒します。今になってわかるのですが、これらの意識的経験の背後には、精神病的不安が潜んでいるのです。

私はあなた方が記憶について同様の探索をして、自分自身の幻想と精神病的不安の氷山の一角を垣間見るように導く手段として、恥ずかしながらこのような報告をしました。これらはクラインが「危険な怪物のいる洞窟」(Klein, 1975, vol.1, p. 272)と呼んだものの私家版です。こういう質問をする人がいるかもしれません。「精神病的不安は、信じがたくて訳のわからないメラニー・クラインの本のなか以外で、普段家にいるときには、どこにあるのですか」。しかし、もし自分の記憶と苦痛の経験、そして当然ながら夢について少しでも考えておいたならば、疑い深くならずに済むでしょう。これが私の目的でした。後でもう少し実例を提示しようと思いますが、現時点では次のように言っておきましょう。精神病的不安は遍在し、すべての思考の根底をなし、文化と慣習に理性を与えます。精神病的不安は特に、存在の苛立たしいあり方について理解する手助けになります。今私はメルツァーの閉所(Meltzer, 1992)という考えを思い出しました。閉所においては投射同一化のなかに生きる、きわめて野心的で、生き残ることを唯一の目標としている順応主義者が住んでいます。メルツァーによると内的世界における彼らの住み家は直腸の内側です。こうした人びとが口語で「クソ野郎」と呼ばれることもうなずけます。彼の分析はこの水準での投射同一化の使用が、統合失調症的発症に対する防衛であることを示しています。このことは数多くの私たちの指導者は絶え間なく狂気の一歩手前に生きていることを暗に示しています。彼らが我を通すしかないことは疑うべくもありません。野心は恐怖によって突き動かされているのです。

クラインのこれらの問題に関する見方は、フロイトとアブラハムの口唇的リビードとカニバリズムの空想の考えに依拠しています（Gedo, 1986, p. 94）。彼女は母の乳房と身体内部に対するサディスティックな衝動について言及しました。サディスティックな衝動は、これらをえぐり出し、貪り食い、バラバラに切取り、毒で汚し、サディズムが提示するあらゆる手段によって破壊しようとするのです（Klein, 1975, vol.1, p. 262）。もう一度述べますが、生後一年の投射と取り入れのメカニズムが、不安状況とそれに対する防衛を生じさせます。「その内容は成人の精神病に匹敵するといえる」（ibid）。口唇性は、たとえば「良心の呵責」（食い入るような良心の苛責 gnawing of conscience）（p. 268）など、至るところに現れます。リヴィエールは次のように言っています。「内部の破壊的力に対するそのような寄る辺なさは、有機体としての人間に見られる、精神的に危険な状況を作り出す。そしてこの寄る辺なさは人間存在の最も深い不安の源泉である」（Riviere, 1952, p. 43）。それはあらゆる神経症の究極の源泉です。この発達の早期段階においては、サディズムは絶頂をきわめており、続いて、愛の対象は断片やバラバラになって崩壊した状態にあるものだという発見がなされます。これらは絶望や後悔、不安を生み出し、数多くの不安状況の根底となります。クラインは結論づけています。「私はこの種の不安状況が、抑うつの根底だけではなく、あらゆる活動における制止の根底にあることを見出した」（Klein, 1975, vol.1, p. 270）。発達的にはこれらは前言語的な経験であり、成人にとっては言語下に潜む経験であることを思い出しましょう。クライン派の世界観の一つの特徴は、原始的なものは越えられることはなく、あらゆる経験は母の身体を媒介とし続けるというものです。同様に、身体部分と身体的機能に関する原始的な幻想の固執があります。特に、噛みつくこと、食べること、引っ掻くこと、唾を吐くこと、小便をすること、大便をすること、粘液、生殖器についてです。

それでは、薄められていないクラインとはどういったものであるか、その例をお見せしましょう。彼女は妄想的、抑うつ的、そして躁的態勢が正常の発達に果たす役割について説明するなかで（Klein, 1975, vol.1. p. 279）、二つの実例となる夢を取り上げています。しかしここでその引用は控えます（六頁にわたる説明と解釈のなかから、一節のみ引用していることを強調しておきます）。これまでお話ししてきた原始的幻想の趣をお伝えしたいと思います。以下が解釈の一部です。「夢のなかでの排尿は、両親へ向けられた患者の早期の攻撃的幻想、特に両親の性交へ直接向けられたものであった。患者は、両親を噛み尽くし食いちらかす幻想をもったが、さらに他の攻撃のなかでは、父親のペニスの皮をはぎ、焼いてしまうためと、両親の性交中に父親をけしかけて母親の内部に火をつけさせる（熱い油による拷問をする）ために、父親のペニスの上と中に排尿する、といった幻想をしたのであった。これらの幻想は殺さねばならぬ（焼かねばならぬ）患者の母親の身体内部の赤ん坊にまで拡がっていたのである。生きたまま焼かれた腎臓は、父親のペニス――糞便と同一――や母親の身体内部の赤ん坊（彼が開けなかったストーブ）の、その両方の代理であった。父親を去勢することは打ち首についての患者の連想で表現されていた。父親のペニスへの充当は、患者のペニスが大きいことと、彼自身と父親のために排尿した、という気持ちで示されていた（つまり、彼自身の内部に父親のペニスを持っているという幻想、または父親のペニスと彼のペニスとが結びついているという幻想が、分析のなかできわめて明らかとなった）。鉢の中に排尿することは、また、母親との性交を意味していた（つまり、夢のなかの鉢と母親とが、現実の母親像と内在化された母親像との双方を表わしていた）。性的に不能で去勢された父親は、患者と母親との性交を眺めるだけにさせられていた。――この立場と逆のことを、患者は幼児期に幻想のなかで体験していたのである。父親を辱めたいという患者の願望は、そうすべきでない、という患者の感情で表現されている」。この後、さらに半頁ほどこのような説明が続きます。同じような驚愕すべき例をメルツァーの夢素材に関する説明から引き出すことができます。それは肛門自慰についての無意識的幻想に起因するものでした（Meltzer, 1988, esp. pp. 104, 106-107）。

このような話は本当に耐え難く、認めがたくもあり、ついて行きかねるものです。クラインはまさに内的世界の最も原始的な部分で活動しています。そこでは夢の象徴作用が原始的な身体機能と身体部分に出会っているのです。このようなクラインの幻想の描き方を真似することは非常に簡単なのですが、経験の浅い者の猿真似はそうした描き方を生気のないものにしてしまいます。しかしながら、後のクライン派精神分析の歴史では、無意識的幻想に関する彼女の見解は広がり続けたのです。無意識的幻想は、後のクライン派によってこれまで「ほとんど改変されていない」クラインの概念の一つであるとエリザベス・スピリウスは報告しています。

しかしながら、多くのクライン派（すべてのクライン派というわけではありません。たとえば、ドナルド・メルツァーは除きます）は彼らの言語に改変を加えるとともに、解剖学的部分対象よりも機能の水準で解釈をする傾向があります。エドナ・オショネシーは「心理学的部分対象」という概念を、身体的部分対象に類似のものとして提唱しました。スピリウスはこれを取り上げ、次のように論じています。「私たちの関心は心理学的部分対象……つまり、身体の構造を主とするよりも、むしろ部分対象の機能にある。受動的であれ、能動的であれ、見ること、触ること、味わうこと、聞くこと、匂いを嗅ぐこと、思い出すこと、感じること、判断すること、考えること、これらの能力は部分対象に帰せられるとともに、部分対象との関係において感知される」。技法における強調点がこのように変化したことについて、スピリウスは、このような変化はクラインの投射同一化という概念に関係づけることができると結論づけています。器官の諸機能は「しばしば部分対象に投射された自己の側面として理解される」（Bott Spillius, 1988, vol.1, pp. 2-5; cf. vol.2, pp. 8-9）。

クラインは「エス心理学者」と呼ばれても気にかけませんでした（Gedo, 1986, p. 91）。分析家の仕事とは、患者を無意識の内容に立ち向かわせることである、彼女は躊躇せずにこのように考えました。彼女は「修正感情体験[*1]」を避けました。そして退行と幼児期の経験を追体験することや、明らかに教育的で道徳的な影響を良しとしませんでした。「患者の心を理解し、そこで何が起こっているかを患者に伝えることにその本領がある精神分析の手続きのみを」クラインは固く守ったのです（Klein, 1975, vol. 3, p. 129）。抵抗に直面しながらも、自信を持ってはっきりと原始的な素材に関する解釈を述べることは、患者の不安を減らし、無意識への扉を開くと彼女は考えました。また、彼女は患者との分析作業の初期段階から、深い解釈や転移解釈を施すことに尻込みすることはありませんでした（Klein, 1975, vol. 2, pp. 22-24; Gedo, 1986, p. 92）。

なぜこのようなことが大変な革新をもたらしたのでしょうか。リヴィエールは次のように指摘しました。不安はフロイトにとって重要でしたが、彼の説明は生理学に偏っていました。フロイトは幻想の心理学的内容に関心がなかったのです。対照的に、「不安とそれに対する防衛は、クラインの精神分析的問題へのアプローチに初めからあった。彼女はこの視座から、子どもの情緒生活のなかにある攻撃的要素の存在と重要性を発見した……このことは精神障害として知られる多くの現象を、分析の基礎的原理のうえに整理することを可能にしたのである」（Riviere, 1952, p. 8-9）。

この点において、クライン派は、「あらゆる思考と行為の背後には無意識的幻想」（p. 16）があるという主張に見られるような、一般心理学の基本要素を提示してきました。すなわち、原始的過程の心的表現は「無意識的幻想」なのです（ibid）。それは、いわば背景でなされているようなハミングに留まるものではありません。「現実の思考は、無意識的幻想に支えられ、調和するのでなければ働くことはない」（Isaacs, 1952, p. 109）とアイザッ

＊1　訳注　フランツ・アレキサンダーにより提唱された治療機序の一つ。患者が幼少時に両親との間で経験したことの影響を、医師-患者関係のなかで修正しようとする。

クスは述べています。そして、「幻想は無意識的心的過程の原初的内容である」と繰り返しています（p. 82, 112）。「無意識的幻想として経験されない、衝動や本能的急き立て、応答というものはない」（p. 83）。「たとえば、転換症状、身体的資質、性格やパーソナリティー、神経症の症状や制止、昇華など、幻想は精神と身体の両方において影響を与えるのである」（p. 112）。幻想は些細なボディー・ランゲージさえも規定します（p. 100）。無意識的幻想の役割は、最初の思考から最も抽象的な思考まで広がります。外的世界の存在についての幼児の最初の思考は、母の身体に加えられるサディスティックな攻撃に由来します（Klein, 1975, vol. 1, p. 276; vol. 3, p. 5）。「幻想は——より精緻なものとなってゆき、対象と状況の多様性がますます広がってゆくことと相関を示しながら——全発達をとおして存続し、あらゆる活動にともなっている。幻想は心的生活においてたえまなく大きな役割を演じているのである。無意識的幻想が芸術、学術研究、および日常生活の生活活動に与える影響は、いくら高く評価しても評価しすぎるということはない」（Klein, 1975, vol. 3, p. 251; cf. p. 262）。

これらの不安は遍在するというだけではありません。複雑な仕方で相互に作用するのです。リヴィエールは次のように論じています。「人生の早期に精神を支配している不安状況とそれに対する防衛の複雑さと多様性は、ここで正しく評価することは不可能である。おびただしい数の要素がからんでおり、その組み合わせと交換は変化に富んでいる。内的対象は外的対象に対して、外的対象は内的対象に対して、それぞれ満足と保護手段のために使用される。欲望は憎悪と破壊性に対して使用される。万能感は不全感に対して、そして不全感（依存）でさえも破壊的な万能感に対して使用される。幻想は現実に対して、そして現実は幻想に対して使用される。なおまた憎悪と破壊は欲望の危険、さらには愛への危機を回避するための方策として使用される。これらの要素と更なる別の要素の相互作用によって、進歩的な発達が生じる。そしてそれらと外的影響の相互作用から、子どもの自我、対象関係、性的発達、超自我、性格や能力が形成されるのである」（Riviere, 1952, pp. 59-60）。

これらの考えを使って集団と組織について述べるにあたり、まず二つの点を取り上げたいと思います。まず初めに、動きは単純なものだということです。ビオンは述べています。「私が持った印象によると、集団はそれを構成している個人の心のなかで、母の身体の内容についての原始的幻想に近くなる。それゆえ集団力動に関して合理的に調査しようとする試みは、恐怖とそれらに対処するメカニズムのために混乱をきたすことになる。そうしたメカニズムは、妄想分裂態勢の特徴を持っているからである。これらの水準を刺激し活性化せずにこうした探究を行うことはできない……情緒的状況の各要素は最早期の不安についての幻想と同類である。そこでは集団は不安の圧力が強くなる都度、防衛的行為を取らざるをえない」（Bion, 1955, p. 456）。問題となっている精神病的不安は、分裂と投射同一化を伴うものであり、今や集団の過程として、妄想分裂態勢と抑うつ態勢の特徴を持つものです（p. 457）。個人から集団への動きは、あえて新しい説明を要しません。彼は加えて言っています。「集団心理学と個人心理学の間には一見すると違いがあるように見えるが、それは作られた錯覚にすぎない。その錯覚は、集団を扱うことに不慣れな観察者にとっては集団に現われる目立った現象が異質なものに見えるということから来ている」（p. 461）。

二点目を挙げましょう。組織を変えようと努力し、そこで（ブルース・スプリングスティーンが言ったように）「予想しなかったものに打ちのめされる」[*1]ことがあると学んだ人たちは、こうしたことが明らかになることで、何が問題であるかわかるようになり、ほっとすることでしょう。私には悔しい思い出があります。それは、ボブ・ヒンシェルウッド（彼は一九八七年に集団に関する優れた本を出版しました）が私に対して、集団療法の教育を受けなさい、そのために集団関係について二週間行われるレスター学会の合宿（Miller, 1990）に行きなさいと述べたことです。集団に関する経験がないと彼に言われて私は腹が立ちました。というのも、私は

＊1　訳注　アメリカのミュージシャン、ブルース・スプリングスティーン（Bruce Springsteen）の曲‘When You're Alone’の詞の一節。アルバム“Tunnel of Love”（1987）収録。

六〇、七〇年代にあらゆる類の共同体や協同組合、コミューンに関わったからです。私は最も深い傷跡を彼に軽んじられたように感じ、お互いの無礼さに関して激しい口論を繰り広げました。私は集団療法を行い、そのスーパービジョンを受け、そしてレスター学会の経験を理解するように努めて（そこでの知識を消化するには何年もかかりました）数年経って、今なら感謝して（恨みの余韻もありますが）次のように言えます。ビオンが探求した精神病的不安について理解しない限り、人間の本性における問題、そして物事を変えようとする際に直面する問題を知る術がないのです。ビオンは述べています。基礎仮定的機能に陥ることは、本能的で、不随意で、自動的で、瞬間的で、避けられないことであると（p. 449, 458）。

エリオット・ジェイクスとイザベル・メンジーズ・リスは、きわめて冷静かつストイックに変化に対する障壁を検討しています。ジェイクスは「迫害的不安と抑うつ不安に対する防衛としての社会システム」という論文を、次のように繰り返すことで始めています。「社会現象は個人における精神病の過程と驚くべき一致を見せる」。「制度は個人メンバーによって、不安に対する防衛のメカニズムを補強するために使用される」。そして「投射と取り入れによる同一化のメカニズムは、個人と社会的態度を繋げるように作用する」。彼のテーゼは次のものです。「個人を制度化された人間集団に結び付ける原初的で結合力のある要素は、精神病的不安に対する防衛である」（Jaques, 1955, pp. 478-479）。彼が指摘するところによると、彼が研究した投射と取り入れの過程は、最も複雑な社会過程においてさえ基礎となるものです。このことからジェイクスは、続いてポーラ・ハイマンの主張へと私たちを向かわせます。つまり、投射と取り入れの過程は、私たちの個人のあらゆる対人関係の根底にあるのです（p. 481, n.）。ジェイクスの結論は警告的です。私たちの精神病的不安とそれらに対する集団的、制度的防衛は、保守的な（あるいは反動的でさえある）帰結をもたらすことを指摘しているのです。彼は次のように言っています。人間の本性に関するこれらの熟考の結果、「なぜ社会変革がこうも難しいのか、そして、なぜ多くの社会問題が軽減されないのか明らかになるかもしれない。このような考えに立脚すると、社会関係と社会手続きの改変は、幻想の水準での関係の再構築を必要とするのである。結果として、精神病的不安に対する既存の防衛パターンを変化させ、それを受け入れ、耐えるように個人は要求されるのである。幻想的な社会関係を規定している社会防衛の背後には、共通の不安があり、それらが無意識的に共謀している。従って、効果的な社会変化のためにはそれらの分析が欠かせないであろう」(p. 498)。

最後の点についてお話しする前に、精神分析の社会的あり方に関する最重要の文献を書き、私に衝撃を与えた研究者、メンジーズ・リスについて述べましょう。彼女はビオンとジェイクスの業績を踏まえ、自らの研究を行いました。彼女は数々の危険な状況について研究しました。たとえば、消防隊、バイクのツーリング、子どもの施設、いくつかの産業関連施設、そして最近ではロンドンの精神分析協会の三つに分かれた集団構造について調査しています。

彼女を世界的に有名にした研究の一部は、「不安に対する防衛としての社会システムの機能」と題されたレポートで説明されています。それは特に辛辣な報告として次のような問いを発します。なぜ思いやりと理想に燃えた動機を持つ人たちは、やろうと思ったことをしないのか、つまり、看護師たちは、なぜ驚くほど患者の世話をせず、看護の仕事を他人任せにしてしまうのか。彼女が描写したメカニズムを再検討することは繰り返しになりましょう。それはすでに右で述べたことです。大変やっかいなのは、まさに繊細さとケアの供給こそが彼らの存在理由という状況のなかでこそ、このメカニズムが圧倒的に働くということです。そのうえ、その状況は生命そのものへの脅威に満ちていますし、私が簡単に述べた通り、精神病的不安を喚起します。彼女によれば、「看護師が直面する客観的な状況は、すべての個人の最も深く原始的な心の水準に存在する幻想的状況に酷似している。看護師の不安の激しさと複雑さは、彼らの仕事の状況の客観的特徴が、早期状況とそれに伴う情緒を新たに刺激する能力を備えていることに主に由来するのである」(Menzies Lyth, 1988, pp. 46-47)。

その結果として、社会的に組織された防衛メカニズムが発展することになりました。この防衛機制は日課や分業体制という形をとるため、一人の人間としての看護師が一人の人間としての患者に接することができなくなります。「構造的かつ文化的に働いているそのような装置は、看護師と患者双方を脱個性化すること、つまりそれぞれの個性を抹消することを暗に目的とするものとして説明できるだろう。たとえば、看護師はしばしば名前ではなく、ベッドの番号ないしは病名や病気となった器官で患者の話をする。〈十番ベッドの肝臓〉とか、〈一五番ベッドの肺炎〉といった具合にである。看護師がこういった慣行を非難したとしても、それでもこの慣行は持続するのである」（pp. 51-52）。メンジーズ・リスはあらゆる当事者を部分対象に還元する具体的な装置をリストアップし、これについて論じていますが、そこには何故看護師は睡眠薬を与えるためにわざわざ患者を起こすのかについての洞察も含まれています（p. 69）。システム全体は何重もの方法によって、死と結びついた不安の力を回避しようとしますが、この不安こそクラインが説明したメカニズムの核心にあるものなのです（pp. 63-64; cf. Riviere, 1952, p. 43）。

メンジーズ・リスの結論もまた、警告めいています。「一般的に言えば、社会変動への抵抗が大変強いのは、社会的な防衛メカニズムが原始的な心的防衛メカニズムによって支配されているような制度においてである、と仮定できるかもしれない。これらのメカニズムはクラインによって、妄想分裂的防衛としてまとめて説明されている」（Menzies Lyth, p. 79）。彼女はクラインや同僚の業績についての最近の考察のなかで、制度というものがいかに変えがたいかについて同じ主張を繰り返しています（Menzies Lyth, 1988, pp. 1-42, また私信による）。

集団と組織的行動について、とりわけ権威やリーダーシップを重点に置いて考えるレスター会議が、一九五七年以来、少なくとも一年に一度は開催されています。この会議はこれまで論じられてきた伝統を、とりわけクライン、ビオン、ジェイクス、メンジーズ・リスの業績を引き継ぐものです（他の影響については Miller, 1990, pp. 165-169 のなかで言及されている）。合宿形式で二週間行われるこの会議のさまざまな特徴のうちの一つを挙げましょう。この会議は、集団過程がどのようにして精神病的不安とそれに対する制度的な防衛を発生させるかを、経験的に学習できるよう整えられています（p. 171）。会議のなか、集団でイベントが行われる結果、個人としていることと集団としていることとの間を揺れ動くメンバーたちの心に葛藤が生じることになります。レスター会議やこれに関連する「ミニ・レスター」のイベントに参加したことのない人びとには、この葛藤は信じがたいほどのものです。同様に、この会議で行われたイベントやそこで生じた感情の描写は、この会議を成り立たせているイベントに慣れていない人びとには、奇妙に思われるでしょう。しかし、これに関連した情緒的な部分については、会議のイベント項目を長々と記述しなくても、十分に明らかになることでしょう。

集団で行われるさまざまなイベント（その規模は十二人から百人以上にまで及びます）は、私にとってはぎょっとするような、逃げ道のないものと思われました。そのようななかで振る舞うことによって、私の経験には崩壊の危機に瀕したような感情がついて回りました。他方で、行儀よく振る舞うよう人びとを説得する努力は、逃避やサディズム、グルになって行われたリスクの引き下げ、そして否定を生み出しました。集団が「安っぽい和解」（などと呼ばれることもあるもの）によって団結したり、残酷になりそうになると、私はいく度となく投げ出したい気持ちに駆られました。また、私が経験した力はきわめて不道徳で、道徳を無視したものであったり、あるいは感傷的なまでに迎合的なものでしたので、このような力に抗して私自身の統一を保つために、私は全力を尽くさなければなりませんでした。集団の良識に訴えかけても、まったく役に立ちませんでした。

とうとう私は、尊敬していた歴史上の人物や同時代の人びとからなる集団を頭のなかに作り上げるまでになりました。たとえば、ソクラテス、リンカーン、ガンジー、キング牧師、ボンヘッファー、マルクーゼ、マンデラなどの人びとです。彼らは堪え難い社会的な力に抗するために立ち上がり、決して逃げたり挫けたりしませんでした。私はこれに「Ps ↔ D 連帯集団」というあだ名をつけ、彼らの指令を武器にすることで、なんとかスタッフとの会合に参加する覚悟を決めることができました。私はそこで演習の項目の批判を始めるつもりでした。私は、想像上の集団が提供する内的な連帯感に包み込まれている気持ちでしたが、しかし現実に戻ると、実際の私がいるのは会議のイベントの現象的文脈のなかでした。そのとき私は、メンバーの間で良識や礼儀を唱導し実践し、さらに会議メンバーのより多くの人びとにこの模範を促すというような、自らに課した使命に従って行動しきれなかったために、とても疲れ果てて、集団から逃げ出していたのです。

内的世界の集団の名のもとに（彼らがこの集団の名前とか、会員とか、その価値とかに興味を持つだろうと空しく希望しながら）スタッフ集団と本気で直面しようとした際、私が逃げ去った集団の代表者が現われ、私に「全権」（権威継承の任命形式の一つ）を授けて「はみ出し子」という恐ろしい状態から私を解放してくれました。はみ出し子とは、大集団のなかでいかなる地位も持たない人のことです（Miller, 1990, p. 179 と Turquet, 1975 を参照せよ。これらの著作でははみ出し子の窮状が洞察に満ちた鋭い形で描かれている）。それまで私は言いようのないくらい孤独で、ほぼ完全に妄想的な迫害のとりこになっており、命がけで幻覚上の歴史的な集団にすがっていましたが、会議の集団の信頼が授与されることで、私は自分の受け入れられる範囲で再び会全体へと組み込まれました。

今度の演習では、私は「管理者《マネージメント》」となってスタッフ集団と対立することになりましたが、予想通り、これは袋小路に陥りました。しかし私は、多くの人びとが経験したような屈辱を被ることなしに、自分の意見を言えたと感じ、それで良しとしていました。私は、その状況およびそこでの彼らの役割に関して、私の行った次のような分析を提示しました。彼らは――これが演習の狙いの一つなのだが――今しているようにこれからも振る舞い続けるだろう。たとえば、他の集団が権威に関する幻想を投射する、不動の対象として振る舞い続けるだろうし、また、（望むらくは）自らの責任を引き受けはじめるだろう、と。私としては、そのようなことを済ませたことにより、私自身の通過儀礼も終わったものと感じていたのです、その時までは。これにより私は自分自身の一時的な狂気を解消する方向へと向かい（しかし、私の全能感を解消する方向ではありません）、集団のメンバーであることに快く浸っていたのですが、しかし、それもほんの数分のことだったのです。というのも、別の集団のメンバーが、スタッフ集団とマネージメント集団が会見を開いている部屋に飛び込んできたのです。彼らは、退行したばか者であるかのように振る舞い、それを逃げ口実にしようとしていた人びとでした（彼らは自分たちのことを「おまる訓練集団」と呼んでいました）。その集団でも一番穏やかな人間だと思っていた人物が、スタッフ集団のメンバーの一人であるドイツ人に対して、ファシストなどと罵詈雑言を叫びながら、物理的な攻撃を加えてきたのです。彼の集団のメンバーは、彼に加勢して応援していました。ある一人の女性が――私は彼女はユダヤ人だと思っていましたが、今思い返せば、おそらくそうではなく、ドイツ人だったと思います――、泣き崩れ、叫び出して、それでようやくすべてが収まったのでした。

作業集団や仕事に向かう集団が、精神病的な基礎仮定に隷属するような集団に転落することは、ビオンが指摘したように、自然発生的なものであり、避けられないものです。それが置かれた状況が、一時的で「人工的」なものであることを、関係者全員が承知しているような時でさえ、そうなのです。このことは心底私たちの目を覚まさせてくれることであると、私はずっと思っています。それについて私は考えつづけてもきましたが、しかし、今もその経験を理解し尽くせたとはいえません。けれども、そのことが私の仕事と、それに関連する活動においても次第に役に立つものとなることは分かりました。

私は無意識的幻想と精神病的不安に関する文献を読み漁り、それによって私個人の臨床経験を考慮し直しました。その結果、私は内的世界の力にぞっとさせられ、その下界の深さ、その原始的なこと、永続的で驚くべきものであることを、嫌というほど知る羽目になりました。私がいまそのあらましを述べようと（そして、ある程度は呼び起こそうと）試みた不安というものは、人間の性質のいたるところに存在するものです。ゆりかご（それ以前という人もいるでしょうが）から墓場まで、人生すべてにわたって、そして遊びや文化のすべてにわたって、不安が存在しているのです。これら不安は、善行に対して、そして社会変化に対してブレーキとして働きます。そのようなわけで、社会変化が開放的なものであるなどとは、たとえそれが少しずつ進行するような場合でさえも、考えがたいことなのです。

精神分析の歴史は、私たちに、文明の虚飾についていくらか教えてきました。フロイトは、その虚飾が薄っぺらく、常に脅かされていると指摘しました。「エスがかつてあったところに、自我があらねばならない。それは文化の仕事であり、ゾイデル海の干拓と似ている」(*New Introductory Lectures on Psychoanalysis*, S.E. XXII, p. 80)。フロイトのこのスローガンを引用しながら、フロイトの名のもとに話をする人びとのうち、ある集団はこれを、その結果、乾いた、華々しい土地が現われるのだと読みます。それはたとえば、「自我の、葛藤を免れた領域」などです。第二の集団はそれとだいぶ異なり、ライヒの主張からウィニコットの立場にまで連続した拡がりを見せています。ライヒの主張とは、脱昇華に伴うある約束についてであり、いわばエデンへの帰還に関するものです。ウィニコットはといえば、クラインがタナトスの破壊的な力をはっきりと強調したのに対して、そのような強調を避ける立場を取り、むしろ自由な社会のうちに良識と希望とを見ています。

たしかに、クラインは人間本性の別の側面についてはそれほど口を開いておりません。つまり、クラインは建設的なエロス的衝動についてはあまり述べていません。なぜなら彼女は、こうした側面が過剰に強調されていると感じており、そうした主張を行う人びとと批判的な論争を繰り広げていたからです。枝が一方に曲げられすぎている、彼女はそのように考え、もう一方へと曲げたのです。彼女はおそらく、後の人びとのために、その枝をまっすぐにしておこうとしたのです。第三の集団は正統なクライン派です。彼らは、文明の虚飾がたしかに薄いものであること、その下に渦巻くものに対して、絶え間なく、そしてむしろ痛ましいほどに、防衛が為されていることを指摘しました。このことは、知性の悲観主義と組み合わされた限りでの意志の楽観主義に、基礎を提供するものだと主張することができるでしょう。そこにはまた一つの信念があります。私たちが、地殻の若干を落ち着かせたいと望むのならば、その下で沸き立っては消える何かを知ることは欠かせないのであると。

このような立場は、フロイトの『文化の中の違和』の注意深い読解と齟齬をきたすものではないと、私もまた信じています。この論文が書かれたのは、フロイトが癌と格闘しながら過ごした十六年間のちょうど半ばに差し掛かったところでした。そこでフロイトは言っています。文明の歴史は、「人間という種のうちに繰り広げられているエロスと死の格闘、つまり生の欲動と破壊欲動の格闘である。この戦いから、すべての生命は本質的に成り立っている……。そして、この巨人たちの戦いを、我らの子守り女たちは、〈天国〉についての子守唄で鎮めようとしているのである」（S.E. XXI, p. 122）。

2
クラインとラカンにおける幻想

ダリアン・リーダー

「メラニー・クラインはどうして『エクリ』を書き損なったのだろうか」という問いを立てるよりも、代わりにこのように問うてみてはどうでしょうか。「ラカンが一九四〇年代後半から一九五〇年代前半にメラニー・クラインの著作に没頭していたのに、この時期のラカンのテクストに幻想の理論が見出せないのは何故か」。おそらくラカンは『児童の精神分析』の翻訳を手がけていたはずです。実際、彼は内的対象の理論をいく度か参照しています。しかし、この重要な概念が登場することなく終わったのは何故でしょうか。この問いに答えるために、それに関する問いを一つ立ててみましょう。「もし幻想の理論が無いのならば、代わりに何があるのだろうか」。この問いの答えは明らかです。ラカンが「恒久的様式」[*1]と呼んだものの理論があるのです。これによって、主体はその対象を構成するとされました。この考えはイメージの力に特権的な場を与えています。

あるイメージは主体にとって特別な価値をもちます。それらは主体を魅了し、文字通り彼を虜にします。自由連想の連鎖が阻まれるのは、これらイメージの慣性的、破壊的な力のせいであり、これらのイメージの停滞した

＊1　訳注　「転移についての私見」でラカンが用いた表現。Lacan, J., Intervention sur le transfert, *Écrits*, p. 225 を参照。

性質によって、分析の対話法が阻まれるのです。それらは話が展開していくことに対して抵抗として機能するのです。ドラについて例を挙げれば、親指をしゃぶりながら弟の耳たぶを引っ張るというイメージです。こうした記憶はさらなる連想と別の記憶の産出を阻むよう機能するとともに、「恒久的様式」としても機能します。これを通じて、ドラは異性への関係を構成しています。男性との関係はそれぞれ、この魅惑的なイメージの原初的な鋳型に押し込まれているのです。ラカンの考えには、性がお互いに関係できるのはある種のフィルターを通じてのみであるということが示唆されています。このフィルターは、この国で私たちが対象関係《オブジェクトリレーションス》と呼んでいるものを秩序立て、調整するものでしょう。ここですでに私たちは、幻想とは主体が対象との関係を保持するための枠組みであるという、後の理論の萌芽を見ることができるでしょう。

　ラカンのこの早期の概念について際立っていることがあります。それは、この「恒久的様式」は、厳密に言えば同一化であるという考えです。もし自我がそれ自体一連の想像的同一化によって作られているならば、働きかけられる素材はまさに自我のこうした諸層となります。したがって、分析の目標は、そもそも、自我のある種の脱構成であり、その中心的同一化をほどくことです。こうした視点は、問いとしての神経症というラカン概念の文脈のなかで理解されます。神経症において、主体はその自我を使って、つまり想像的同一化を使って、問いを発します。ですから、ドラの場合、「女性であるとはどのようなことか」というのが彼女の問いであるならば、彼女は自分の父親、あるいはK氏に彼女自身を同一化することで、女性性の神秘を具現する人物、K夫人に接触することができるのです。ラカンはこの考えを五〇年代の初期に子細に練り上げました。一九五三年の有名なローマ講演における彼の言葉を、同じ頃のジュネーブ会議でのポーラ・ハイマンの解釈についてのコメントと比較することができるでしょう。ハイマンが言うには、「分析家が自分自身に問わなければならない問いとは、〈患者は何故、誰に対して、何を、今しているのか〉ということである」。こうした問いへの答えは、分析的な解釈です。しかし、ラカンが強調したのは、それとはわずかに違うことです。「分析における主体への応え方を知るための方法は、まず彼の自我の位置を認識することです。言い換えれば、誰によって、誰のために、主体は問いを立てているのか、知るということです」。このように、ハイマンが問わずに残した語、「患者」という語こそが、ラカンにおいては問題にされているのです。何が話されているのかを明らかにするために、誰が喋っているのかという問いが立てられねばならないのです。同時代の分析家の多くとは反対に、ラカンは同一化の問題に対する深い感受性を示したのです。

さて、ラカンにおける幻想の概念を続けて概観していく前に、初期の定式について二つの特徴を強調しておきましょう。なによりもまず、要素同士の食い違いがあります。自我は想像的同一化からなっていますが、それらは自由連想の進行に対する抵抗、あるいは障壁として機能するものであり、話の象徴的な回路とは反対に振る舞うものです。続いて、慣性があります。想像的要素は自らが手放されることを望みません。分析作業に反して頑なに残り続け、無言のプレッシャーを及ぼします。話の弁証法にそれらが再統合されるかどうかは分析次第です。これら二つの特徴、食い違いと慣性は、幻想とその構造に関するラカンの後の定式にも変わらず残っています。

一九五八年までに「恒久的様式」の理論には二つの決定的な追加がありました。いまや問題は、ただ単にイメージに囚われるということ、有機体にとって相容れない何物かの魅惑的な力に隷属するということだけではなくなりました。主体の力動と、そしてシニフィアンの働きと呼ぶものをラカンは導入したのです。こうして問題はもはやイメージだけではなく、主体を加えたイメージとなりました。こうした結びつきの裏には、一つのシナリオがあるように思われます。つまり、イメージへの囚われという受動性よりも、むしろ幻想を組織する主体の能動性に重きを置こうとしていたのです。ラカンの幻想の定義は、いまや、「シニフィアンの構造内で働くよう設置されたイメージ」というものです。ラカンはクラインとその追随者を、幻想とイマジネーションを混同しているという点で非難しました。もし彼女たちが「シニフィアンのカテゴリー」に注意していたなら、この思い違いは避けられただろうにと。この批判を臨床的文脈に置くために、スーザン・アイザックスが「幻想の本性と機能」という有名な論文で特権化した例のいくつかを説明しようと思います。そして、この「シニフィアンのカテゴリー」がどのようにして素材を明るみに出し、その意味を明らかにするのか確かめることとしましょう。アイザックスの論文は精神分析史において特に重要なものです。というのも、彼女はクラインの論文に欠けている、クライン理論の細かな説明を提供しているからです。「幻想は欲動の心的な代理である」というフレーズの意味についてしばしば注釈者たちは議論してきましたが、ここでの真の問題は、アイザックスの論文が代理機能を果たしているという点です。驚くべきことに、研究者がクラインの考えの説明を試みているときはいつでも、幻想の理論のことになると、「アイザックスがクライン理論の明快な説明を提供しているので、それを引用しておこう」といった文が出てきます。このようなことが広く行われているものですから、次のように問うことさえできます。メラニー・クライン自身は実際、幻想の理論というのを持っていたのだろうか。いずれにせよ、この問いに手をつけようとすれば、クラインの心的代理である、スーザン・アイザックスに阻まれることになります。

アイザックスは、クラインの幻想理論のメタ心理学的基礎を提供していると言っても良いでしょう。幻想は幼児の最早期の「急き立て」と「感情」の「特殊な内容」であると彼女は主張しています。幻想は「身体の感覚の情動的な解釈」を提供します。したがって、たとえばもし、子どもが不安を感じるなら、子どもは「お母さんに噛まれちゃう」あるいは「お母さんにばらばらにされちゃう」と感じるのです。アイザックスの主張によれば、こうした幻想は「暗黙の意味」であり、衝動や情動、感覚に潜在している意味作用であるとのことです。彼女は続けます。「言葉の理解は……それらを使用することよりもはるかに先立つ」。すなわち、意味は言葉よりも先に来るのです。彼女が言うには、「他人の表情、声色、身振りなどへの応答が、私たち自身に前もって、直感的に備わっていることから、暗黙の意味がこれらの事柄にどれほど表現されているかを私たちは知っている。たとえ、一語も発されなくとも、あるいは発された言葉にかかわらず」。これはとても幼い子どもと分析作業をした人間に特有の言い回しです。しかし一方で、まったく正反対の議論をすることもできます。つまり、表現は、何かしらはっきり言われたことへと結び付けられないうちは、ほとんど価値を持つものではないということです。同様に、暗黙の意味という考えそのものも、それが言語から差し引かれたものであるというのなら、疑わしい限りです。意味とは、ラカンが主張したように、言語的要素によって生成するものです。ここでは言語活動は話である必要はないのです。むしろ言語活動とは単に、それぞれ差異化された単位の体系なのです。だから、表情や身振りはお互いが区別される限りにおいて、言語活動を形づくるのです。子どもはそうしたコードを、それらの間の区別を知覚することによって学びます。アイザックスの議論は、この点で言語活動と話を混同しています。

子どもは話を使えるようになるより前に、言語的世界にいます。差異の世界にいるのです。これは幼児自閉症において見ることができるでしょう。自閉症においては、部屋の中にいて視野を横切る人間や、遊んでいる別の子ども、差し出されたおもちゃに対して、しばしば何の反応も示されないことがあります。言い換えれば、自閉症の子どもの世界においては、差異はないのです。おもちゃや新参者の現れに対して反応するためには、これらが差異として知覚されなければなりません。その代わりに、自閉症の子どもは連続的な世界にいます。さて、もし差異が言語の結果ならば、言語的システムの定義が単に差異のシステムであるがゆえに、自閉症の子どもは言語の構造を体内化していないと言うこともできましょう。それゆえ、自閉症の子どもは差異を知らないのです。しかし、自閉症の子どもは何にたびたび敏感となっているのでしょうか。それはまさしく叫びや、手を叩く音、突然の騒音に対してです。つまり、突然に連続性を破壊するものに対してです。非連続性が突然現われたことに彼らは惹きつけられるのです。この事実は経験的にほとんど困難なく観察されるでしょう。このことは、非常に幼くて手のかかる幼児が、言語の次元に対して感受性を持っていることを示しています。つまり、差異、不連続、断絶を作る言語の次元です。このように、非常に早い年齢から、言語的構造、すなわち差異を強調することが決定的に重要です。とはいえ、言語的構造は話そのものとは区別されなければなりません。

アイザックスの例はこうした前言語的《プレヴァーバル》なものの現われを証明していますが、それは話すこと以前という意味においてのことで、言語以前ということではありません。

アイザックスが一九四三年、英国精神分析協会での「論争」で、初めて彼女の定式を示したときも、意味と言語にまつわる彼女の仮定は、批判者たちに取り上げられました。幻想についての彼女の考えは、意味はあるが非言語的な経験という仮定の上に成っていました。彼女に敵対する人びとは、こう言ったそうです。幸福な状態あるいは不快な状態といえば済むのではないか、何故意味に言及するのか。特別に哲学的な気質のせいでアイザックスは意味という用語に固執しましたが、一方で意味を言葉の領域から分離しました。彼女はそれを二次的なものと考えたのです。彼女は言います。「幻想は言葉で経験されるものではない」「言葉は幻想にとって必要不可欠な足場などでは、まったくない」。この態度は彼女の立場にとって非常に根本的です。したがって、彼女の同僚のひとり、マージョリー・ブリエリーは、「幻想」という言葉もまったく廃止してしまって、変わりに「意味」という用語を置くことを主張したほどです。

アイザックスの論文の重要性は、かなりの程度、メラニー・クラインの概念に科学的な身分を与えようとする彼女の努力に存しています。というのも、これは哲学的な権威への訴えを含んでいるからです。もし、クラインがたとえばカッシーラーに影響を受けていたとしても、彼女はそれについて何も教えてくれませんが、アイザックスはある程度、テーブルに自分のカードを広げてくれています。彼女にとって重要な参照先は、ジェイムス・ウォードとジョン・ロックです。彼女はロックから次のような引用をして、賛成しています。「私たちは観念をまったく持たない。観念は、私たち自身の外の感覚的対象、あるいは私たち自身の内で感じられたことのどちらかから、元来やってきたものである」。さて、もしロック哲学に同意しないという人がいるのでしたら、幻想の理論の少なくともいくつかは、定式化されなおす必要があるでしょう。

ここに幻想の機能について、アイザックスから取った三つの例があります。「一歳六カ月の小さな女の子が、靴底がはがれてしまい、パタパタなるようになった母親の靴を見た。その子は怯えて、恐怖で叫んだ」。後に、その女の子は二歳と十一カ月になって母親に怯えた声で言いました。「ママの壊れた靴はどこにいったの？」それは追い払ってしまったと母親は答えました。すると娘は「食べられちゃうところだったわ」と言いました。ここで、アイザックスは次のような注釈を加えております。「このように、パタパタする靴は子どもには口に見えるのであり、たとえ、一歳八カ月の時点では彼女の恐怖が名づけられえないとしても、そのようなものとして反応されるのである。ここで私たちは、幻想が、言葉で表現されるよりずっと前に、現実として感じられ得るということの明らかな証明を手にしている。母親の靴を噛み付いてくる恐ろしい口と見なすことによって、子どもは自分の噛み付きたいという衝動に対する報復として噛み付いてくる、復讐心に満ちた幻想の母親への恐怖を表現しているのではなかろうか」。

この素材の解釈について、私たちはアイザックスと違う意見を持つことも可能です。パタパタいう靴底に焦点を絞れば、アイザックスのテーゼと正反対のことも示されるのではないでしょうか。というのも、実際、子どもはこれによって自分の恐怖を指摘し表現することに成功しているのです。何にせよ、この子は靴底を、自分を取り巻く世界のなかの他の要素から区別することに成功しています。彼女は自分の恐怖をパタパタいう靴底に結び付けたという点で、より厳密でさえあります。このようにして、彼女は不安を恐怖に変形したのですから。不安はその属性において曖昧なものです。そしてそれゆえにいっそう、動揺を引き起こすものです。不安は何に結び付けられるか分からないものです。しかし、恐怖とは何かあるものについて怯えるということですから、恐怖においては、不安からの発展が表わされているのです。そこにおいて不安は表象、あるいはシニフィアンと連携されるに至ったのです。この例の場合は、パタパタいう靴底がそれにあたります。子どもが靴底の噛み付くという特性について何を想像したかにかかわらず、その特性は組織化する要素を母との関係に導きいれるのに役立つのです。つまり、単に母と子どもだけの関係ではなくなり、母と子どもと靴底の関係となるのです。このように第三項というものがあり、この少女はそれによって母親との関係を取り持ったのです。それは、少女を取り巻くあらゆるほかの要素から区別されたシニフィアンなのです。

第二の例は、十六カ月の少女です。この子はトレイに二、三本のスプーンを持たせておいてやって、ひとさじ食べ物をもらう合間に、このスプーンを母親に手渡すことができるようにしておいてやらねば、叫び声をあげて食べ物を拒むのでした。アイザックスが言うには、「彼女はこのように、食べ物を与えられることと、母親に想像的に食べ物を与えることとを交換している。そして、これが許されないときには叫び声をあげて、食べ物をとらないことによって、それが自分にとってどれだけ重要かを示している」。アイザックスは続けて、これをより早期のエピソードに結び付けます。母親はあるとき、一時的に子どもをしばらく置き去りにしたことがあったのだそうです。この子が食べ物を拒んだのは、置いていかれたその時と母親が戻ってきた時でした。アイザックスは次のように述べています。「もっと年上の子どもたちにおける食べ物の拒否について私たちが学んだことから考えると、母親の不在に対する子どもの憤慨と怒りが、この子のために置いていかれた食べ物を毒してしまったかのようである。母親が戻ってきたときでさえ、憤慨と怒りはこの子の母親に関する知覚を歪めたのであった」。しかし、この例には、別の解釈を与えることもできます。この子は第三項を母親との関係に導入しているのです。母親は子どもに食べ物を与えようとしていますが、子どものほうは最初に出会った状況に固執しています。スプーンのゲームは、身体の生物学的滋養が問題ではなく、母親とのシニフィアン的関係が問題であるということを示しています。この子は、早期に母親が不在であったときには、母親のなすがままであったのですが、いまや形勢は逆転しています。母親とのゲームを繰り返すことで、このゲームにはシニフィアンとしての価値が、つまり食べ物の前に象徴的ゲームを置く儀式としての価値が現われてきます。重要なことは儀式にあるのであって、食べ物にあるのではないのです。三角形が現れています。母と娘とゲームです。ひとさじの想像的な食べ物によって、このことが象徴的に強調されているのです。シニフィアンの領域は食べ物を消失させることができるもので、それ自体、子どものゲームの非常に多くのものの原理となっています。

次に例に挙げる、同じ年の頃の少年は、想像のアヒルを部屋の一つの角から別の角へと追いやるという遊びを気に入っていました。「彼は〈クワクワ〉と言うことで、それらがアヒルであることを示していた。彼の言語の発達が良くないのかもしれないが、いずれにせよ、このゲームのなかで彼は他に何も言っていなかった」。この少年はこの頃、夜を怖がっており、夜中しばしば叫びながら目覚めていました。後に彼は悪夢の内容を言葉にしました。「白いウサギが僕のつま先を噛むの」。アイザックスは、「白いウサギ」が「少なくともいくらかは」母親の乳房を表わしていたと結論しないわけにはいかないと言っております。つまり、この乳房に不首尾を味合わされた際、噛み付くか、あるいは噛み付こうとしたために、仕返しにこの乳房が自分に噛み付くのではないかとこの少年が恐れていると言うのです（この解釈は、「ミルク」を「白」などに結び付けるという、洗練された抽象理論を想定していることに注意せよ。アイザックスはそのことについて述べていない）。アヒルでの遊びはそのとき、報復的な噛み付く乳房の恐怖を克服する試みを表わしています。アヒルは乳房を表わすにはもってこいです。というのも、突き出た口を持つ白い生き物ですから。この説明はむしろあやふやですので、そのために納得できないというのなら、ここで再びシニフィアンのカテゴリーが有効であることが明らかになります。この少年は小さなヴィトゲンシュタインです。彼はアヒルをウサギに変えたのですから。シニフィアンの現前を証言するものが、まさしくこの変形なのです。言語は代理を可能にするものです。誰もが知るように、言葉は対象と内在的な関係を持ちません。ただ言語のネットワークにおけるその場所にしたがって、対象を参照するだけなのです。問題は諸項の間の差異なのです。言葉と普段それに結び付けられているイメージとの間の分裂を示すこと、つまりアヒルをウサギに変えることは、言語の構造の真の本質が登録されていることを示すことなのです。子どもたちはいつでもこれを証明しています。しばしば大人をいらだたせることもあるくらいです。ある少年などは、多くの物を「トラクター」と呼びながら走り回っていました。それには、農場の乗り物以外のものでも何でも含まれました。このようにして彼は言語の登録を示し、言葉とその指示対象との間の必然的な繋がりの欠如を示し、言語的要素それ自体の重要性を示しているのです。「トラクター」という語は、そのとき彼の現実性を組織しています。農場の乗り物のことを示しているわけではないのです。物事は「トラクター」という語によって分割されているのです。この例に挙げた子どもの世界を組織しているのはシニフィアンなのです。このように、子どもが「間違い」を犯し始めるときは、その子が言語の本質について本当に何かを理解しているというポジティブな印なのです。

ラカンがこのシニフィアンのカテゴリーを巡って幻想についての議論をまとめたことは、アイザックスの幻想についての論文のタイトルと、有名なローマ講演のタイトルとの類似のなかに見ることができます。ローマ講演でラカンは、言語的考察に基礎づけられた分析研究を予定した議題を提出しました。アイザックスが「幻想の本質と機能」と書いていたところに、ラカンは「話と言語活動の機能と領野」を置きました。つまり、アイザックスの「幻想」が、言語的な領域によって置き換えられているのです。「本質」という項が消え、言語的な「領野」がその場に滑り込んでいます。アイザックスが幻想を置いたところに、ラカンは言語活動を置いたのです。

ラカンのシニフィアンの役割についての考えは、恐怖症の研究、特に一九五六年から一九五七年にかけてのハンス少年の症例の再読解に多くを負っていることをここで指摘しておきましょう。ラカンは恐怖症がある要素（犬や馬など）に特権的な価値を与える仕方を示しました。しかしそこで彼はその要素が、想定された指示対象から分離されていることを強調しています。実際に現実の犬に面と向かうときにそれほど大きな反応を見せない場合でも、子どもが一日中犬への恐怖を訴えることもあるのです。「犬」というのはシニフィアンであり、子どもが自分の周囲の物との関係を再組織化するために使われる言語的な要素なのです。実際これが重要であるのは、まさにこの指示対象の領域からの分離のためなのです。もし子どもがこのようにしてある表象を特権化できるのならば、それはその子があるイメージにシニフィアンの尊厳を与えているということです。シニフィアンは、その指示対象と内在的な関係を持たず、それゆえ代理作用をもたらします。アンネリーゼ・シュナーマンが記述した少女サンディは、プラスチックの犬を拾い、「子猫ちゃん」と言いました。その時、彼女の犬恐怖は終わりに向かったのです。このことは、彼女がこの領域の分離、つまりイメージに対する言語的なものの自律性を理解したということです。ハンス少年が示したのも同じことです。ハンスはキリンの絵を持っていましたが、そこにもうひとつ、今度はくしゃくしゃの紙の上に描かれたキリンの絵を加えました。ハンスはそれを「くしゃくしゃキリン」と呼びました。それは言語の領域の自律性に全面的に依存した可能性なのです。結局のところ、自然保護区にはくしゃくしゃキリンなんていませんから。このように、ラカンが恐怖症について検討したことは、一九五八年の「治療の指針」というテクストに見られる幻想の定義に至る、重要なステップなのです。「ひとたびシニフィアンの構造において機能するイメージとして定義されたなら、無意識の幻想という概念にはもはやいかなる難しさもない」。

シニフィアンの機能へと高められたイメージという条件のほかに、ラカンは幻想のさらなる特徴として、主体の現前を付け加えました。スーザン・アイザックスは本能の心的代理として幻想を定義しましたが、この定義はまったく主体的な審級の要素を無視しています。ラカンの考えは次のようなものです。「幻想はその根源的な仕事においては、消えかかる欲望の水準で主体が自らを支える手段なのである。欲望は、要求の満足自体が欲望からその対象を奪うという点で消えかかるものなのである」。このように、主体はその欲望を保持するように努めます。どんな犠牲を払ってでも欲望を在らしめ、不満足にさせておくよう努めるのです。欲望は満足されないことによってのみ欲望であるということは事実ですから、もし特定の要求が満足されれば、欲望が消し去られる恐れがあります。

この明らかに抽象的な言い方は、子どもの経験とどのような関係があるのでしょうか。子どもが食べることを拒むという非常に具体的な例に、それを見ることができるでしょう。母親が子どもに食べるよう要求するとき、彼女は象徴的な拒絶に出会っているのです。この拒絶は、新たな嫌悪が食べ物自体の細かい内容にはまったく結び付けられていないという点で象徴的なのです。すなわち、欲望という、欠如によって特徴づけられる次元を保持し、母親との関係においてこれを位置づけるということが試みられているのです。

母親が「聴いて」とか「見て」といった暗黙の要求であるにせよ、たえず子どもに要求しているような場合、子どもはどうにかして自分が大人から出てくるものとは違っていて、区別されるのだということを示さなければなりません。親の要求に完全に従う子どもは、何事をするにも親の命令を待っている機械的なロボットのようなものです。ちゃんとした人間になること、そして主体性を身に付けることは、親の要求から離別し、母親とのシニフィアン的関係に間隙を設けることを伴うのです。食べることの拒絶は、欠如を作ることの一つの例なのです。

自閉症のような状況では、亀裂を作ろうとする努力はより剥き出しで見られます。こうした子どもはしばしば眼鏡やアクセサリーをケアワーカーから取り外そうとします。より一般的な症例である幼児の拒食症と違うのは、拒食症では象徴的に欠如が作り出されるのに対し、自閉症では現実に亀裂を作ろうとする努力が見られる点です。それは、大人の身体に結び付けられた何かを文字通り取り除くことが、さながら、同じ結果と機能を持っているかのようです。メラニー・クラインは母親の身体への子どもの攻撃について書きましたが、そのことは母親の身体へ何らかの欠如を作る試み、つまり母親を最強で全能なものとしてではなく、何らかを欠いたものとして強調する試みという単純な意味で理解しても良いでしょう。ほんの一度でも自分が母親を満足させたり、完全にしたりすることができないことを子どもが認識したならば、そうした関係は別の側面を呈することになります。母親の欠如を一切合切否定するのです。そんなとき子どもは、「もし僕があなたの欠如を満たせないのなら、あなたはまったく欠けてなんかいないよ」と言っているかのようです。

子どもによるこの拒絶は、幻想と同じものでしょうか。結局これも欲望の保持に関わることです。もし子どもが最初の数カ月から物事を拒絶できるならば、クラインとアイザックスが正しく、幻想の活動は非常に幼い頃から確かにあるということになるのでしょうか。この問いには、否定で答えざるをえません。子どもは成長するにつれさまざまな種類の拒絶を行います。食べ物の拒絶、おまるを使うことの拒絶などです。しかし、無意識的幻想はそれに関する何か恒久的なものを持っているのです。欲望を保持する努力にひとたびリズムが成立し、欲望を永らえさせるためのたった一つの定式が見つかれば、幻想はあると言ってもいいでしょう。子どもにとっては、この定式を見つけることに時間がかかるのです。それは生まれたばかりの頃からあるようなものではなく、母親の欲望との出会いのなかで構成されるものなのです。

子どもは母があらゆる要求を行っていることにすっかり気付いているのかもしれません。これらの要求から自分を分かつために、子どもはしばしばある形で拒絶を行うのです。しかし、最も大変な問題は、このことのさらに向こうにあるのです。母は要求の向こうで実際は何を欲しているのか。子どもが母の望みについて理解することの向こうに、何か別のものがあるのではないか。このことは、子どもが母に対して抱く最上級の価値に関する問いです。それは彼の実存に関する問いであり、彼が代表象しているものに関する問いなのです。ラカンは、言語には実存についての問いに答える能力はないと考えていました。私たちが何であるのかを私たちが知るには、言葉は十分ではありません。その問いへの答えがやって来るのは、欲動の領域からなのです。口唇的、肛門的、視的、音声的な対象が、言語の不足に答えるのです。これこそ主体が彼の世界のなかで探しているものであり、生きるのに必要なある種の羅針盤を子どもに与えるものなのです。これは、「言葉は幻想にとって必要不可欠な足場などでは、まったくない」と言ったスーザン・アイザックスが正しかったということなのでしょうか。いいえ、ラカンの議論が言わんとしていることは正反対のことです。つまり、対象は言葉との関係でのみその価値を帯びるということです。母の欲望についての問いが導入されるのは、アイザックスの言う、子どもが理解できないものによってです。そして、実存の問いに対して言語的な答えがないということは、言語のネットワークの破れ目を示すが故に、非常に重大なものなのです。この意味で、たとえこの足場に非言語的な対象が差し挟まれているのだとしても、言葉は真に幻想の足場なのです。アイザックスは子どもによる言葉の理解とその使用との間に時間的ずれを想定しましたが、ラカンはまったく逆に、そこに次のような議論を位置づけたのです。そこには確かにずれがあるが、これは言葉と、宙吊りで取り残された意味との間のずれであると。幻想は母の話において理解されないものに応答しているのです。幻想は幻想的対象の一つによって意味作用を補うことになりますが、それはただ論理的時間にして後のことなのです。したがって、理解はいつも遅れてやってくるのです。

幻想は母の欲望に関してその人の位置を定めます。選ばれた特別な対象はおそらく母親の好みに結び付けられているでしょう。それは、主体の現実性がフィルタリングされている小さな窓みたいなものです。それなしでは、いかなるものとの関係もありません。また、それはあるイメージや言葉をひきつける磁石のようでもあります。このために人びとには、子どもの頃から、何か他でもなく覚えているものがあるのです。ある記憶が特に価値を与えられているのは、幻想との結びつきのためなのです。もしあなたが自分の幻想において身体の拒絶された、価値のない部分に同一化したのならば、中心的な記憶として、あなたが価値のないものとして拒絶され、打ち棄てられる光景を持っているということもありうることでしょう。この幻想磁石は世界に意味を与えます。これが、あなたに起こるさまざまな出来事に意味を与え、あなたの実存の移り変わりに特定の形を与えているのです。この意味で、幻想を「経験の主観的解釈」と定義したアイザックスに賛成してもよいでしょう。二人の違いは、ラカンにとってはこれが幻想の形成の最終的な結果であったのに対して、アイザックスにとってはこれが最初の基礎であったということです。

意味との関係を組織するとともに、幻想はリビードとの関係も調整します。リビードの備給は幻想を通じて流れるのです。したがって、もしこの枠組みにぴったりと合うような人がいれば、そうした人びとは欲望されるようになるでしょう。もしその人びとが枠組みの外に出れば、彼らは認識されないか、あるいは根本的に主体の世界の平穏を乱すものとなるでしょう。青年期にはこうしたことが見られます。子どもは母親との関係において自分を位置づけるためのある種の解決、定式を見つけています。いわゆる潜在期という長い年月がこの定式を強固にします。そして、青年期になってからは、現実の生きた人間と性的な関係を取り交わす可能性が出てきますし、またそうするように迫られます。ここで幻想の定式は、他の性別化された存在の特殊性に対処できるくらいに十分な精力を持つことが証明されるかもしれません。しかし、そう上手くいかないこともあるでしょう。結局、他の人びとも自分自身の歴史、自分自身の幻想を持っていますから、セクシュアリティーが共有される機会の無いこともあるでしょう。このように、青年期には性別化された存在との出会いのなかで幻想が試されるのです。幻想がある点で効果の無いものであることが明らかになることもあるでしょう。また、心を乱すような思い出を残さずには、他人のセクシュアリティーと併合できないことが分かることもあるでしょう。ですから、青年が性生活の土俵から完全に引きこもることも無理からぬことです。ただ単に幻想を保存し、守ることが、異なる性に属する人びとと関係を持つことよりも、重要なこととなるのです。

ラカンは幻想のなかで欲望が保持される仕方を二通り記述しています。ヒステリー者の場合、欲望は不満足に保たれます。強迫神経症者の場合、欲望は不可能に保たれます。したがってヒステリーにおいては、主体は自分自身から、そしてしばしば他者からも、自分が明らかに欲しているものを奪います。たとえば、男性の欲望を興奮させておいて、それを永久に不満足のままにしておくことなどです。強迫神経症者もまた満足されない欲望を持ちますが、満足の欠如を生み出すのは、不可能という条件です。たとえば、二人の違った女性を愛し、どちらか選べないような場合や、何らかの理由で手の届かない女性に恋に落ちる場合などです。エドモンド・バーグラーの臨床例は、別の例を提供してくれています。ある男は自分の性生活の貧困さを大いに気にかけており、この考えのために眠ることができずにいました。遂に彼はパートナーを見つけ、新たな性生活が始まったのですが、彼はそれでも眠ることができませんでした。というのも、いまや彼は先ほど行われたばかりの性行為を想像し、頭の中でもう一度それをざっとなぞるという強迫観念のために、眠れずにいるのでした。このように、パートナーとの行為の前後ともに、思考という症状が不可能を生み出しているのです。ヒステリー的戦略も強迫的戦略も、ともども原則として、現実の性的パートナーからの逃避を想定しており、パートナーを常に遠く隔てておくのです。幻想は、めいめいの人間主体がそのパートナーを遠ざけて、会わないようにし、スクリーンを立てておく仕方として定義できるのです。

ここで、クラインとラカンは幻想の役割に関して少なくとも一つの着想は共有しています。彼らは幻想に、現実性に反対する役割ではなく、現実性を組織する役割を与えたのです。ウィニコットは『遊ぶことと現実性』という本を書きましたし、チャールズ・ライクロフトは『想像と現実性』という本を書きました。しかし、メラニー・クラインはこうした繋げ方は避けていました。彼女はラカンと、現実性を幻想と対比する試みについての基本的な疑いを共有していました。この点で二人はフロイトに忠実なままであったのです。フロイトは『精神分析入門』のなかで、この二つの用語が反対であるどころか、等しいはずであると強調しているのですから。

後の著作でラカンは、幻想の「論理」と呼んだものについて語り続けました。論理への言及は、ある水準で、初期の恐怖症についての著作に結び付けられます。人類学者クロード・レヴィ＝ストロースから考えを借りて、ラカンは恐怖症の発達を神話の発達と構造的に類似なものとして構想しました。神話はある根源的な問題（性や実存）の解決としてではなく、むしろ最初の矛盾や不可能を新たな用語で定式化する方法と見なすことができるのです。レヴィ＝ストロースの例の一つにおいては、エディプス的な話における最初の矛盾「大地から生まれたのか――男と女から生まれたのか」が、別の矛盾「血の繋がりの過大評価――血の繋がりの過小評価」として表現されています。この後者は、おなじみエディプス王の物語に見られるものです。最初の矛盾が、同様に自己矛盾的な二つの新しい項によって置き換えられているのです。つまり、AとBの間の矛盾はCとDの間の矛盾に置き換えられるのです。このように、神話は最初の問題に対する解決であるよりも、むしろ問題の再提起なのです。この「反芻処理」はときに解決の効果をもたらすこともあるでしょう。〈無意識〉におけるこうした働きの実例となるような臨床例があります。ある女性が一晩に二つの夢を見ました。一つの夢では、父親との熾烈な争いがありました。もう一方の夢では、夢を見ている本人が誰かを殺したのだが、誰かは分からないというものでした。この夢のなかで彼女はとりわけ罪責感を感じていました。するとそこで自分の父親に出会いました。父親は振り返って彼女にこう言いました。「お前のしたことは丸かった」。あるいはもっと正確に言えば、「お前は彼を丸い形で殺したのだ」。ここには夢の要素に付随するさまざまな連想があるでしょうが、それらを問題とするのではなく、むしろレヴィ＝ストロース的な慈悲深いやり方で接近することにしましょう。夢のなかの殺人者は、多くの細部に示されているように、おそらく父親を殺害した者なのです。つまり、「血の繋がりの過大評価――血の繋がりの過小評価」という最初の矛盾があるのです。次いで、この不可能はさらなる矛盾、つまり誰かを丸い形に殺してしまったという論理的に不可能なこととしてさらに暗号化されます。一つの矛盾が別の矛盾に暗号化されるのです。ここにおいて、そこで問題となっている関係の複雑な構造を表現するのに、言葉がもはや適切でないような場合に、論理がどのように機能しているかが示されています。最初の不可能なことについて、その言葉や意味が欠けているということが、丸い形で誰かを殺してしまったという不条理な形で、表現されているのです。

恐怖症における論理関係の機能についてのラカンの仕事は、幻想の正確な定式化のなかでこそ、その重要性が明らかになることでしょう。ラカンは幻想を$\mathbb{S}\Diamond a$と書きました。代数的表記が示すのは何よりもまず、それを言語ではっきり言うことが困難であるということです。実存の問いに対して言語が答えを与えてくれない際、子どもの応答に関わるものは幻想なのですから、幻想の定式化が、ある意味話を超えるはずだといっても理に適ったことでしょう。$\mathbb{S}$は主体を指し示し、aは対象を、$\Diamond$は二つの関係を指し示しています。この関係は両面的な性質を持っています。

シャンドール・フェレンツィを例に取り上げましょう。彼の著作には何度も繰り返し、分析作業が産科医の仕事のようなものとして言及されています。この言及が頻繁に出てくるということ自体が、無意識的力動の現われを私たちに気づかせてくれるかもしれません。「精神分析治療における医者の位置は、多くの点で産科医のそれを思い出させる。産科医もまた自らできるだけ受動的に振る舞わなければならないし、自然な過程を傍観する者の位置にいなければならない。しかし、ここぞという時には、自発的に進行しない分娩行為を成し遂げるため、鉗子を持って構えておかなければならない」。神経症の要素は畸形腫瘍に譬えられさえもします。この畸形腫瘍に対しては、「分別ある人なら治療で外科医のメスに委ねることを拒もうとはしないだろう」。これらのアナロジーは身体から何かを引き出すという考えに焦点があります。

また、それとは別の傾向がフェレンツィにはあります。そこでは同じくらいにしばしば、別の人間の身体に何かを挿入するというイメージが生み出されています。『臨床日記』において、フェレンツィは死体についての自分の幻想を述べています。彼はその腹部を開き、その開いた傷に押し込められるのです。彼はこうして、（女性の）身体の傷に栓をする対象の場にいるのです。この文脈で、彼は母親が自分に言った言葉についての記憶を引用しています。「あなたは私の殺人者よ」。彼はここで、自分の内的な信念に反して良い人間になろうと決めたのはこの瞬間であったと述べています。さて、この素材は何を示しているのでしょうか。傷を塞ぐために身体に入り、しかし同時に、身体から何かを取り除くことで、彼は自ら、無意識の方程式の極から極へと移動する、分離可能な対象となっているのです。それはまさにフェレンツィが「精神分析技法の弾力」で述べた「押しと引き」です。「分析家は、ゴムバンドのように、患者の引きに従わなければならない。しかし、自分の方向に引くことを止めてもならない」。押し（∧）と引き（∨）は◇という記号において結合されます。代数的表記のおかげで、私たちは標準的な文では定式化できないものを定式化することができます。では結局、「他者の身体から何かを引き出したい」という命題と、「他者の身体に自分を押し込めたい」という命題の二つの相反する命題を和解させるには、どうしたらよいのでしょうか。一九五〇年代の終わりにラカンが出したこの問題の論理に対する解決は、基本的に構造主義者のものでした。もし、意味を命題として、あるいは文として定式化することが不可能ならば、それは関係として定式化されねばなりません。これこそまさに◇の意味なのです。つまり、項同士の関係——そのなかには、相反するという関係を示す記号◇も含まれます——を記述するものなのです。

このあたりで終わることにします。

セクシュアリティー

ジェーン・テンパリー
ダニー・ノブス

1 セクシュアリティーについてのクラインの見解
――特に女性のセクシュアリティーについて

ジェーン・テンパリー

何年か前の学会で，女性の精神－性的発達についてのクラインの見解が取り上げられ，私はそれに関心を持ちました。それは精神分析学会で行われた講演会で，私はそこでジュリエット・ミッチェル・ローゼンデールとともに発表者として参加していました。彼女はその際ラカン派の立場をとっていましたが，聞くにつれて私はそれがフロイトの古典的な見解に大変近いものだと認識しました。また，その見解は私が教育分析を受けていた英国協会の伝統と大変異なるものであり，そのことに私は驚かされました。聴衆の多くは分析やスーパービジョンを英国協会で受けていたので，ジュリエットより私の説明にいっそう親近感を覚えたことでしょう。私は（ジョーンズに率いられた）英国の分析家とウィーン学派との間で一九二〇年代と三〇年代に行われた，男根期と女性のセクシュアリティーについての論争の歴史に無知であったことに気づきました。こうして私は，これらの議論に対してクラインが果たした役割にとりわけ興味を持つようになりました。

アンドレ・グリーンは最近「精神分析にとってセクシュアリティーは必要か」と題された講演を行いました。とても挑発的なタイトルですね。フロイトにとってあれほど核心的であったセクシュアリティーが見失われている、というのが彼の主張でした。対象関係論者は患者のセクシュアリティーを表面的な問題だとし、他のより重要な問題がその下に隠れていると見なす傾向がある、そのように彼は考えているようです。私が思うには、これは対象関係論と特にクラインの立場を誤って伝えています。クラインはフロイトとアブラハムの内的対象関係についての洞察を練り上げました。しかし彼女は本能論者のままでした。彼女の考えでは、本能はいつも対象にかかわる幻想のなかで表現され、これらの幻想はそこで内的世界を構築するのです。クラインはフロイトに倣って、生の本能と死の本能の間の緊張にもがくのが人間の本性であると見なし、セクシュアリティーを生の本能の最たる表現だとしました。

他の広く行き渡っている誤解として（ときには滑稽でさえあるのですが）、クライン派の分析は基本的に母-子の二項関係に関わるというものがあります。しかし実際には、クラインはエディプス・コンプレクスを生後一年間のうちに起こるものとしているのですから、彼女は子どもの発達におけるエディプス的父の意義をフロイトよりいっそう早期に置いていることになります。クラインは大変幼い子どもの精神分析の先駆者になりました。彼女は子どもの遊びについて説明し、子どもが自分自身と両親のセクシュアリティーに強く心を奪われているということを明らかにしました。

クラインはエディプス・コンプレクスについて主要な論文を二つ書きました。一つは一九二八年のもので、エディプス・コンプレクスの早期性についての論考、もう一つは一九四五年の「早期不安に照らしてみたエディプス・コンプレクス」です。この一九四五年の論文で、彼女はこのテーマについて自分自身とフロイトとの違いを論じました。一九四五年以降、彼女はセクシュアリティーと性差のテーマについて詳細に述べることはなくなりました。彼女の問題意識は他のことに移って行ったのです。しかしながら、彼女のテーマがどんなものであれ、彼女がその変遷を考察した無意識的幻想が主に関わるのは、患者自身のセクシュアリティーと、周囲の人びとのセクシュアリティー――これは両親のセクシュアリティーを代理します――なのです。

私の考えでは、クライン派とラカン派を分ける論点の一つとして、幼児の精神が人間の世界に参入する状態についての見解の違いがあります。クライン派の見解では、対象との関係において現れる本能と幻想によって、幼児は内的世界へと能動的に関わるようになります。そこで幼児は内的世界を発達させ、心的生活の核を形作るのです。私が文献から得た印象では、ラカン派は、幼児はより受動的に母の欲望に応じようとすると考えているようです。

元来クラインは両親の願望と投射の役割を過小評価していました。このことは、その後彼女の弟子たちによって訂正されています。両親からの投射は不可避であり、幼児に影響を与えます。しかしクラインは次のように強調しました。人は激しい欲動を持って世界に参入します。その欲動はとてもすさまじいものであり、そのため欲動が投射によって処理される際に結果として歪曲がもたらされ、現実が能動的な主観性によって解釈されます。欲動が彼をとりまく世界の知覚とその世界への関係にもたらす効果は大変能動的な過程なのです。

先ほど述べた講演会の席でジュリエット・ミッチェル・ローゼンデールと話していたときに気付いたのですが、女性のセクシュアリティーについての私自身を含めた英国学派の考えには、クラインの仕事の強い影響のもとに形成されてきた見解を守っていこうとするところがあります。元を辿ればその見解は、フロイトの男根期についてのジョーンズの不同意に端を発しています。フロイトは一九二三年に「幼児の性器編成――性理論への補遺」を上梓するまで、去勢不安の重要性と女性の精神-性的発達の源泉について二つの異なった考えを持っていました。一九一九年、論文「子どもがぶたれている」で、彼はエディプス・コンプレクスを神経症の核として中心に置きましたが、そこでペニス羨望と去勢については一切述べませんでした。少女は女性の位置から始まるものであると、さして疑問に思われることもなく考えられていました。一九二三年の時点で、彼はその見方を放棄してファルス一元論に説明の重きを置くようになっていました。ファルス一元論によれば、元来子どもは生殖器は一つしかない、すなわちペニスしかないと信じています。それによって子どもは世界をペニスがあるものと、去勢されたものに分割します。ジョーンズはというと、そのような子ども時代の信仰は防衛的なものであるという立場をとっていました。子どもは無意識的には性差とその意味を知っていると言うのです。

少年ハンスはフロイトの報告した唯一の子どもの症例研究でした。ハンスは赤ん坊の起源について間違った情報を与えられていたにもかかわらず、妊婦を見てそれとわかりましたし、それゆえ妹がどのように生まれたのかを知っていました。フロイトはハンスと父親の興味深いやり取りを描写しました。それは禁止された空間とそこに侵入することの面白さについてでした。フロイト自身次のように示唆しています。男の子は自らの生殖器の刺激から、それを突き刺すための空間があると気づく。つまり男の子は膣を想像し始めると。シャスゲ＝スミルゲルは、もしハンスが膣を想像し始めるということがありえるのならば、そのような器官を実際に持つ小さな女の子は、膣に関して少なくとも潜在的で無意識的な知識を持っている可能性がいっそう高いと主張しました。生殖器官についての潜在的で無意識的な知識を仮定することは、クラインとフロイトの重大な違いの一つです。

一般に狼男として知られているフロイトの最も大規模な症例研究のなかで、彼は幼い子どもが原光景を目撃することの効果とその証拠について考察しました。しかし最終的に、フロイトは患者がそれを目撃したかどうかは重要ではないと言明しました。彼によると、人間は両親の性行為を見る見ないにかかわらず、そのような行為を幻想するようになっています。ビオンも同じようなことを主張しています。「前概念作用」というものが生まれながらにあり、幼児がそれに対応する外的出来事に遭遇するとき、「概念化」するということです。生殖器の性質と生殖能力といった性的現実を理解し気づく下地は生まれつき備わっています。また、この現実はとても心を乱すもので、それゆえに激しく防衛されるものなのです。私たちは性差とその機能が改めて理解された時うろたえるかもしれませんが、実はそれは幼児期に無意識的に認識されたことが意識的に認識されることなのです。

クラインはエディプス・コンプレクスの早期段階を一歳以前に位置づけました。彼女はとても幼い患者の遊びや振る舞い、症状、歴史の観察を根拠としてこれを行いました。たとえば、彼女の患者のリタは二歳でした。クラインは一九二〇年代にこうした子どもを分析し観察しました。彼らの遊び、そしてクラインと解釈への応答から、彼女は次のことを述べるに至りました。これらの子どもの制止と症状は、彼らの両親の性的なそして生殖的な活動に関する強い幻想の産物である、と。そして彼女はこれを臨床実践のなかで論証したのです。

クライン派の観点では、子どもには両親のセクシュアリティーを理解する下地があるというだけではなく、それが常に懐胎と新しい赤ん坊の可能性に繋がっているという幻想もあるのです。両親のセクシュアリティーは生殖的なペアと見なされ、だからこそ、それは特に羨望されるものであり、心を乱すものなのです。それが羨望されるのは、子どもは赤ん坊を作ることができないからです。それが心を乱すのは、一つには、両親は新しいきょうだいを作ることができ、また作るかもしれないからであり、このことは子どもを元の地位から追い出し、さらなる敵対と憎悪をかき立てるからです。

クラインが患者の歴史の一歳以前で突きとめたエディプス幻想の重要性を強調することは、非クライン派による、クラインの仕事についての評価のなかで軽んじられる傾向があります。私が思うには、これはクラインが子どもの最初の関係、つまり母の乳房との関係にもまた力点を与えたことが部分的に影響しています。たとえば一九三一年の「女性のセクシュアリティーについて」に見られる通り、フロイトは晩年になってようやく、最初の対象としての母親に対する子どもの関係の重要性を認めました。クラインの理解では、子どもが母を見るさまは、さながら豊穣の角のようです[*1]。それは、最も魅力的で心地良く、おもしろく、刺激的なもののすべての源泉です。

乳房で育てられても哺乳瓶で育てられても、母の身体は心地良さと食物と生命の源泉です。この欲望され、羨望されるきわめて強力な人物との関係が、子どものその後の発達の運命を握っています。

＊1　訳注　ギリシャ神話に登場する、ゼウスに乳を与えた山羊の角。食べ物が溢れ出てくると言われている。

子どもの母への反応の一つとして、男性の恋人の立場をとることによって母の女性的な欲望を満たす幻想があるかもしれません。フロイトは女の子のこの幻想を重要視しましたが、ラカンもおそらくそうではないでしょうか。クラインにとっては、この幻想は多くある幻想のうちの一つであり、子どもがエディプス的現実と苦痛から自らを守るために持つものなのです。

クラインの観点では、妄想分裂態勢に折り合いをつけ、抑うつ態勢をある程度設立することはエディプス・コンプレクスの結果に重大な影響を及ぼします。子どもは投射を引っ込めるために母の助けを必要としています。元来その投射は、一方では理想的で、他方では邪悪で迫害する母という分裂した知覚を作り出しているものです。対象を統合し償いたいという子どもの願望の重要性を、クラインは強調しています。母との関係がこうしてより統合され償われたものとなる時、第二の対象、すなわち父への移行はさらに強い抑うつ態勢によりなされるでしょう。

そこではエディプス的敵対により心がかき乱されることは少なくなります。なぜなら母は内的関係において、愛され、また愛する対象になるからです。その対象は憎悪されるかもしれませんが、許し、許され、償われる対象でもあるのです。妄想分裂態勢が父との関係に繰り越された場合、片方の親が理想化され、他方の親が悪魔のように見なされるか、軽んじられることになるおそれがあります。クラインの一九四五年の論文「早期不安に照らしてみたエディプス・コンプレクス」で、彼女が記述した子どもの両方が母親を理想化して擁護する見方を取っていました。しかし父親は危険なものと見なされていたのでした。子ども自身の破壊性と続いて起こる復讐の恐怖は父へ投射され、子どもは男性のセクシュアリティーを悪と見なし、母を守らなければならない状況に捕えられるのです。

往々にして、女の子では立場がこれとは逆になります。父はすばらしいものと見られ、母は無視されるか、あるいは悪魔のように見なされます。表面上はとても積極的な異性愛があります。しかしながら、女性となる女の子の発達が依拠するのは、母との、すなわち軽んじられ除外された対象との無意識的同一化なのです。生命を与え維持する母への始源的依存は、男女両方に共有される経験ですが、こうした経験の影響についてはシャスゲ＝スミルゲルが指摘しています。そのような依存は大きなアンビバレンスを引き起こします。シャスゲ＝スミルゲルの主張によると、男女両方に当てはまることですが、その巨大な力に逆らうために、ペニスの力と重要性を過剰に誇張する危険があります。そこでは男性と男性的機能はとても重要で興味深いものと見なされるでしょう。そのとき、女性にとっての問題とは、女性としての自信、子育てなどの特に女性的な役割への自信が、私たち自身の母親への無意識的同一化に依存していることです。私たちは自分の母親にその役割を見出すにつけて、母親を見くびるかもしれません――たとえば、皿洗いをしている背景の目立たない人物として。

一九四五年の論文のなかに現われる症例、特にリチャードの症例において、クラインは母への攻撃性を転移関係のなかで話題として取り上げました。そうすることで、この攻撃についての彼の怯えを減らすことができるようになりました。そこでクラインは、父親を恐ろしい敵意のある人物にした投射を父親から引き上げることができたのです。クラインによって自由になったリチャードは、父とより確かで能力のある同一化を行い、自分自身の男性性についての心配を軽減したのです。内的世界に関するクラインの考えでは、父と彼のペニスは母を修復する特別な能力を持つものとして見ることもできます。女の子が羨望するものは、性的行為の快感と赤ん坊を授けることの両方において、母を修復することのできる父の能力と見なされたものです。その意味ではペニス羨望はあるのです。それはしかし、少年ハンスの症例で見られたような、幼い男の子が女の子の生殖能力と役割に対して感じる羨望と大差はないのです。

それでは、去勢コンプレクスの重要性はどうなったのでしょうか。私が思うに、クラインの観点では、発達の危機はありますが、それは女の子がペニスを持つかもしれないという考えを諦めること、あるいは男の子がペニスを失うかもしれないという考えとは、さして関係ありません。その代わりに、幼児的全能感を放棄することと関係しているのです。エディプス的ライバルに取って代わる幼児的幻想や親をコントロールする幼児的幻想は、捨て去られる必要があるのです。クラインが、抑うつ態勢をエディプス・コンプレクスの乗り越えと結びつけたことは、特にロナルド・ブリトンの著作『失われた繋がり――エディプス・コンプレクスにおける両親のセクシュアリティー』によって鮮明に論じられました。ブリトンは強調しています。両親を心的にコントロールすることを捨て去ることはどれほど必要であるか。そして両親双方と関係を持ちながら、彼らの性交に関しては外に位置することに甘んじなければならない三角的状況のなかで、子どもが自分の位置を受け入れることがいかに必要であるか。思考能力、特に創造的な思考能力は、創造的な両親夫婦の内在化に懸かっています。もし性差と世代の違いを否定する全能的な幻想が執拗に続くならば、この能力は妨げられるのです。

最後に重要な点を三つ述べます。クラインは、女性の超自我の性質と歴史についてフロイトとは大いに考えを異にしています。彼女の主張はこうです。女の子は子どもを出産する潜在的な能力と膣について無意識的な知識を持っています。女児は母親のセクシュアリティーと母親の内の生まれていない赤ん坊を攻撃するだけではなく、母からの報復的応答の幻想を持つようになります。クラインの観点では、超自我の起源は乳房への最早期の妄想分裂的関係に求められます。そして女の子の超自我は男の子の超自我と同じ程度に手に負えないものなのです。

二つ目の重要な点は、フロイトによると、女の子の精神-性的発達は格別に不確かなものであるということです。なぜかと言いますと、女の子は自らが母親に対して幼い男性であるという元々の考えを棄て、代わりに男性との性交や、特に男の子を産むといったことにおいて、切望するペニスを得ることに甘んじる必要があるからです。一方クラインはと言うと、母が最初の欠くことのできない対象でありながらも、非常に早期の段階でエディプス的なライバルであることに、女性的発達の特別な困難を見ています。フロイトは一九三一年の論文「女性のセクシュアリティーについて」で、それ以前にも何度か取り上げたように、多くの母と娘の関係を特徴づける特有の敵対関係に言及しています（彼はこの論文のどこかでクラインの一九二八年の「エディプス葛藤の早期段階」を示唆しています）。フロイトは唯一この論文で、母と娘の関係が特に危険を孕むのは、母との関係がかなり早期であり、そのような原始的なアンビバレンスを含むからであると示唆しています。そしてフロイトは自らに問いかけます。なぜ息子は母親に強烈なアンビバレンスを感じないのか。フロイトは自らの問いにエディプスの組み合わせを参照することで答えます。そうした状況にある娘とは違って、息子は父へ陰性の感情を向け換えることができるからであると。娘は、陽性のエディプス・コンプレクスのなかでは、女性を原初的な対象であるとともに性的なライバルとして、扱わなければなりません。

最後の点です。クラインは、女性器が隠されているという性質が女の子の発達に影響を及ぼすことについて記しました。男の子と違って女の子は、両親の上に降りかかるさまざまな攻撃の効果と、そこから想像される両親の報復とについての幻想を中和するために、生殖器を身体的、視覚的に確認することに頼るわけにはいきません。女の子はいっそう幻想のなすがままになるのであり、このことが成人女性の自信のなさの一因となり、もっとあからさまな社会的力からの軽蔑を補強しているのかもしれません。

2 性の喜劇を理論化する——ラカンのセクシュアリティー論

ダニー・ノブス

性欲主義と主体主義

フロイトは『性理論三篇』第四版（一九二〇年五月）の序文のなかで、精神分析が広く公衆に受け入れられる際のおもな障害物の一つは、「人間のすべての営みにおいて、性が重要な位置を占めると主張し、性の概念を拡張しようと試みている」ことにあるとしています。精神分析を「汎性欲主義」と特徴づけ、すべての人間的現象を性的葛藤のせいにしていると精神分析家を非難する人びとがいましたが、このような事実にフロイトは嘆いていました。[†1] しかし、予想に反して、遍在する性というこの疑わしい精神分析的主張を彼は撤回しようとはしませんでした。むしろ、人間の活動すべての背後に活動的な性の要素が存在するという考えは、精神分析によって導入されたのではないと主張しました。というのも、そのような要素はすでに哲学者たち、とりわけアルトゥール・ショーペンハウアーなどの知るところであったからです。[†2] 同じ文脈でフロイトの強調するには、「性欲過剰」だとして精神分析を非難する人びとは、遍在するエロスへの賛歌を歌い上げたのがプラトンのような、思いもよらない哲学者であるということを忘れているとのことでした。

ですからフロイトは、精神分析理論におけるセクシュアリティーの中心的な位置について批判者たちが判断を誤っていたということをあえて示そうとはしませんでした。彼は「拡張された性」という概念を修正しようとはせずに、単に「汎性欲主義」という批判は精神分析に対してと同様、哲学者たちに対しても向けられるということを示そうとしたのでした。フロイトはそれでもなお「汎性欲主義」を「意味のない非難」だと考えていたのですが、彼のこの態度は私たちにある問いを投げかけます。それは、彼は何故に一方では遍在する性という考えに容易に同意しながら、他方では精神分析をセクシュアリティーに還元することに異議を唱え続けたのかという問

†1　原注　フロイトの学説のなかでセクシュアリティーは重要な位置を占めているが、これがアドラーやユングとの軋轢のおもな点の一つである。二人はおもに脱性化された精神分析理論を発展させた。

†2　原注　一九一九年五月一日にルー＝アンドレアス・ザロメに宛てられた手紙のなかで、フロイトは近年死のテーマに興味を持っていたのでショーペンハウアーの著作を読み始めたと書いている。しかし、フロイトはその時期にセクシュアリティーについての哲学者のアイデアを発見したのではない。というのも、セクシュアリティーに対するショーペンハウアーの見方については、すでに一九一七年の『精神分析の困難さについて』のなかで言及されているからである。ポール＝ロラン・アッスーンはショーペンハウアーへのフロイトの賛辞についてのきわめて詳細な研究のなかで、フロイトがセクシュアリティーに対する哲学者の強調に言及するとき、彼が念頭に置いていたのは、ショーペンハウアーの主著『意志と表象としての世界』（一八一九）に対する補足『愛の形而上学』からの文章であることを示している。ショーペンハウアーはこのなかで、「一般的に言って性本能は単なる生きる意志である」と主張している。アッスーンはまた、ショーペンハウアーはフロイトと哲学との関係の「イデオロギー的なモデル」を構成し、フロイトは多くの哲学的著作をショーペンハウアーのパースペクティヴを通して読んでいる、という命題を説得的に論議している。E. Pfeiffer (Ed.), ***Sigmund Freud and Lou Andreas-Salomé : Letters*** (translated by William and Elaine Robson-Scott) (1966), London, Hogarth and the Institute of Psycho-analysis, 1972, p. 99, P-L Assoun, ***Freud, la philosophie et les philosophes***, Paris, PUF, coll. [Quadrige], 1995, pp. 225-272 とりわけ pp. 238-241 を参照せよ。

いです。フロイトにとっては、精神分析を「すべては性である」と見なす教養だと考えている連中は、人間の可能性と精神分析の活動の広大な領域を無視する者であった、という理由が考えられるでしょう。実際、フロイトの一九二〇年の発見とは、エロスはどんなにその影響力が重要なものであるとは言え、人間を駆り立てる唯一の力ではないということでした。といいますのも、エロスの権勢は同様に力強い要因、すなわちタナトスから継続的に戦いを挑まれているからです。性欲動の伴侶としての死の欲動の存在が要請されることにより、さらに別のフロイト的二元論が導入されたのです。生物学と精神、体質的なものと偶然的なもの、快楽と現実、等々の二元論がすでにあったわけですから。しかしまたこの要請によって、精神分析を汎性欲理論とは見なすことはできないという良い理由が提供されたことにもなります。とは言いましても、タナトスはエロス以上の難題でして、とりわけフロイト派精神分析家たち自身にとってはなおさら難題なのです。この点に関して言えば、死の欲動を拒絶してそれを「攻撃衝動」に置き換えたハルトマンやレーヴェンシュタインのようなポスト・フロイディアンたちというのは、自分たちなりの流儀で精神分析を「汎性欲主義」へと理論的に偏向させるよう寄与したと言えるでしょう。と言いますのも、彼らはフロイトの二項対立を、葛藤状態にあるというよりは共同で作動する適応能力のシステムへと置き換えたのですから。

汎性欲主義に関する過程と非常によく似たことがラカンの理論にも見られますが、ここではセクシュアリティーの役割ではなくて、おもに主体の場所が関わっています。心的機能（不全）についてのラカン理論に関してもっとも流布している考えの一つは、主体が重要な場を占めているということです。ラカンの著作への導入としてよく強調されているのは、彼の理論は精神分析を主体の周囲に配置するという試みであり、それは自我心理学の代表者たちが公言する社会的適応の支配に対して、聖戦を挑むという意味を持つものでした。皆様のなかにはラカンの著作を原文でお読みになった方もいらっしゃるでしょうが、おそらくこのような主張は説得力があると思われることでしょう。というのも、ラカンの著作全体のなかで主体の問いを扱っていないページはほとんど存在しないからです。ラカンにおいては主体が本当の意味で増殖しており、これはフロイトの著作のなかでは性が遍在する要素であるのとちょうど同じ関係にあります。そういうわけでラカン理論においては、主体がいたるところで出てくるわけですが、このために彼の理論は「汎主体主義」と特徴づけられやすいものとなっています。さらに、主体の重要性を無視しているといって他の理論を批判せんがために、頻繁に彼の理論が使用されているようです。ラカン派がラカン派ではない精神分析に対して行う批判とは、端的に言えば、主体が軽視されているということです。

フロイトの精神分析は汎性欲主義であるという主張と同様、ラカンの精神分析は「汎主体主義」であるとすることにはいささかの問題が孕まれております。まず、ラカン派の精神分析家は主体についての理論をときどき安売りすることがありますが、この安易さは概念の明晰さも厳格さも示すものではないのです。通常では、次のような定義がよく挙げられます。①主体は分割されている。②主体はシニフィアンの効果である。③主体はシニフィアンによって他のシニフィアンへと代表されている。④主体は精神分析治療の主な焦点である。ラカン的観点から言えば、これらの定義はどれも正しいものです。しかし明晰に定義されていて操作的な概念であるという要請に合うものではありません。それは、精神分析家とは教育分析を受けて精神分析を実践している者のことである、という定義では満足できないのと同じことです。それ故、ラカン理論は主体主義であり、他の精神分析理論はそうではない、あるいはラカンほどではないと主張することは、少なくともラカンが主体というカテゴリーでとりまとめていたものがなんであるかについて、正確な考えを要します。もっともそれは、私たちがまずカテゴリーというものについて話すことができるというかぎりでのことですが。

しかし、ラカン理論を主体の精神分析理論として提示することが何故難しいのかという点について、第二の、そしてより重大な理由があります。といいますのも、フロイトの精神分析を「汎性欲主義」と考える人びとの場合と同様、この言明はラカンの理論化の全領野を見ているわけではないからです。実際もう一人のフロイトが、エロスの「フロイト」の彼方〔彼岸〕に「タナトスのフロイト」がいるように、「主体のラカン」の彼方に別のラカンが、いわば「対象のラカン」が存在するからです。そしてやはり、もう一方の側のラカンは難題なのです。常にシニフィアンと強く結びついている主体が理論の明るい側面、アポロン的側面を代表しているのなら、対象はその暗い側面、ディオニソス的側面を代表しているのです。[†1] 前者の側面に属するラカンの定式は、一般に把握しやすいものです。そして後者に属する定式とは違ってさほどの抗議を呼び起こさないものでした。たとえば、主体とシニフィアンのラカンは、無意識は一つの言語として構造化されており、隠喩と換喩の基本的なプロ

†1　原注　ル・シャン・フロイディアンの最初の国際会議が一九八〇年にカラカスで開かれたが、そこでの講演のなかでジャック＝アラン・ミレールはラカン理論のシニフィアンの戯れへの還元を、ユングによるリビドーの脱性化に喩えている。「いったいラカンには他に何が起こっているのでしょうか。ラカンを読み、彼を通してフロイトを解読する哲学者や文士たちは、何故にそれほど換喩をほめそやすのでしょうか。明確にしましょう。ラカンから出発することで、彼らは欲望を脱性化する道を発見したのです。そう、ラカンは新しいユングに、シニフィアンのユングになったのです」。私たちの見方からすれば、精神分析家がこのような還元を産み出さずに済んでいると信じる理由はない。どうして、哲学者や文士よりも、精神分析家のほうが対象を相手にしようとしているなどと言えるだろうか。それは、ラカン派の精神分析家ですらそうなのである。ラカンは『テレヴィジオン』のなかで、不安と対象*a*のセミネールは聴衆にあまりに影響を与えたので、「私の取り巻きのなかには眩暈を起こして、――そのような対象としての――私と絶交する人びともいたほどです――それこそ抑圧された眩暈でしょうが」と回想している。われわれについてもまた、このような還元的なラカン読解において主体が含意されていないと信じる理由はないのである。ラカンの対象*a*とは対照的に、主体は哲学的語らいの一部である。このため、哲学者が主体を扱わずに、ラカンの言うシニフィアンについてのみ考察しているようなことは、信じがたいのである。J-A. Miller, D, un autre Lacan, *Ornicar?* Janvier 1984, no 28, p. 55（私の翻訳による）、J. Lacan, *Television. A Challenge to the Psychoanalytic Establishment*, (Edited by Joan Copjec, translated by Denis Hollier, Rosalind Krauss and Annette Michelson), New York NY-London, W W Norton & Co, 1990, p. 21（ジャック・ラカン『テレヴィジオン』青土社、一九九二年、五八-五九頁）を見よ。

セスを介して作動するものであると言いました。しかし対象のラカンは、〈女性なるもの〉は存在せず、愛するとは持っていないものを与えることであり、性関係なるものは存在しないと言ったのです。後の二つの定式は前者よりも挑発的であるため、激烈な議論を引き起こすものです。こんなわけでシニフィアンの次元の方が好まれるので、対象のラカンは――これはセクシュアリティーのラカンでもあるのですが――無視されているのです。セクシュアリティーが問題になるとき、ラカン派精神分析家はセクシュアリティーに関するフロイトの立場を「主体化」することで満足しがちであり、これと同時に高度に独創的で論争的なラカン自身の考えをあからさまに無視してしまうのです。それゆえ、セクシュアリティーよりも死の欲動のフロイトを議論することのほうが挑戦的な課題なのですから、厳密に言えば主体よりもセクシュアリティーに関するラカンの立場を取り扱う方がいっそう挑戦的でしょう。

セクシュアリティーをシニフィアン化する

ラカンが『対象関係』のセミネールのなかで述べるには、フロイトの理論のなかできわめてスキャンダラスであったのは、セクシュアリティーを中心に置いたからではなく、人間の性生活は二つの身体が調和的に統合するような自然な過程などではないと主張したことにあります。「分析は、人間の感情的関係に関するスキャンダラスとも言うべき概念から出発しています。分析において初めに何があれほどのスキャンダルを巻き起こしたかは、すでに何度も強調したと思います。それは、分析がセクシュアリティーの役割を強調したからでも、それが決まり文句になったからでもありません。そんなことには誰もう腹を立てなくなりました。そうではなくて、それはまさに、分析がこの性欲という概念と同時に、またそれ以上に次のような逆説を導入したからです。つまり性対象への接近には本質的な困難さがあり、その困難さは内在的なものである、という逆説です」[*1]。

この対象接近に関する「内的な、本質的な困難」について、ラカンはフロイトの『性理論三篇』の最終章「対象の発見」に言及しています。ここで、フロイトは「対象の発見は実際はその再発見である」という根本的な考えを提唱しています。したがって、思春期以降に人間によって選択された性対象とは、より早期の段階にすでにあったもの、しかし心的発達の過程で失われてしまったものの復活に過ぎない、このようにフロイトは強調しているのです。さらに、それは失われた対象そのものの復活ではなく、単にその代替物の復活に過ぎないのです。ですから、一方では性対象には何ら新しいものはありません。といいますのも、それは失われた対象をモデルとして接近されるものですから。他方ではこの対象は完璧に不適切なものです。というのも、それは失われた対象とは異なるものですから。失われた対象は後の生活において、対象選択のモデルとして頑固に持続するわけですが、フロイトはこれを母の乳房で満足するという子どもの最初の経験に帰しています。復活した対象の不適当さは近親姦という障壁ゆえであるとされ、これによって人間は母（の乳房）を別のものに置き換えるよう余儀なくされます。ラカンは『対象関係』のセミネールのなかで、このプロセス全体を「不可能な反復」と同一視しております。対象を（再）発見するというこのコンテクストを離れても、人間の性生活における「本質的な困難」は少なくともフロイトの理論の二つの異なった局面に現われます。まず、フロイトが本能という伝統的な生物学的概念に代えて欲動という新しい生物-心理学的な概念を採用していることはよく知られているわけですが、欲動とは四つの異なった構成要素の力動的な貼り合わせとして示されています。その構成要素とは、源泉、拍動、対象、そして目標のことですが、これらの要素の組織化は、あらかじめ先取りされた、自然なパターンに従うものではありません。このため、フロイトは欲動を“Partialtrieb”と呼びましたが、これは文字通りにとれば部分欲動、一つではない欲動ということです（ストレイチーは“Partialtrieb”を「要素本能」〈component instinct〉と

＊1　訳注　J.Lacan, *Le Sèminaire IV : La Relation d'Objet*, Seuil, Paris, 1994, p. 59.

訳しています)。欲動は統一体を構成するものではなく、部分欲動全体が協働したときにのみ姿を現わすようなひとまとまりの一部分なのです。こうして、調和は欲動そのものに内在するものではなく、外的要因に依存するものとなります。

ここで私たちは第二の局面に触れるわけです。フロイトは、部分欲動の本質的な混沌状態はすべての人間のなかにある原初的で多形的な性の素質の原因であると想定します。性が発展するあいだ、多形倒錯性はエディプス・コンプレクスと去勢コンプレクスによって組織化され縮減されます。しかし、フロイトは病理的な性生活と標準的な性生活とを区別し、男性性と女性性の標準的な発達を考慮に入れようとしたにもかかわらず、このような標準化がつねに可能かどうかに強い疑念を抱いたのでした。少なくとも『精神分析入門』第二一講「リビードの発達」の以下の説明からそのようなことを推論することができるでしょう。「この時期から個々の人間は、両親から離れて独立するという大きな課題に挺身しなければならなくなります。この課題を解決したのちに、はじめて人は幼児であることをやめ、社会共同体の一員になるのです。息子にとっては、自分のリビード的願望を母親から離し、誰か現実の肉親以外の愛の対象へとさしむけることが課題となります。そして、もし父親と対抗状態にあるときには、父親と宥和するし、もし幼児期の反抗の反動として父親に屈従するようになっているときには、その父の威圧のもとから脱出するということになります。これは万人に課せられる仕事ですが、その解決が理想的な仕方で、すなわち心理的にも社会的にも正しい姿でなされることがどれほど少ないかは注目に値します」(Freud, 1916-17, p. 337)[†1]。これらの理論的な記述においては、エディプス・コンプレクスは、理想的で標準的な状況において心的装置が構成される仕方の、抽象的な形態を表わすのです。しかし、実

†1　原注　性的発達についてのフロイトの理論という文脈での、この文章に対するコメントとして、J. Brenkman, *Straight, Male, Modern. A Cultural Critique of Psychoanalysis*, New York NY-London, 1993, pp. 1-11 を見よ。

際の諸過程はもっと多様であり、それほどスムーズには進行しないのです。

これらは、きわめて問題含みのセクシュアリティーをフロイトが構想する際の土台です。ラカンは当初フロイトの立場を「セクシュアリティーをシニフィアン化する」という言葉で再定式しました。つまり、セクシュアリティーをシニフィアンの庇護のもとにおくということです。フロイトのセクシュアリティーに対するこのラカン的な改訂は若干の代補（隠喩化）と徹底化（換喩）によって生じるものです。最初にして最も重要な代理は生物学的なものを言語的なものに置き換えることであり、これはそれ自体少なくとも二つの異なったレベルにかかわるものです。

まず、ラカンの見方によれば、欲動は「内因的な、刺激が持続的に流れ出す源泉」に部分的に由来するというわけではありません。フロイトはそのように考えていましたが。そうではなく、欲動はシニフィアンの作用によって全面的に生み出されるものです。ラカンにとって、欲動は器質的なものと心的なものの境界にあるという概念ではなく、シニフィアンの作動によって生じる純粋に心的な代表象作用なのです。これをいかに理解すべきでしょうか。フロイトに反して、新生児は組織化されない諸欲動に満ちた樽のようなものではなく、端的に欲求のなかにある存在であるとラカンは仮定しています。「鏡像段階」の論文のなかにすでに、子どもが「動作不全と、乳をもらって生きるという依存状態とに苦しんでいる」というくだりを読むことができるでしょう。子どもは、望んで必要な保護を与えようとする誰かがいなければ生きていくことはできないのです。この最初の欲求はたしかに生物学的なものですが、ラカンが認める厳密に生物学的な次元はこれのみです。「子どもの欲求を満たしたい誰か」が単に介入するだけで、すでに異なった次元が導入されます。この「誰か」、これを大文字の他者と呼びましょう。この大文字の他者の唯一の仕事とは欲求を満たすことですが、絶えず現前する審級であるわけではありません。この大文字の他者は自身の欲求、要求、そして欲求の満足の彼方にある欲望を持つ文化的審級です。この大文字の他者は象徴的秩序の最初の現前を構成するとラカンは主張します。というのも、一般に大文字の他者は語られた世界の一部であり、また象徴界の要素のごとく行ったり来たり、現前と不在とを繰り返すからです。

大文字の他者の象徴的行為は完全な満足状態に亀裂を生み出します。それは常に現前し、完全に適切な対象によって持続的に満たされんと欲求する子どもの至福に満ちた状態に、一つの裂け目を導入するのです。欲動の起源は、身体の統合に穿たれた開きによって特徴づけられる性源域に位置づけられるべきものである、そうフロイトは述べていますが、彼と同様ラカンもまた、欲動は亀裂から生じると指摘しています。しかし、ラカンの見解ではこの亀裂は大文字の他者の象徴的行為によって生み出されるものです。この過程の最も抽象的な記述はラカンの「主体の転覆と欲望の弁証法」のなかに見出すことができます。「しかしこの完成図が、欲動をシニフィアンの宝庫として位置づけさせてくれるにしても、その表記（$\mathcal{S}\diamond D$）は、欲動を通時態と結びつけることで、その構造を維持するのである。欲動は、主体が要求のなかに消え去る際に、まさにこの要求から生じてくるものである。要求もまた消え去るのはあまりに明らかではあるが、しかし裂け目は残る。欲動が、その住まう器官の機能から隔たってしまうところ、そこに裂け目が現われつづけるのだ。そこは欲動の文法的技巧の場であり、欲動が対象へも源泉へも逆転して連接されていくときに、それはあまりにも明らかである。フロイトにこの話をさせたらまさに自家薬籠中のものといったところだ」[*1]。出発点は大文字の他者の要求ですが、ラカンはこれを大文字でDと書いております。これは要求は常にシニフィアンの表現であるということを指し示すためです。たしかに要求はシニフィアンが作動するための最も根本的な経路の一つです。この大文字の他者の要求のなかに主体は卒倒しています。つまり、不完全な主体が生み出されるのですから、根源的

＊1　訳注　ラカン（J. Lacan）「フロイトの無意識における主体の転覆と欲望の弁証法」『エクリ』（*Écrits*, Subversion du sujet et dialectique du désir dans linconscient freudien. Seuil, Paris, p. 817）

で完全に満たされた主体は欠如を経験しなければなりません。主体は完全な満足状態においてもやはり思っているのです。というのも大文字の他者は単に欲求を満たすだけではないのでして、大文字の他者の要求がないときでもこの欠如は残り続けるからです。大文字の他者の要求が消滅したからといって欠如が消滅することにはならないのです。この永続的な欠如から欲動が生じるのです。

ラカンの欲動概念は対象の再発見に関するフロイトの観点とそれほど異なってはいないと、みなさんはお気づきになることでしょう。どちらの場合も、満足へと向けられた過程が作動し始め、それは根源的な欠如によってコントロールされるのです。しかし、フロイトが欲動を対象に、たとえば母親の乳房に基づかせたのに対し、ラカンは欲動をシニフィアンすなわち大文字の他者の要求のもとに樹立しました。事実、おそらくこのような事情でラカンは「欲動をシニフィアンの宝庫として位置づける」わけです[†1]。欲動が関係する器官の機能、生物学的対象に代わって、ラカンはさらに欲動の「文法的技巧」を指摘します。これは欲動のパフォーマンスを記述するために、「欲動と欲動運命」[†2]のなかでフロイトが依拠した能動態と受動態から導出されたものです（Freud, 1915, pp. 109-140）。

現存する調和的な条件に対して、シニフィアンはこのような特別な亀裂を生じさせるわけですが、これはまた

†1　原注　「主体の転覆と欲望の弁証法」のなかで完成された欲望のグラフでは、大文字の他者（A）と欲動（D）は、低いレベルから高いレベルへと直接に結びついている。

†2　原注　一九六四年のセミネール『精神分析の四基本概念』のなかで、ラカンはこの点に関してフロイトの欲動について特別な解釈を練り上げているが、一九六〇年の自分の定式に言及することはなかった。J. Lacan, *The Seminar, Book XI : The Four Fundamental Concepts of Psycho-analysis* (1964), Edited by J-A Miller, Translated by A. Sheridan, Harmondsworth Middlesex, Penguin, 1994, pp. 161-186（ジャック・ラカン『精神分析の四基本概念』岩波書店、二〇〇〇年、二一三-二四七頁）を参照せよ。

第二のレベルにおいても生じます。最初のレベルが欲求状態にある子どもと要求する大文字の他者としての母との関係にかかわるものだとするなら、第二のレベルは前提となった母子統一体と去勢する父との関係に関わることになります。実際、このようにラカンはフロイトのエディプス・コンプレクスならびに去勢コンプレクスを改訂したのであり、そしてその基本的な原則は、またもや生物学的なものが言語学的なものへ代理されることにあります。フロイトの術語では、男の子は母親との愛の関係を断念し、父親に同一化して家族成員の共同体の外側で愛の対象を選択するという課題を負っています。ラカンの術語では、父親の去勢恐怖によるエディプス・コンプレクスの消退は、生物学的な家族成員のあいだで営まれる社会的相互作用とは関係ありません。ここで働きかける父は現実の父親ではありません。この点は、たとえば『精神病』のセミネールなどでラカンの強調している点であります。「父という概念は、この概念にその実在と恒常性を与えているシニフィアンの一連の含みすべてが備えられて初めて仮定されるものです。このシニフィアンの含みを性器的な含みと混同してはなりません。父という概念は、あらゆる言語学的伝統を通じて、性器的な含みとは意味論的に違うものです。父のこの機能すべての側面について議論を展開するつもりはありませんが、その内の最も際立った側面の一つを指摘しておきましょう。それは、秩序の導入、数学的秩序の導入ということです。それは自然な秩序とはその構造を異にするものです」[*1]。

ラカンは父の「概念」と「機能」について語っているのでして、「父親像」について語っているのではないというのは実に重要なことです[†3]。その理由はと言いますと、父親像はエディプス・コンプレクスが解消する際に現前することはないからです。実際ラカンにとって、何であれ、フロイトが発展させた生物-心理学的意味でエディプス・コンプレクスと去勢コンプレクスが存在することはないからです。ラカンにとって去勢とは、無差別

＊1　訳注　J. Lacan, *Le Séminaire III*, Seuil, Paris, p. 359（ジャック・ラカン『精神病』下、岩波書店、二八三-四頁）。

な状態に性差と系譜的秩序とを象徴的法の介入によって導入するものであり、この法こそがエディプス・コンプレクスそのものなのです。ラカンは『対象関係』のなかでこう述べています。「去勢は設立されたものとして象徴的次元と本質的に結び付いています。象徴的次元は永遠の首尾一貫性を持っており、主体は決してそこから離れられません。去勢と象徴的次元との繋がりは私たちが今まで述べてきたことから明白ですし、また次のような単純な指摘からも明らかです。つまりフロイトにおいては、最初から去勢は、セクシュアリティーのあらゆる発展に必要不可欠な要素としてのエディプス・コンプレクスと結びついていた、ということです。黒板に「象徴的負債」と書いたのは、エディプス・コンプレクスという概念のなかにはすでに絶対に削除できない掟という概念が根源的に含まれているからです†4」。このように去勢とは、象徴界と文化の法の介入の結果生じた、対象の特異

---

†3　原注　ラカンが父の「機能」の重要性を主張しているセミネールからの引用文はこれだけではない。先回の講義のなかで、彼はきわめて意味深い主張を行っている。「掟、連鎖、象徴的秩序、つまり話の秩序の介入、すなわち父の介入が必要です。それは自然の父ではなく、父と呼ばれるもののことです。衝突や全体的破壊という状況を防ぐ秩序は、この〈父の名〉の存在に基礎をおいているのです」。〈父の名〉という概念は一九五三年に「神経症者の個人的神話」と名づけられた講義のなかでラカンによって導入され、同年の有名な「ローマ講演」のなかで再びお目見えした。この概念は精神病のセミネールの翌年に充溢した概念的地位を確保した。J. Lacan, *The Seminar, Book III, The Psychoses*,（1955-56）［1993］, p. 96（ジャック・ラカン『精神病』上、岩波書店、一九八七年、一五八頁）、J. Lacan, *The Neurotic's Individual Myth*（translated by M. Noel Evans）, *The Psychoanalytic Quarterly*, 1979, XLVIII, no. 3, pp. 405-425 とりわけ p. 423 を見よ。また J. Lacan, *The Function and Field of Speech and Language in Psychoanalysis*（1953）, *Écrits. A Selection*, p. 67 を見よ。

†4　原注　J. Lacan, *Le Sèminaire IV : La Relation d'Objet*, p. 61（私の翻訳による）。十三年後のセミネール『精神分析の裏面』のなかで、ラカンは去勢についてのこれらの定式に立ち返り、これらを語らいの理論と関連づけようとしている。同時に彼はまた、フロイトのエディプス・コンプレクスは厳密には使えないと認めている。J. Lacan, *L'envers de la psychanalyse*（1969-70）, texte etabli par J-A Miller, Paris, du Seuil, 1991, pp. 99-154 そしてとりわけ p. 113 を見よ。

な欠如として描かれています。ラカンはこの対象欠如を「象徴的負債」と呼んでいますが、これによって彼は、象徴界が主体には決して厄介払いすることのできない規則と規制とを設置するという考えを提唱します。換言しますと、文化の法に従属することで主体性が贈与されますが、これは同時に欠如を生み出します。といいますのも、今となっては、お返しに適切なものを与えることはできないからです。逆に、主体性の贈与自体が、文化的な禁止により、かげりのない実存の喪失に基礎づけられることになります。こうして負債を清算するということは、お返しをするというよりも、ものを取り返すということになるわけです。

このような事情で、フロイトの言うエディプス・コンプレクスと去勢コンプレクスは、ラカンの見方だとある家族力動から切り離され、自然と文化一般の力動へと転移されるのです。さらに、文化の法の働きが実際に去勢を生み出すのですが、去勢とはペニスの切除とはいささかも関係がないのです。こうして去勢は亀裂の産出物となりますが、これは統一の状態に対して象徴界が作用した結果なのです。象徴界はラカンが「享楽」と呼ぶものを切り捨てます。文化の法の働きに当てはめると、人間は文化の一部になろうとするのなら享楽を手渡さなければならない、と言えるでしょう。文化の王国に入るために、享楽を入り口に置いていかなければならないのです。文化は単に享楽しかしない要素を許容することができません。文化は構成員に対し、より高度で無私のゴールに到達するために結婚し、子どもを作り、他人とかかわるよう要請します。文化はセクシュアリティーに負担を負わせます。つまり性交が禁止され、特定の対象との何回かの行為に限られると布告します。こうしてセクシュアリティーはシニフィアン化されるようになります。セクシュアリティーとは、根本的に禁止と結びつけられ、享楽の喪失によって本質的に特徴づけられる経験となるのです。

シニフィアンを性別化する

父の機能が作動することにより、セクシュアリティーが主体にとってシニフィアン化されるだけではなく、シニフィアンもまた性別化されるのです。「あらゆる可能な精神病治療に対する予備的な問いについて」のなかでラカンが用いた〈父の名〉の隠喩の最終部分は、ファルスは〈父の名〉の結果大文字の他者のもとに場を与えられると読めます。また、実の父親が不在であってもシニフィアンの現前に何ら支障は無い、とラカンは強調しています。[†1] しかし、厳密に言って、大文字の他者のもとにファルスがこのように書き込まれるとは、どういうことなのでしょう。「ファルスの意味作用」のなかで、ラカンはファルスの最も明解な定義と思われるものを与えています。「フロイトの学説におけるファルスは、一つの幻想ではない。幻想ということから、想像的な効果を理解しなければならないのならば。また、ファルスはそれ自体としては（部分的とか、内的とか、良い、悪いだのと言われる）一つの対象でもない。というのも、「対象」というこの語は、ある関係のなかで関心を向けられる現実性を評価しようとするものだからである。さらには、ファルスは、それによって象徴されるペニスやクリトリスといった器官のことでもない。それに関して、ファルスがかつて古代人にとって模像であったということをフロイトが参照しているのは理由のあることなのである。というのも、ファルスとは一つのシニフィアンだからである。分析の内部主観的な経済におけるこのシニフィアンの機能は、秘儀のなかでファルスが担っていた機能から、ヴェールを外してくれるだろう」[†2]。つまり、ファルスは幻想でも対象でも器官でもなく、一つのシニフィ

†1　原注　J. Lacan, On a Question Preliminary to any Possible Treatment of Psychosis（1957-1958）, *Écrits. A Selection*, p. 200（ジャック・ラカン「精神病のあらゆる可能な治療に対する前提的な問題について」『エクリⅡ』弘文堂、一九七七年、三二二頁）.

アンなのです。しかしファルスは特別なシニフィアンであり、精神分析におけるファルスの機能は古代人の秘儀におけるファルスの機能について教えてくれることでしょう。[†3] しかし、ファルスの機能とは何でしょう。ラカンによれば、ファルスの機能とは大文字の他者の欲望のシニフィアンとして認められることです。こうしてファルスは大文字の他者のなかに接近不能な何かとして書き込まれているのです。秘儀において問題となっているものと同様、ファルスとはヴェールに隠れていてこの周囲でイニシエーションの儀礼が行われるという、そのようなシニフィアンなのです。シニフィアンの組織、すなわち儀礼化され、文化となったシニフィアンの諸関係は、それらを組織化する原理と見なされうる特別なシニフィアンを前提とします。このようなわけで、ファルスは差異の原理でもあるのです。厳密に言語学的なレベルでは、文の要素の間に空間があるときのみ、それらを組織化することができるのです。もしシステム内の全要素が同じであるとしたら、力動的な組織化はありえないことでしょう。諸要素が互いに異なっているからこそ力動的な組織化がありえるのであり、また異なっているためにはそれらが隙間によって分離されていさえすればよいのです。

†2　原注　J. Lacan, "The Meaning of the Phallus", in J. Mitchell & J. Rose (Eds), *Feminine Sexuality, Jacques Lacan and the Ecole freudienne*, New York NY-London, W. W. Norton & Co, 1982, pp. 79–80（ジャック・ラカン「ファルスの意味作用」『エクリⅢ』弘文堂、一九八一年、一五三頁）。

†3　原注　神秘的なファルス、とりわけ秘儀荘（Villa dei Misteri）のフレスコに対するラカンの言及については、C. Hoffmann, "Mysterion, les deux jouissances", *Apertura*, 1991, V, pp. 33-36, K. Silverman, "The Lacanian Phallus", *Differences. A Journal of Feminist Cultural Studies*, 1992, IV, no. 1, pp. 84-115, B. Benvenuto, *Concerning the Rites of Psychoanalysis, or the Villa of the Mysteries*, Cambridge, Polity, 1994, pp. 129-146, D. Nobus, El pudor ? Un afecto femenino?, Uno por *Uno. Revista Mundial de Psicoanalisis*, 1993, no. 37, pp. 5-10. フロイトによる「模像への言及」は、たとえば、ジグムント・フロイト「火の支配について」（1932）のなかに見出すことができる。

ラカンが、〈父の名〉は大文字の他者のもとファルスに場を与えるものであると言うとき、この命題は、文化の法が大文字の他者のうちに差異の原理を書き込むのだと、解釈することができるでしょう。性のレベルでは、これは文化が言語において男性と女性との差異を決定するということを意味します。この点に関して言うならば、ラカンはフロイトとは異なった仕方で男性と女性とを定義したと理解できるでしょう。フロイトにとっては男性と女性とはおもに生物学的なカテゴリーであるにとどまっていましたが、ラカンにとっては男性と女性とは厳密な意味でシニフィアンであり、その相互関係は、文化のプロセスを通じて言語に書き込まれた差異に依存します。フロイトにとって、男性と女性とはおもにペニスを持つか持たないかによって決定されます。一九五〇年代の終わり頃にラカンが理論化したことによれば、人間とファルスの関係は、性別の設定にとって決定的であると見なされています。ラカンにとって、男性と女性とは差異の原則との関係によって決定されています。「しかし、端的にファルスの機能のみに話を限っても、両性間の関係が将来それに従うであろう構造を明らかにすることができる。これらの関係は、であることbeingと、を持つことhavingの周囲をめぐるであろうと言ってよい。両者は、一つのシニフィアン、ファルスにかかわることによって、一方では主体にこのシニフィアンを通して現実性を与え、他方ではそれによって示されるべき諸関係を非現実化するという、矛盾する結果を生じさせる」[†1]。「矛盾する結果」がかかわりを持つ事実、それは〈ファルスである〉か〈ファルスを持つ〉かということによって主体性は意味のある現実性へと転換されるというのに、このことは現存する主体的現実をドレスアップすることによってしか可能にならないという事実です。〈ファルスを持つ〉ということは「見せかけ」によってのみ可能です。主体はある種のショーを演じることでファルスを所有している「かのように」振る舞います。こうして主体はファルス的現実性を手にすることができますが、しかしこの現実性を実在する現実性と取り替えるこ

†1　原注　J. Lacan, "The Meaning of the Phallus", op. cit. pp. 83–84（「ファルスの意味作用」前掲書、一五八頁）

とはできません。というのもそれは単なる模像だからです。同様に、〈ファルスであること〉は「仮面劇」によってのみ実現されますが、これはまた装飾されたヴェールのようなものとして機能します。現実の印象を与えますが、実際には単なる似姿に過ぎません。[†2]

「ファルスの意味作用」でのラカンの思考の流れを追っていきますと、彼は次のようなことを示唆しています。女性は男性との関係に入る際に〈である〉の力動に依存するが、男性は女性との関係において〈持つ〉の力動に依存している、と。「こういう定式がどれほどパラドキシカルに思われようとも、女性が女性の本質的な部分、とくに仮面劇のなかでのその属性すべてを投げ棄てようとするのは、ファルス、つまり大文字の他者の欲望のシニフィアンであろうとするためだ、と言いたい。女性が、愛されると同時に欲望されようとするのは、彼女がそうでないもののためである。しかし、自分自身の欲望については、彼女は自分の愛の要求を向ける相手の身体のなかにそのシニフィアンを見つける」[†3]。フェミニストたちに誤解されそうな文章ですが、それとは反対に、この文章は男性が女性よりも優れているという意味ではありません。男性は女性が持っていないものを〈持ち〉、女性はただ男性に見られることでのみファルス的対象〈である〉ということです。ラカンの陳述はたんに男性と女性とのあいだには共通の尺度が存在しないということを言っているだけです。男性は持つことと持たないことという経験に依存しており、この点で差異によって影響を受けます。しかし女性は〈である〉という経験に依存しており、この点で違っているのです。それゆえ、男性は女性を根本的に接近不能なものとして経験するよう運命づけられているのに、一方で彼は差異を縮減しようと必死になります。そこで彼が必死で差し出そう

†2　原注　ファルスであったり、ファルスを持ったりすることの力動論については、P. Adams, Waving the Phallus, *Differences. A Journal of Feminist Cultural Studies*, 1992, IV, no. 1, pp. 76-83, C. Soler, Qu'est ce que l'inconscient sait des femmes ?, *Psychoanalytische Perspektiven*, 1994, no. 23, pp. 25-35.

†3　原注　J. Lacan, "The Meaning of the Phallus", op. cit. p. 84（「ファルスの意味作用」前掲書、一五八頁）

とするものは、彼が自分の一部であると考え、さらに彼女の興味を引くと考えているようなものです。それゆえ、女性は男性を根本的に不足するものとして経験するよう運命づけられており、男性は女性が望むようなものであることができないのであります。彼女はできる限り接近不能なものになろうとします。実際、彼女が必死で差し出そうとするものは、彼女が自分自身だと考え、さらに彼の興味を引くと考えているようなものなのです。もちろん、その結果として生じることと言えば、両性の関係はきわめて奇妙なもので、ときにはきわめて滑稽なものとなるということです。そしておそらくこのような事情で、ラカンは「ファルスの意味作用」のなかでこう書いているのです。「両性のそれぞれの行動の、理想的な、あるいは典型的な表現は、性的結合そのものをも含めて、まっしぐらに喜劇へと推し進められることとなる[†1]」。

対象を導入する

これまでの私たちの議論を要約すると、ラカンはフロイトが概念化した「拡張された性」の領域にシニフィアンを導入し、こうして欲動やエディプス・コンプレクスや去勢コンプレクスを言語的、象徴的、文化的観点から再解釈しました。この再解釈の帰結は少なくとも三つ挙げられます。

（一）享楽にのしかかる禁止を考慮に入れるなら、人間のセクシュアリティーの問題含みな側面は構造的であり、縮減できない与件である。

（二）男性と女性とは差異の原則としてのファルスと結びつけられ、それゆえにそのものとしては「役に立つ」のではないものとの関係に巻き込まれる。

（三）性関係とは本質的に、当事者たちの主観的な関心と野心の根深い誤解に基づいている。

最後の帰結は私たちに晩年のラカンの、画期的ではあるがとても不愉快な定式をもたらしてくれます。つまり、性関係は存在しないということです。[†2] この定式をどのように理解すべきなのでしょうか。まず、私たちの見解から言ってこう理解してはいけないというものを説明するとしましょう。第一に、この定式は性行動なるものは存在しないという主張であると理解してはいけないでしょう。そのような解釈だとラカンは完璧な愚か者ということになってしまうでしょう。というのも周りを見渡せば世界は性行動に満ちているのが見えてくるからです。さらに精神分析の観点から言えば、性的でない行動などほとんど存在しないでしょう。というのもフロイトは、性的器官があからさまに作用しないような、一見性的でない行動でも、本質的には性的であるという事実へと注意を引いているからです。これはまさにフロイトの「拡張された性」の定義そのものです。二つの交接する身体は性的に振る舞いますが、しかしたとえば分析主体を分析家へと結びつける転移の背後にも同様の性的要素が控えているというわけです。第二に、ラカンの定式は関係というものは存在しないという主張であると理解してはおそらくいけないでしょう。実際、『アンコール』のセミネールの第七章、「ラヴ・レター」[*1]と題された章では、ラカンは「話す存在」が少なくとも三つの関係に巻き込まれると指摘しています。最初の関係はファルスとの関係ですが、ファルスとは特権的なシニフィアンです。というのもそれは差異のシニフィアンだからです。第二の関係とは普通のシニフィアンとの関係、ランガージュの構造としての大文字の他者に属するシニフィアンとの関係です。ここでラカンは、ランガージュの構造は常にどこかが欠けていると強調しています。つまり、話す

---

†1　原注　ibid.（前掲書）

†2　原注　たとえば、J. Lacan, *Encore*（*1972-1973*）, texte établi par J-A Miller, Paris, du Seuil, 1975, passim ; J. Lacan, *Television*, op. cit. p. 8（『テレヴィジオン』二七頁）、J. Lacan, L'Etourdit, *Scilicet*, 4, 1973, no. 4, pp. 11, 20, 30 and pp. 47 を見よ。

＊1　訳注　英訳は造語ではないが、原文のフランス語は、"lettre d'âmour" という造語である。それにならって日本語も造語にするなら「恋の魂梓《たまずさ》」となる。

存在は大文字の他者のシニフィアンに関係することができるのですが、しかし全体としての大文字の他者と関係するのではないのです。というのもまさに全体としての大文字の他者は存在しないからです。言い換えれば、大文字の他者のうちには穴があり、真理全体を言うことはできず、また真理以外の何ものも言うことはできず、大文字の他者についても自分自身についても言うことができないのです。その結果、私たちはシニフィアンに、たとえば「母」というシニフィアンに関係し同一化することさえできるのですが、全体としての言語に関係することはできないのです。第三の関係とはラカンが「対象 a」と呼ぶ対象との関係です。対象 a はラカンの精神分析にとって中心的な概念でありますが、ラカンの他の概念と同様、きわめて説明しにくいものです。多くの場合、ラカンは対象 a を代用的な対象であると同時に欲望の原因であり、享楽と親密にかかわっている何かであると指摘しています。これを理解するために、対象 a はシニフィアンの操作によって創られた亀裂を満たしにやってくると述べましょう。すでに述べましたとおり、シニフィアンは享楽の喪失を引き起こすものです。つまりシニフィアンは享楽という想定された原初的状態に切断を設けるということです。フロイトの術語で述べますと、父は子どもが性対象としての母に接近することを遮断し、こうして子どもから享楽の一部を剥奪します。対象 a は享楽の失われた部分を代用する対象です。こうして、この対象は享楽の根源的な経験を一時的に復元します。しかし問題は、代用する対象は原初的な対象を再設置することは決してできないということです。対象 a は一つの"Ersatz"（代用物）です。この対象は「再発見」されるけれども根源的な対象に適切に取って代わることのできない対象です。おそらくこのような事情から、ラカンは後の著作のなかで対象 a を「剰余享楽」（plus-de-jouir）として概念化します。つまり（前より）「より多くの享楽」の供給物――というのもこの対象は欠如を置き換えるからです――であると同時に「もはやない享楽」の実現――というのもこの対象は単なる代用物だからです――でもあります。おそらくこのような事情でラカンは対象 a を欲望の原因であると考え続けたのでしょう。対象 a は決して適切な対象であることはないでしょう。それは完璧な満足を提供することはないのです。

対象aの機能は犠牲者に「金か命か」と尋ねる追いはぎの逸話によって描写されます。『精神分析の四基本概念』のセミネールのなかで、ラカンはこれを疎外的な選択であると考えています。というのもこの問いは本当の意味での二者択一を提示していないからです。[†1] もし犠牲者が金を選べば、追いはぎはこの犠牲者の命を奪います。追いはぎが命を奪った後に金に手をつけなかったとしても、犠牲者はもうその金を享受することはできないでしょう。ですから、犠牲者はある意味で命を選んで金を置いていくよう強制されるわけです。これは生き残るために享楽を後ろに置いていく必要性を示すもう一つの例です。もちろんこの犠牲者は、金を置いていった後に新たに金を貯めて欠損を補填することはできますが、この新しい資本はかつての失われた資本に取って代わることは決してできません。犠牲者はこの新しい資本を再び享受することはできますが、欲望の原因であり続けます。というのもこの資本はかつて置いていったものと同じではなく、道中の追いはぎのせいで十分ではないからです。この新しい資本、この代用する金銭を、ラカンが「対象a」として考えたものの比喩表現としておいていいでしょう。

さて、性関係はないというラカンの定式に戻るとしましょう。性行動は存在し、話す主体とシニフィアンと対象とのあいだに関係が存在するのですから、この定式は何を言わんとしているのでしょうか。ラカン自身は『アンコール』のセミネールのなかで示唆を与えています。たとえば「エクリチュールの機能」第三節のなかで、両性のあいだの釣り合いを書き終えることができないのだから性関係はない、とラカンは述べております。「どうしてもということだったら、かしこまって$x\,R\,y$と書いて、xは男でyは女で、Rは性的関係だということもで

†1　原注　J. Lacan, *The Four Fundamental Consepts of Psychoanalysis*, pp. 203–215（『精神分析の四基本概念』二七一–二八九頁）および J. Lacan, Position of the Unconscious（1964）(translated by B. Fink), in R. Feldstein, B. Fink & M. Jaanus（Eds）, *Readig Seminar XI. Lacan's Four Fundamental Concepts of Psychoanalysis*, New York NY, State University of New York Press, 1995, pp. 259–282 とりわけ pp. 268–270 を見よ。

きないわけではありません。まあやってみてください。ただこれでは、一つの馬鹿馬鹿しさに過ぎません。というのはここで「男」と「女」というシニフィアンの働きの下に支えられているものは、言い寄りにおいて普段使われているシニフィアンに過ぎないものだからです」[†1]。周知のように、厳密に言語学的なレベルで、シニフィアンのあいだの特権的な関係を書く手段は存在しません。シニフィアンは循環するものであって、限界のない組み合わせの集合のなかで使われ得るということは言語の本質です。シニフィアンの新しい組み合わせが詩と見なされることさえあるでしょう。言い換えれば、シニフィアンのあいだには特権化された、標準的あるいは理想的な関係といったものは存在しないのです。シニフィアンの間には差異しか存在せず、これは無限の組み合わせに参与する可能性をもたらすものです。ラカンは両性のシニフィアンについても同様の結論を下しています。男女間には標準的な関係は存在せず、ただ差異しか存在しません。この差異は男女の間、しかしまた男性間、女性間の無限の組み合わせの可能性をもたらすものです。換言すれば、男性と女性とのあいだではいかなることも可能なのです。というのも標準的なものは何もないのですから。

ラカンは不可能性というこの根本的な陳述にとどまっているわけではありません。彼はまた男女間に生じていることの本性と組織について推敲しようと試みてもいました。この点について、彼は次のように主張します。「このようにこのSは、このシニフィアン[*1]によって二重化されていますが、結局のところ、Sはこのシニフィアンに依存しておらず、パートナーとして仕切りのもう一方の側に書き込まれた対象 *a* としか関係を持ちません。Sが大文字の他者という彼の性的パートナーに到達することができるのは、ただ対象 *a* が主体の欲望の原因になるという間接的な仕方でだけのことです」[†2]。ここで彼が主張しているのは、性関係の不可能性は対象の

---

†1　原注　J. Lacan, *Encore*, p. 36.（訳注　この箇所は英文から邦訳した）。

＊1　訳注　Φのこと。

導入によって隠蔽することができるということです。だからといって不可能性がなくなるというわけではなく、関係の錯覚を実際に作り出す媒介要素が導入されることでそのような不可能性が感じられなくなるということなのです。ファルス的な原理に強固に固執する人間にとって、この対象はかの有名な対象 ***a*** に他なりません。

この点を詳述するために、プラトンの『饗宴』のアルキビアデスとソクラテスとのあいだで演じられていることに言及することができるでしょう。アルキビアデスに関して言いますと、彼がファルス的な人物であることを知るのに、ファルスを持つこと、そしてファルスとして現われることに関するラカン的命題に熟知している必要はないでしょう。たとえばプルタルコスはアルキビアデスを冷酷で容赦ない戦士として描写しており、それによれば彼は紀元前四二六年のメロスでの虐殺に際して積極的な役割を果たしており、夫の暗殺ののちに幽閉されていたメロス人女性に子どもを孕ませたという大きなスキャンダルをアテネで引き起こしております。[†3]『ソクラテスの思い出』のなかでクセノフォンはこう報告しています。「アルキビアデスはその美貌のゆえに大勢の身分の良い婦人たちに追い回され、邦盟都市における勢力のために多くの有力者たちから甘やかされ、民衆に敬われて

---

†2　原注　J. Lacan, *A Love Letter*, p. 151. この陳述は「性別化の定式」の表に対するラカンの註釈の一部である。これらの定式に対する最近の議論としては、G. Morel, Conditions Féminines de Jouissance, *La Cause freudienne. Revue de Psychanalyse*, 1993, No. 24, pp. 96-106, J. Copjec, Sex and Euthan asia of Reason, *in Read my Desire. Lacan against the Historicists*, Cambridge MA-London, MIT, 1994, pp. 201–236（ジョアン・コプチェク「性と理性の安楽死」『私の欲望を読みなさい』青土社、一九九八年、二四一-二九二頁）、E. Ragland, *Essays on the Pleasures of Death. From Freud to Lacan*, New York NY-London, Routledge, 1995, pp. 197-200 を見よ。

†3　原注　Plutarch, *Life of Alcibiades*, Oxford, Loeb Classical Library, 1941, 17. 4-5.（プルタルコス『英雄伝』〔上〕ちくま学芸文庫）

容易に第一人者になった」[†1]。またクセノフォンによれば、ソクラテスの弾劾者はアルキビアデスを「すべての民主主義者のなかで最も放蕩者で無礼な者である」[†2]と考えていました。しかしソクラテスという人物のなかにおいてアルキビアデスを魅惑するものは何かをご覧下さい！　それは彼のイマージュの反映ではなく、他の何か、つまりソクラテスはその身体の深みに小さな輝く宝石を隠しているということです。アルキビアデスは、定義できない、捉えどころのない、本性を示すこともなくそれが造られた素材もわからないこの対象を、ソクラテスの醜悪な見た目の裏に位置づけます。アルキビアデスはこの対象を定義できませんが、それは光り輝き、このためにソクラテスはきわめて魅惑的な人物になっていることを彼は理解します。もちろん、これらすべてはアルキビアデスの幻想であるとも言えます。実にその通りなのです。ソクラテスが対象の場を下賜されるのはアルキビアデスの幻想のなかにおいてであり、別の言い方をするなら、ここで問題なのは話す存在としてのソクラテスではなく、彼が所有していると想定される対象の方なのです。

ファルス的な原理に強固に固執しているわけではない人間、ラカンにとってこれは女性の特徴なのですが、そのような人間にとって、両性間の関係を媒介する要素は対象ではなく、シニフィアンです[†3]。それは利用可能なシニフィアンであればどれでも良く、ファルスについても然りです。ファルスを利用する場合、女性的な話す存在

---

†1　原注　Xenophon, Memoirs of Socrates 1. 2. 19-27（translated by H.Tredennick & R. Waterfield), in *Conversations of Socrates*, Harmondsworth Middlesex, Penguin Classics, 1990（クセノフォン『ソークラテースの思い出』岩波文庫、一九五三年、三一頁）

†2　原注　ibid., 1. 2. 8-19（前掲書、二九頁）

†3　原注　これは、女性はファルスであることによって男性との関係に入るという先の陳述とは矛盾しない。というのも、ファルスの領域において女性は「すべてではない」という断言は、女性が男性に対して振る舞い出現する仕方とは関係がないからである。この断言はむしろ享楽に対する女性の位置と関係がある。

は他の話す存在とともにある種の性行動に参加し、力と強度のシニフィアンを導入し両者の差異を讃美することで、両者の亀裂を橋渡しします。この点を説明するために、今一度プラトンの『饗宴』を参照しましょう。実際、ソクラテスがアルキビアデスにとって魅惑的であるのみならず、ソクラテス自身もまたアガトンに惹かれています。ソクラテスに関して言えば、彼はファルス的な理想を体現しているとは考えられません。ソクラテスをそれ以外の何かを体現するものと見なすことすら難しいでしょう。『転移』のセミネールのなかでラカンが言うところによれば、ソクラテスは「よくわからないもの atopos、つまり位置づけることのできない、分類不能なケースです」[†4]。しかし、ソクラテスは分類不可能なものであり人びとのカテゴリーに従うことがないから、他の話す存在との性行動に巻き込まれることはない、というわけではありません。ソクラテスが選ぶのはアガトンなのです。しかしここで私たちとしてはあえて何故かを問うておきましょう。何故、いかなるカテゴリーをも越えて位置づけられる話す存在は、アガトンのような詩人にして劇作家に惹かれるのでしょうか。アガトンは、アルキビアデスにとってのソクラテスと同様、ソクラテスにとって輝くものを持っているからでしょうか。ソクラテスはそのように語ってはいません、そしてそのうえアガトンはやや貧弱な芸術家です。この点で、アガトンは悲劇詩人であるとラカンは申しております。というのも彼はきわめて質の低い詩句しか生み出せないからです[†5]。一般的に見て、アガトンは才気煥発ではありません。ではソクラテスにとってアガトンは何故にそれほど魅力的なのでしょうか。おそらく唯一の答えが残されています。それは差異です。ソクラテスにとって、アガトンは差異で飾られています。というのも彼は社会のなかで特別な場所を持つ劇作家、他の劇作家に見られるような哲学者

---

†4　原注　J. Lacan, *Le Séminaire, Livre VIII, Le transfert* (*1960–1961*), texte établi par J-A Miller, Paris du Seuil, 1991, p. 126（私の翻訳による）。
†5　原注　bid. pp. 129-130.

への敵対心を持たず、低レベルの詩を生み出すことでなんとか認められている劇作家だからです。この差異によってこそソクラテスはアガトンに惹かれるのです。

これらは一つの同じ古典的テクストから取り出された二つの対人状況であり、いずれも話す存在がお互いに亀裂を橋渡しするものを導入することでしか関係し合えないということを描写しています。私たちは便宜上、生物学的には男である者のみの関係を利用してこのメカニズムを説明しようとしました。実際、女性の視点から見れば、ファルスは両性を媒介する審級として機能するとラカンが言ったとしても、それは生物学的な女性とは関係ありません。プラトンの『饗宴』に見られる通り、これらのメカニズムは生物学的な男性のあいだの働きにも姿を現わすのです。

臨床実践に見られるセクシュアリティー

これらのメカニズムについて、つまりそれらが享楽にどのように関わるかについてもっと言うべきことがたくさんあるのですけれども、ラカンの観点に基礎を置いた臨床実践において、セクシュアリティーを扱う際のいくつかの示唆を結論として提示することにしましょう。

セクシュアリティーのこれらの原則から推測される、治療のための最初の指針は、分析において対象関係のヒエラルキー的なシステムを拒絶することとかかわります。ラカンは『対象関係』のセミネールのなかで、二種類の人物、すなわち前性器的な人間と性器的な人間とを荒っぽく区別するモーリス・ブーヴェの対象関係論を批判しています。ブーヴェによれば、性器期が作用する人間は非性器的な人間よりも多くの点で優れていて、それは性器的人間の対象関係がより安定しており、心的な問題に直面することが少ないからであるというのです。逆に、心的な問題を抱える人間は、主に未成熟で非性器的な対象関係を患っていると見なされています。結果として、分析の過程は基本的に、患者の現存する対象関係をより成熟した性器的関係へと転換するよう差し向けられます。

これはおそらく、いささか単純すぎる推論の流れでしょうが、行動療法士や精神分析家の実践においてきわめて流通している考えです。多くの国では、性犯罪者は嫌忌療法によって治療されていることが多いのですが、そこでは問題の性実践——たとえば服装倒錯——がまず取り去られて、続いて性器の刺激と異性愛的な「覚醒」によって補填されます。多くの精神分析家もまた、性器性を個人の愛情生活の究極の達成であり、問題含みのセクシュアリティーへの確固たる答えであると考えています。ラカンの視点から言えば、性器性が優れているなどということはありません。というのも性器的な性は非性器的な性よりも問題がないとは言えないからです。逆に、おそらく性器的な性はそれ自体非性器的な性よりも問題がありましょう。性器的な性は実際に性関係があるという強固な錯覚を含んでいるからです。それゆえラカン派の精神分析においては、「性器的な対象関係」から離れている人に、そこへ至る道を与えてやるのが目的なのではないのです。なぜなら、心の健康や調和的人間関係に関する限り、性器性が何か利益をもたらすというわけではないからです。

ラカンにとっては性器的レベルについては何も書くべきことはなく、それゆえに何かを前提としたり、導入や変更をしたりする必要もないのです。書かれ得るとすれば、それは話す存在とシニフィアンとの関係、その組織化の原則としてのファルスとの関係、そして対象 a との関係です。最初の関係は主体に関係し、第二の関係は性別化に、第三の関係は幻想と享楽に関係します。これらはラカンの精神分析経験の根本的なトピックです。最初のレベル、つまり主体のレベルでは、ラカン派の分析家は自我分析家が目論むこととはちょうど正反対のことを目指します。ラカン派の分析は強固な自我の構築へと向けられるのではなく、むしろ想像的なものを、患者の自我が立ち上げられる疎外的な同一化を分解することを目指すのです。ラカン派の分析は患者が外の世界によりよく適応できるように目論むわけではありません。むしろ患者がこれまでのあいだ発展させてきた、錆ついたライフスタイルからの非適応を目指すのです。つまり、同一化が分解されライフスタイルに適応できなくなるとともに、患者は自分の欲望に合った新しいことを開始する可能性が与えられるようになります。第二のレベル、つまりファルスのレベルでは、ラカン派の分析はジェンダーについての根本的な問いに対して特に重点が置かれます。その問いとはつまり「男性的であること、女性的であること、その両方、それともどちらでもないこと、それらは私にとってどういうことか」ということです。分析家が目標とするのは男性をより男性的にし、女性をより女性的にすることなどではありません。分析家の目標とは、たとえばいかにして――どのような同一化を基礎として――女性性を確立したのか、彼女にとって女性性とは何なのかを患者に発見させることなのです。第三のレベルでは、そしてこのレベルが最も重要でありかつ最も困難なのですが、患者は自分の幻想と享楽とを扱うことになっています。これがおそらく最も困難なレベルであるのには二つの理由があります。第一に、幻想と享楽は極端に言葉にしにくいものです。実際、厳密には言葉にすることは不可能でしょう。というのも幻想と享楽は厳密な象徴的内容を持たないからです。その性質は、幻想に関する限りでは想像的であり、享楽に関係するという点では現実的です。第二に、幻想と享楽を言葉の力に晒すことにより、何かを置き去りにすることを余儀なくされ、そのため別の喪失が生じるのです。

　これらすべてを考え合わせると、ラカンが大切にしてきたいろいろな定式のひそみにならい、そこにもうひとつの定式を付け加えることによって、ラカン派の分析の過程を特徴づけてみたくなります。分析とは何も得るものがなく、失ってばかりというものです。多くの金銭を、ときには多くの時間を失うものですが、また同時にこれまで所有したことがなく、これからも所有することのないものに関する錯覚を失うことになります。つまり、自分自身、大文字の他者、そしてそのあいだにあるすべてのものに関する錯覚を。

3 セクシュアリティーについての討論

オードリー・カントリー　今お二人のお話を聞きながら、先ほどからのクライン派とラカン派の対話を聞いていて抱いたのと同じ印象を抱きました。ジェーン・テンパリーが私に思い出させるのは、一面土に覆われた庭からやってきたばかりの女性です。この女性は、花々の学名にも通じており、ときに応じてそれらを参照もしますが、その知識と経験はやはり自分が扱いつづけてきた植物に根ざしております。ダニー・ノブスの話を聞いて思い出すのは、図書館であくせく本を読む男性です。実際、この本はたった一つの本、ラカンというとても難しい本です。あらゆるラカン派の論文のように、ダニーの発表はラカンの頭のなかにあったこと、ラカンが考えていたことを解明することには役立ちます。もちろん、純粋な知覚のようなものなどなく、ダニーが知覚したこととその方法も、彼の学んだものの理論的枠組みと文脈に依存していることは、承知しております。実際、お二人の違いを理解することはとても重要ですが、しかし私には、お二人は本当に違ったことを話しているように思えるのです。一見かみ合っているように見えますが、実際は、お二人はある意味、かみ合っていません。

そこで私の質問はダニー・ノブスに対するものです。私はあなたの発表をすばらしく明白で秀逸だと思いましたが、そのなかであなたはセクシュアリティーについてのラカンの論文の諸概念を説明していました。それらはどのような臨床的な意義を持つのでしょうか。また、面接室で効き目のある解釈を為すにあたって、そのことはどういう点でラカン派とクライン派との違いを示すことになるのでしょうか。

ノブス　最初の質問は、ラカンがどこから彼の知識と素材を得たかということだったと思います。二つ目は、ラカンの言っていることとラカンが臨床実践のために練り上げていることの意義は何かということですね。まず、ラカンの理論は臨床実践に深く根ざしています。人びとはこのことを忘れる傾向があります。なぜかといえば、彼の書いたものはとても緻密かつ難解ですし、それらには時どき哲学的な覆いがかけられています。そのため、人は臨床実践に従事している精神分析家を相手にしているという印象を持たないのです。しかし、ラカンが毎週セミネールを行いながら、別の臨床の研究会をやっていたことを忘れてはいけません。その研究会のテクストと討論はまだ出版されていません。いずれにせよ、臨床の素材とその理論化の間には途切れない情報のやりとりがあったのです。出版されたものはほんのわずかな断片しかありませんから、これを示すことは難しいのですが、シュナイダーマンが一九九三年に出版したものに、ラカンが精神病男性の症例について行った、とても興味深い発表が載せられています。そこで、ラカンが自らの理論的洞察を、その男性に関して自分が行ったことに基づいて導き出してくる様を見て取ることができます。ラカンはそうして得た洞察を、今度は逆に臨床に応用し、発展させているのです。

臨床実践のための意義はどんなものでしょうか。まず次の事実から出発しましょう。ラカンにとって男性と女性の間に理想的関係などはないのです。これは、性器性が性の別の形式に劣らず問題含みであることを意味しています。彼は対象関係についてのセミネールを行ったとき、モーリス・ブーヴェの対象関係論についての討論から始めています。モーリス・ブーヴェという人は、前性器的人間と性器的人間との間に区別を設けた人です。彼が言うには前性器的人間は性器的に成熟した対象関係に到達していない人間です。ラカンにとって、こうした考えは支持できないことです。実践において私たち分析家は誰かの性的な問題をこの種の用語で説明しようとすべきではないとラカンは言っています。私たちはある人間を性器的対象関係に到達させようとすべきではありません。なぜなら、性器的対象関係が、他のものよりも調和あるものだとか、問題の少ないものだとか言うことは私たちにはできないからです。実際ラカンは、ある点について、まさにそれが逆のものであることを主張します。おそらく、一度性器的な性関係を交わしてしまった場合より、問題は少ないことでしょう（笑い）。もちろん、あなたが誰かと付き合っているようなとき、性器的な性関係を持たないでいる限りは、万事OKです。それはとても挑発的な声明ですから、いろいろ議論することもできるでしょう。しかし、ラカンが言わんとしていたのは、誰かを性器的に機能する人間にすれば、その人が性関係に関して問題に出会うことはずっと少なくなるだろうなどとは、とても言えないということなのです。つまり、性器性というこのセクシュアリティーの一形式は、目標ではないのです。ラカン的な精神分析治療の終局をなすようなものではないのです。ラカンは言います。セクシュアリティーは徹底して問題含みであると。それゆえ現存するセクシュアリティーの形式が倒錯的と呼ばれるものであっても、私たちはそれを変形して、より問題の少ないもの、つまり調和に満ちた性器的形式、しかも異性愛の形式にしてしまおうなどと考えてはならないのです。このようなことは不可能ですから。

次に重要な点ですが、ラカン派の視点からセクシュアリティーが臨床実践でどのように扱われるかを問題とすることは、こうした問題含みのセクシュアリティーの形式がいつ持たれるのかという問題と関係あります。精神分析家は、それを性器性に変形するのでないなら、どのようにそれを扱うとされるのでしょうか。分析家もやはり患者と同じく、その問題に直面しているのです。私たちは治療の終局についての見解に、男性性と女性性、ジェンダー・アイデンティティー、対象との関係をどのように関係づけることができるでしょうか。その点について、ラカンは自我心理学について自ら展開した批判を援用します。つまり、問題は自我を強化することでも、また患者を現実に適応させることでもなく、自我を分解することこそが重要なのだと言うのです。したがってラカンにとっては自我に関する限り、事情はまったく反対なのです。ラカンは言います。自我分析家が言おうとしていることは、人が心の問題を持つならば、それはその人がよく適応していないからだということである。こうした考えに異を唱え、ラカンはこのように続けます。その人は自分自身の同一化に適応しているのだと。つまり、その人は自らについて自我として持っているイメージに適応しすぎているのです。私たちの分析的過程の焦点は、同一化の分解に合わされるべきなのです。それはジェンダー・アイデンティティーの諸問題についても、ある程度同じことが言えます。ジェンダー・アイデンティティーも、同一化、差異の原則との関係に基礎づけられていますから。したがって、分析の過程はこの同一化、この関係を補強することではありません。あるいはそれを別の関係に変形することでもありません。単にそれを問いに付すのです。現存する関係をただ分解すること、たとえば何か他の視点において男性性や女性性を分解することなのです。おそらくこちらのほうが患者の真の欲望に適ったものでもありましょう。

テンパリー　ダニーの話を聞いて思うのですが、私たちの間の違いは身体との関係という問題に関わるものです。このことはまったくもって重要な問題です。私はあなたが欲動はシニフィアンの機能だと言ったように思います。それについて私は根本的に反対です。欲動は人間の本質的な部分です。性差もそうです。多形倒錯的性質と部分的な諸セクシュアリティーを私たちが持つということについては賛成しますが、滞りなく事態が進行する場合には、それらは一つにまとまるものです。つまり正常発達というものがあるのです。フロイトが言ったように、正常な発達があり、これらの部分的な諸セクシュアリティーは性器の覇権のもと、生殖の過程のなかでまとめられるのです。過程全体がどんなに失敗しがちであるにせよ、正常な過程というものは関わっているのです。そのことは、それが達成し損なわれる際の多種多様な現われを鑑みても言えることです。フロイトも言っていることで、これは私たちの間の違いに関する要点の一つでもあることなのですが、差異に関する生まれついての認識があるのです。このことは恐ろしく苦痛に満ちたものなので、あらゆる種類の全能的な幻想によって防衛されています。しかしそれでも差異はあり、そのことを私たちは生まれつき認識する能力があるのです。私たちはその認識に対して防衛するのです。

分析家たちは、しばしば非常に危険に満ちた大人の性器的関係に人びとをまとめて入れようとしています。しかし私たちが話しているのは、抑うつ態勢、そしてそれとエディプス・コンプレクスとの繋がりです。これはさまざまな種類の投射を引き上げ、さまざまな種類の対象との投射同一化から出て行くことを意味します。それは非常に苦痛に満ちた仕事です。現実を歪めるために自分がやってしまったこと、さまざまな種類の全能の幻想を再び主張しようとする試みを認識することなのですから。抑うつ態勢は、たどり着いて、めでたしめでたし、といったものではないのです。多くの人びとが、抑うつ態勢に到達する実際の過程が苦痛に満ちたものであることを知り、そのためにむしろ、ある限界、つまりより全能な気分のもとに留まるでしょう。成熟した異性愛関係の素敵な性器楽園にたどり着くことなど誰も話していないのです。自らの投射による騙しの効果が無くても、全能的幻想へ偏らないで、他の人びとの差異と関わることが可能であるということについて私たちは話しているのです。

デヴィッド・メイヤーズ　言語についての質問です。これが合流点であると私は思うのです。ジェーンが話しているのは、男性、女性、少年、少女、ペニス、膣についてです。これらは私たちが素朴に理解している用語です。分析においては、このような用語に与える意味を私たちは多くの仕方で発展させ、洗練させ、拡張しています。そのような手続きの途上で、誤解が取り除かれることもあります。さて、それらの用語は自然な用語ということができます。さて、ダニーは、他者（the other）、差異（difference）といった語句を使用しました。また別のカテゴリーで彼は、ファルス、対象、シニフィアンという語句を使用しています。ここには論理文法に関する重要な問題があると思います。

まず、other と difference はもとは形容詞的なものです。しかし、それらは対象を修飾するのではなく概念を修飾するものであり、それ自体が概念となった形容詞です。私たちはこれを、他のジェーンとか、他のダニーというように対象に対して使うのではなく、他の男性、他の女性、他のペニス、他の場所、他の時間というように、概念を修飾するために使います。しかし、other や difference が何かを性格づけるのではなしに使われるなら、それらはまるで第二階文法ではなく、第一階文法を持っているかのように聞こえます[*1]。シニフィアンやファルスといった語句についても考えてみましょう。たとえば、「ねずみが穴に駆け込む」と「ねずみはげっ歯類の動物である」、この両者ともねずみという語句を含んでいますが、それらの論理文法は互いにまったく異なっています。シニフィアンやファルスについてもその違いが分かるようにせねばなりませんが[*2]、ダニーのような話し方では、その違いは不明瞭になると思います。

ダニーの話し方には独特な応用的用法があるのではないでしょうか。ここで露呈されているように思われる論理文法の混乱は、セクシュアリティーに関する混乱とセクシュアリティーについての理解をある種反映するものです。論理的差異がこのような言語の絨毯の下で一掃されるのは、ある意味、私たちが自分たちの性的な差異について知りたくないからです。

ノブス　難しい問題ですね。というのも、この問題は理論の認識論的な基盤に関係するからです。あらゆる理論は言語に基礎をおきます。フロイトが「欲動と欲動運命」という論文の冒頭で提示したすばらしい見解を考え

＊1　訳注　第一階文法は論理関数の項としては個別子しかとらないが、第二階文法は論理関数の項に命題や、関数をとる。ここの例では、対象を修飾することは、第一階文法に相当し、概念を修飾することが第二階文法に相当する。

＊2　訳注　この文の前半部分は、訳者が文意を汲んで補った。

てみて下さい。このメタサイコロジー論文において与えられた注意によれば、学説を作り出すことの難しさとは、常に言語に頼らなければならないということです。しかし、言語以外に頼れるものもありません。従って私たちは言語や私たちが暮らす文化に頼ることによって、そして言語の要素を概念に作り変えることによって、理論を発明しています。しかし、それら概念と私たちが話しているものとの間には常にずれがあるでしょう。ラカン理論では、このずれはいっそう大きなものです。というのも、ラカンが言うには、言語から現実、つまり現実界へと直接続く道はないのです。私たちは諸概念がそこで使用され、組織化される理論を発明していますが、これを現実界と考えるべきではありません。これは言語であり、理論であり、諸概念です。しかし、これらの概念が十分適したものであると考えることは、認識論的な誤りでしょう。概念が実際の物事と一致する場合に客観的な科学と言えるという考えは、長らく、主観と客観の間を判断するための哲学的クライテリアでした。しかし、これはまったく不可能であるとラカンは言いました。概念や用語を使うときはいつも、文化の一部である特定の秩序にしたがっているのです。

もう一つの点に移りましょう。ラカンが示しているのは、シニフィアン、ファルス、欲望という彼の概念について話すときにどのようにすればよいかということです。これらの諸概念は、それらが現れ、使用されている文脈によって、違った意味が与えられます。このため、ラカンを理解することはとても大変になるのです。ラカンは自分の概念をいつも同じ仕方で使っていたわけではないのですから。たとえば、彼は他者について話しますが、それが何を意味するか理解するには、その前に文脈に依拠して、文脈を判断しなければなりません。しかし、これは実践においてとても役立ちうることだともラカンは言っていました。主体が概念や言葉を使う場合、主体が言わんとしたことを分析家が即座に理解するということが、あまりにしばしばあるのではないでしょうか。語が意味することを初めから即座に理解しようとし、そしてそれを理解した気になる前に、この語をその文脈のなかに位置づけるほうが良くはないでしょうか。

テンパリー　あなたのお話を聞いて、私にとっていっそう明らかになったことがあります。クラインの理論は、フロイトの理論のように、身体を基礎としています。しかし、おそらく面接室にもいっそう多くの基礎を置いていています。私はあなたが文化を過剰に強調していると感じます。一方で、人間の条件において絶対的だと私が思うものには、十分目を向けてはいませんでした。その条件というのは、私たちが生まれるということ、私たちが性について異なっているということ、そして私たちが死ぬということです。それは文化が物事を組織化する仕方についての機能であるだけではありません。あなたの理論が述べておらず、私たちの理論が大きな強調を置いていることの一つに、生殖能力があります。つまり、性交は、あれやこれやの誤解を伴うような、単に珍奇な合一ではないのです。フロイトとクラインの両者が大人の異性愛的な結合に与えたものはおそらく覇権であり、それは新たな生命を生み出す能力があるということなのです。あなたの話しぶりを聞いていると、そのことが身体的事実と袂を分かっているように思えます。身体的事実は、私たち皆が文化とは関係なく、人生のなかに持ち込むものなのです。

ノブス　ラカンの理論が身体や生殖、およびそれに結びつくあらゆる物事と袂を分かっているという点では、あなたは完全に正しいです。ラカンは、分析家はこれらの物事が心の水準で代表象される仕方を扱うのだと言ったのです。私たちの興味は生殖の機序にあるのではありません。もしくは身体の生物学的組織化でもありません。私たちの興味は人びとが生殖を経験し、自分自身の身体を経験する仕方にあるのです。

テンパリー　おっしゃるとおりです。しかし、あなたは身体をこれから遠ざけています。重要なことですが、あなたは欲動に関してフロイトが言ったこと、欲動は境界において作用するということにラカンは賛成していないと言いました。精神分析家は身体と精神の間の境界に作用すると私は考えます。私たちの精神は身体的生活に根ざしており、そこから引き抜かれることはありえないと思うのです。もし引き抜かれたならば、身体はある種の通貨みたいなものになってしまいます。しかし実際はそうではありません。身体は、まさしく心的現象の源泉なのであり、私たちはそれを扱っているのです。

オリヴァー・ラスボーン　デヴィッド・メイヤーズの指摘に答えます。あなたはダニーの言語がクライン派の語彙にくらべて理解しがたく、問題を避けていると言いました。しかし、それは少し不公平だと思うのです。というのも、ジェーンは妄想分裂態勢や抑うつ態勢といった言葉を使いましたが、それらは同様に、こういって良ければ形而上的概念であって、実際にはどんな現実性も持っていません。クライン派がそれらを説明するために使う言葉は、投射同一化などのさらなる定義を必要とします。

デヴィッド・メイヤーズ　しかし、私が話したのは文法的形式についてですが。

オリヴァー・ラスボーン　それは文法的形式についても当てはまるのです。人びとが使っている言語は機能です。たとえば、人びとは妄想分裂が何を意味するか知っているが、対象 *a* が何を意味するかは知らないだろうという前提があるのです。しかし、本当にそうとは限りません。ダニーは対象 *a* とは何かを説明しようと努めました。ジェーンは私たちが妄想分裂態勢が何であるか知っているという前提のもとに話を続けています。しかし、それについての私の理解が彼女のものと違っているかもしれないではないですか。

言語学的概念に関して別の指摘をしたいと思います。あることが暗黙に提示されているように思われるのです。つまり、正常についてあなたが話すとき、それは正しいということを意味しています。しかし、何かが正常であるという理由だけで、それが正しいということまでは意味しないのではないですか。

テンパリー　言語についての指摘にお答えします。私は、クラインが英国の分析家であり、聴衆が英国人ということを仮定して、人びとがクラインの概念をより知っているものと想定していたかもしれません。

ノブス　ラカン派の仲間うちで話すときでさえ、前提を問題にすることは必要なことです。これには私も賛成します。私たちは時どき、自分たちがラカンの概念について同じことを扱っていると思っていますが、このように考える根拠はありません。私たちは、ラカンがいつもそのつど新たに何を説明しようとしていたかについて、自分の考えを説明するよう努めるのが良いのではないでしょうか。またこれらの概念が精神分析の内部で適用され得る仕方を確かめるのが良いのではないでしょうか。これは基本的に、理論を作り、かつ作り直すということの問題なのです。あなたがフロイト派であっても、フロイトの為したこと、フロイトの言わんとしたことについて分かったつもりになっているならば、また、あなたがフロイト的精神分析を行っていたとしても、提示されたどんな症例にも自分の理論をただ適用しているだけなら、その場合、理論の発展はないでしょう。これが第一です。第二に、フロイトの理論はそれを許さないと私は思うのです。

テンパリー　フロイト自身、絶えず自らの理論を発展させ、自らの意見を検討した最も偉大で代表的な人でした。

ヴィヴィアン・バール　私はダニー・ノブスが、ラカン派は身体に興味を持たないと言うのを聞いていささか驚いております。ジェーン・テンパリーは生殖そのものの行為について話しましたが、私としても、身体に位置づけられる何かがあると思います。ラカンは身体に関心を持っていましたが、それは所与ではなく、構築されねばならないものとしての身体でした。

ノブス　そのとおりだと思います。おそらく私は挑発的になろうとし過ぎしたのでしょう。私がラカンは身体に興味がないと言ったとき、そこで意図したのは、ラカンは所与としての生物学的身体機能に関心がないということでした。ラカンはあらゆる人間にとって身体が構築される仕方に、特に、この人間が自らの身体を経験する仕方に興味があるのだと言いたかったのです。

テンパリー　あなたは私たちの間の重大な違いを示したと思います。私が所属する精神分析の学派は、性差は社会的構築の結果だとは考えません。心的水準で性差を認識するための下地が生まれつきあるのです。私たちとその身体との苦闘、性的幻想との苦闘、つまり身体に根ざす幻想との苦闘こそが、精神分析で私たちが探究するものなのです。身体はまさしく所与なのです。私たちはそれを好まないかもしれません。私たちはそれに対してあらゆる種類の防衛を立てるかもしれません。しかし、男性と女性の間での違いが何かを知っており、その違いが何に関するものかを知っているのです。

逆転移

ロバート・D・ヒンシェルウッド
ヴィーチェンテ・パロメラ

1 クライン理論の転移と逆転移

ロバート・D・ヒンシェルウッド

今日の分析家がどのように仕事をするかについて簡単にお話しします。まずはじめに、過去との違いを明確にしておかねばなりません。そのためにフロイトの初期の考えを検討しましょう。フロイトの考えは、分析家が患者の無意識における過去の実在の人物、典型的なところでは母か父に似てくるようになる、というものでした。

転移とは何か。それは分析が進むにつれて喚起され意識化される衝動や幻想の新版あるいは複写である。しかし、それはそれぞれの転移に特有である特殊性、すなわち、幼児期におけるある人物を医者という人間によって置き換えるという特殊性を有している。(Freud, 1905, p. 361)

ドラ

初期の精神分析の理論において、転移は単に、過去の人物が分析家の姿で現われるドラマのアクティング・アウト（上演）でした。ドラはむりやりK氏にキスをされ、そのとき体にK氏の圧迫を感じました。つまり、フロイトが恥ずかしそうに述べるには、ドラはK氏の勃起した男性器に気づいたのでした。それにひるんだドラは休養先を早々に立ち去りました。ドラが突然治療を去ったとき、フロイトはこのK氏への陰性反応が自分に転移されていたことに気づきました。そしてK氏は、より早期の人物としてドラの父親を表わしていたのでした。ご存知とは思いますが、患者による不意の治療の中断は、フロイトに打撃を与えました。フロイトはこの分析を、ヒステリーに関する、より一般的で理論的なそれまでの説明を補足する模範例としようとしていたからです。結局、フロイトがこの失敗例を公にするのに四年もかかりました。

全体状況

しかしながら、今日の私たちは当時のフロイトと考えを必ずしも同じくするわけではありません。転移とはフロイトが症例ドラで元々念頭においていた意味でのドラマの再演ではありません。患者が生み出す素材は、今現在から誘発されたものと見なされます。分析の外の人物は、分析のセッティングの内にあるものを表現する手段の一つと見なされます。しかしその場合、セッティング内部のものは自分のものと認められずに、外側の人物に置き換えられています。分析にあるものと分析状況外にあるものの両方が、転移現象として見なされます。

> ……転移状況は分析期間中、患者の現実の生活全体に広がる。分析的状況が作られたとき、分析家は始原的対象の位置を占める。周知のように、その際、患者は甦ったいろいろな感情と葛藤に再び向き合うが、それはかつて始原的状況で用いられた防衛そのものである。それゆえ、一方で患者は分析家との間で、早期の感情と幻想、性的欲望を反復し、他方でその残りを分析家から違う人びとと状況へと移しかえる。その結

果、転移現象は分析からいくぶんわきへ逸らされることになる。換言すると、患者は転移感情の一部を分析外の異なった場面へ「アクティング・アウト」する。

　これらの事実は技法に重大な影響を及ぼす。私見では、患者が分析家との関係について意識的に示し表わすものは、彼が分析家に対して経験する感情や考え、そして幻想のほんの一部分にすぎない。それゆえ、転移状況のなかで甦ってきた葛藤からの多くの逃げ道を解釈によって追求していくことによって、分析家は患者の無意識的素材のなかでこれらを明らかにしなければならない。（Klein, 1943, pp. 635-6）

つまり、転移に対するこの見方の根幹にあるものは、患者が自分なりの仕方でもがきつつ不安に対処する方法なのです。過去から転移されているであろうものは、患者が用いる防衛の一種であり、それは彼が目にしている対象の種類に応じて現われるものです。「……過去から現在に転移されている全体状況について考察することは、情緒、防衛、対象関係について考察することと同様重要なことである」（Klein 1952, p. 55）。

　したがって、クラインは転移の性質に細心の注意を喚起しました。患者のすべての連想は、経験されていることの描写もしくはその一部で、それは現在の対象で占められています。患者が分析家に出会ったとき、現在の対象にあたるのは分析家ということになります。したがって、連想の素材がどんなに「いま、ここで」の体験からかけ離れているようにみえようとも、それを分析家に関わることだと理解するのは重要なことです。


　……患者は分析家との間で再体験している不安と葛藤に対して、彼が過去において用いたと同じ方法で対処せざるを得ないからである。いわば、患者は彼の原初的対象から顔をそむけようとしたように、分析家から顔をそむけようとする。患者は分析家を、良い人物像か悪い人物像かのいずれかに保ち続けることにより、分析家との関係を分裂させようとする。患者は分析家に対して、体験している感情と態度のなかにあるものを、実際の生活のなかで他の人に向ける。そして、これは「アクティング・アウト」の一つである。
(Klein, 1952, p. 70–71)

患者はまた、不安に対する防衛のための特徴的な方法を再び作り上げるということです。

包むこと《コンテイニング》

今日、転移は包み込み《コンテインメント》という点から理解されています。この用語はビオンと後のクライン派の着想によって市民権を得ました。もしくは転移というものをウィニコットの抱えることという点から考えることもできるでしょう。それでは包み込みという考え方について取り上げてみましょう。

非-象徴的内容物

精神分析家は患者のなかに幼児を見ようとします。これは大人を無視するということではありません。分析家が話しかけるのは、患者のなかの大人に対してです。その代わり、分析家が基盤にするのは、何かしら患者のなかでなんらかの理由により子どもとして残るものがあり、それがときに患者の経験の仕方や社会的機能のあり方までをも引き受けているという考えです。精神分析家はそういったことが表に出る契機を見逃さないようにしているのですが、その方法は特殊なものです。たしかに、患者は子どもじみた感情を示すことがありますが、それは大した問題ではありません。というのも、私たちは皆そのようなものを持っており、実際それを享受しているのです。クリスマスがわかりやすい例です。むしろ分析家が関心を向けるのは、患者が知らない――意識的には知らない――ことです。分析家は、自分に対して患者があたかも苦悩のなかにいる子どものごとく振る舞うその瞬間に関心を向けるのです。最近のクライン派の母子間に関する報告を引用することで、この瞬間をわかりやすく描写できるでしょう。

……幼児の〔母〕に対する関係は次のように描写することができる。幼児は耐え難い不安に苛まれるとき、それを母のなかに投射することにより対処する。母はその不安を認め、幼児の苦悩をやわらげるために必要なすべてをすることで応答する。幼児は耐え難い何かを対象のなかに投射する、しかし対象はそれを包み込み対処することができるものであった。このように幼児は知覚する。幼児はこうして最初の不安だけでなく、包み込まれることによって緩和された不安を再び取り入れることができる。幼児はまた不安を包み込んで対処することができる対象を取り入れる……母は場合によっては幼児の投射された不安に堪えることができないかもしれない。その場合、幼児はすでに投射したものより、いっそう大きな恐怖の経験さえも取り入れることになろう。(Segal, 1975, pp. 134-135)

ここに素描されていることは、不安が緩和されることが赤ん坊にとって必要だということです。赤ん坊はその不安を堪え難いものだと思っています。もし母――もしくは分析家――が投射された不安に堪えられるのであれば、赤ん坊に二つの機会が開かれます。

（i）第一に、緩和された不安を経験し、

（ii）第二に、自身の緩和能力を発達させ始めるようになる。

この二つの成果は――両方にせよ片方にせよ――頓挫する可能性があります。分析場面では、精神分析家は患者によって伝えられた苦悩を扱います。患者は苦悩をどんなところにも位置づけるでしょうが、分析家から見れば、その位置は患者の内側なのです。

この何らかのものを分析家のなかへ注ぎこむ過程こそ関係性の鍵であり、このことを理解することが重要なのです。私たちはこの過程を、患者による「投射」の一つとして記述することができるでしょう。この過程と同時に、分析家による取り入れの過程が進行するのです。

実例

「患者Aは三十四歳だが、年齢よりも随分若く見えた。[†1] 分析に来た理由は、仕事にやりがいを見出せず疲弊していたからであった。A氏は最初の面接で涙を見せた。A氏自身が後から語ったところによると、こういったことは以前に起こったことがなかったそうである。その出来事は私が部分的な解釈を行って連結を作ったときに起こった。

A氏の説明によると、彼の母は彼が八歳の頃他界したが、その頃A氏は寄宿学校に送られていた。彼は寄宿学校を「イングランドの薔薇の園」として鮮明に回顧した。この語句は意識のレベルで一揃いの圧縮された意味を持っていた。それはほとんど詩的ともいえる圧縮である。それは、特別な場所であり、イングランドの美しい田舎にあり、表向きの美とは裏腹に棘を隠し持っており、戦争（薔薇戦争）の紋章であったし、また、彼は、周辺

†1　原注　この症例は大幅に変更を加えられているので、実証のためというよりは見本として提出されたものと捉えておいていただきたい。

に薔薇園の名で知られていた学校の敷地内で、木から落ちたことを思い出した。私は、彼があるつながりについて述べなかったことに注意を促した。それは「イングランドの薔薇」がしばしば美しい女性を表わす言葉として使われるということである。おそらく彼は知らず知らずのうち、いつも学校で若く美しい母を捜し続けていたのであろう。そして一方では学校に敬意を払いながらも、他方では二度と再び母を見つけられないので絶望に陥り、激しい敵意を持っていた。私はさらに次のように付け加えた。A氏が分析に来るようになった理由はいくつか考えられるけれども、その一つは、ここで母を見つけるという隠された願望である。また絶望を私に吐露したかったということも考えられる。私が絶望について述べたとき、彼は一瞬当惑したようだったが、すぐに礼儀正しく否定の意見を述べ始めた。「絶望ですって？　不思議にも、僕は母が亡くなってから一度も絶望を感じたことがないのですよ。僕はいつでも活発で、いたずらっ子でした。でもその頃は……」と彼は話を途中で止めた。あたかも突然、注意力を圧倒してしまうような猛烈な便意に襲われたかのようであった。彼は突然取り乱した少年のように顔をしわくちゃにさせ、むせび泣き出した。暫くの間涙は溢れ出ていたが、彼は頬を濡らしながらもほんの少しの間、理性を保って落ち着いた口調で続けることができた。そして、決定的なことを見抜いた私の慧眼に賛辞を述べた」。

この出来事の要点は、言葉によって作られた連結が文脈を提供するさまを示すことにあります。この文脈において、強固で無自覚な経験が意識化される、あるいは意識化され始めるのです。つまりAにとっては、例の情緒的な瞬間と自ら適切な言葉を使用することとの間に十分な連結を作ることが明らかに必要でした。しかし、彼の感情状態と、それに関することを言葉で形作る私の能力との関係によって、彼のなかでそれが形を持つことができたのです。これこそ、包み込みの瞬間だと言うことができるでしょう。

逆転移――分析家の心を使うこと

今日私たちは、分析家に影響を及ぼす二つの様式を明確にしています。一つは言葉による象徴的なもの、そしてもう一つは象徴的でなく、概して「アクティング・アウト」と呼ばれているものです。「アクティング・アウト」という表現は、残念ながら軽蔑的な含みを持ってしまっていますが。

ベティー・ジョセフは、「患者が自らの不安から逃れるために私たち――分析家――を使用する方法」に注意を促しています（Joseph, 1978, p. 106）。この方法には二つの種類があるようです。患者は自らの苦しみから逃れるために分析家の心を利用しようとすることがあります。同様にそうすることによって、問題を照らし出させようともします。患者はそれゆえ分析家の心――分析家のナルシシズム、絶望、勝利を得た力、など――に働きかける適切な方法を見つけ始めます。すべての分析家はそれぞれ違う心を持っています。そしてそれぞれの患者は分析家を探らなければなりません。なぜなら不安を投射する方法を獲得する必要があるからです。それはまた後に、一連の防衛の創造に関係することになるでしょう。自分自身について知るという、苦痛を伴う関心を患者が投射するためには、彼について知りたいという願望を自分の方から持ってくれる分析家がいなければなりません。患者が分析家のなかに投射をすることができるのはこの時だけなのです。そしてこの時にだけ患者は、そう望むのなら、自分自身についての好奇心を分け隔て、それを分析家に委ねることができるのです。

実　例

「患者Aは情動的な出来事に先立って、さまざまの方法で私の心に働きかけた。私はそれに十分気づいていたので、例の連結を作ることができたのである。私が驚いたのは、彼の外見があどけないことと、母が他界した時期に関する述懐が、整然としているようでほとんど詩的なことであった。その述懐は彼が持っているはずの感情の混乱を偽って伝えている、そのように私には思われた。彼のなかに荒れ狂った気流があるに違いない、と確信にも似た思いを抱いた。なぜなら八歳の少年にとって家から出されること、そこで母の死の知らせを受けることの辛さについて、私自身がある種の苦悶を感じていたからだ。私は誰かの悲劇的場面に居合わせた、無力な傍観者のようであった。この経験は、樹上から身を投げて、お終いにしたくなるような気持ちであった。しかしながら、私の前に座る彼には目に見えるような悲劇はなかった。私は、患者がひどく混乱した出来事を経験した状況と、分析家である私こそがその混乱を体験したことを話した。この症例で、私の混乱を彼の語りにつなげるのは難しくはなかった。私が作った連結は「イングランドの薔薇」という語句に書きこまれていた。しかしそれはより深いところでは、私の情緒的な混乱と彼の物語との間の連結であった。私は解釈上の連結によって、幾分かであるが、A氏に混乱を返しそれを彼に再投入することができた。もちろん、この時点においての彼の内では、大粒の涙と言葉上の冷静さとの間には、ほとんど連結はなかったのではあるが。彼の内のそのような連結をさらに作っていくことは、今後の分析が担わなければならないであろう。しかし少なくとも、私たちははじめの一歩を踏み出したはずである」。

以上、患者との情緒的な出来事について詳細な説明を加えました。なぜなら、これらのことが示しているのは、患者が私の心を使うことによって、長年の間堪え難いものとされた経験をしばし包み込むことができたということだったからです。包み込みの意味は、二つの心の関わり合い、いわば、つがいになることと通じます。ブレンマン・ピックは、ある心の状態が、口が乳首を求めるように別の心を求めるさまを以下のように述べています。「患者が求める返答とは分析家に演じてもらうことである。また一方で、分析家には演じたいという衝動がある。こうしたことが解釈のなかで表現されることがあろう」(Brenman Pick, p. 36)。彼女は、分析家が母の役割に滑りこんでしまうことに注意を促しています。

もし私たちが自分自身のうちにこうした反応(たとえば、母になりたいという願望)を受け入れ、それについて考えることができないような場合、私たちは実際に母として振る舞うことで患者を甘やかすというアクティング・アウトを起こす(これは言葉とか、別の共感を示す身振りなどのうちでなされる)。さもなければ、このように振る舞うことをおびえるようになるあまり、金縛りにあって、母になってほしいという患者の願望に手を伸ばさないこともあるかもしれない。(Brenman Pick, 1985, p. 38)

これは転移と逆転移との相互作用を理解するうえできわめて重要なモデルです。性的罪責感を対象のなかへと患者が投射するという、症例ドラのような出来事をここに見て取ることができます。この意味で、反復されるものとは対象の利用です。さまざまな仕方で、二つの心の無意識的な相互浸透として考えることができるのです。

・絶望(理解しないこと、搾取すること)から生じるコミュニケーションとして
・傷つけようとする意図(復讐)として
・性愛的な残虐さとして

それではこれらのどれにあたると言えばいいのでしょうか。そのとき行われている分析の間に出される返答は、関わっている患者に対する分析家の感じ方次第です。フロイトがドラに出会った症例では、これを確証づける適切な証拠というものはありませんが、ある可能性について言及することができます。つまり、フロイトの野

心とは、この症例を模範的に成功させることであった、と。もしこれがその通りなら、患者が取り組んでいたのはフロイトのなかのその意図であり、患者はきわめて特殊な仕方でこの意図を妨げていたということもありうるでしょう。ドラはフロイトの野心を通してフロイトを傷つけることができたのです。つまり彼女はフロイトを切り捨てるという、彼の野心が最も傷つく仕方によって、それを行ったのです。これは、単に過去の反復であるばかりではなく、彼女の現在の対象への関わりなのです。

結論

転移と逆転移に対する今日の見方は、包み込むことという考えに依拠しています（Hinshelwood, 1994 を見よ）。私が短い臨床例によって描き出そうとしたのは、分析家の心が患者の経験をいかにして受け入れ、そしていかにして患者にとって有用な意味を持つ形を与えようとするかということです。そして患者はそのような好機を無意識的に利用して、包むものへと自分の経験を投げ込もうと意図するものだということを、私は示しました。このような相互作用は、非常に馴染みのある過程、つまり生誕時以来の人間の対象関係のなかで進行する過程に由来しています。もっとも、この作用をはっきりとわかる意識的な反省の段階へと引き上げる際の技法的側面は大変洗練されており、人間のコミュニケーションの「普通の」射程を超えるものではありますが。

2 逆転移についてのラカン派の見解

ヴィーチェンテ・パロメラ

「ほんのわずかでも行為がたじろいだら、本当の被分析者になるのは分析家の方である」
ジャック・ラカン「挫折の理由」*Scilicet* I

導入

逆転移という精神分析の概念は、一九五〇年代に前面に現われました。問題はもはや「空白のスクリーン」としての分析家などではなく、患者との間でさまざまな感情を経験する分析家にあります。当初、逆転移は分析家個人の、分析によって除去されるべき障害物であると考えられていましたが、一九五〇年代にとりわけポーラ・ハイマンが、その原因と結果は患者のなかにあるため、患者のなかで分析されるべきものを示すと考えました。

私の知る限り、フロイトが逆転移について語ることはほとんどありませんでした。私は最近ドイツ語で出版されたフロイトとビンスヴァンガーとの間の書簡集（S. Freud-L. Binswanger Briefwechsel : 1908-1938, 1992）を読んでいたのですが、このなかで逆転移に関するフロイトの立場が書かれたくだりを発見しました。フロイトは、逆転移は克服されるべきものである、と明白に述べています。一九一三年二月二〇日付の手紙のなかで、フロイトはこう書いています。

あなたが触れられました逆転移の問題は、精神分析の技法上の困難な部分に属します。これは理論的にはもっと容易に解決することができると思われます。しかし、患者に対して持つ情動は、自然発生的なものではなく、常に意識を介して伝えられたものであり、多かれ少なかれ必然的に生じるものです。これは特定の状況においては頻繁に生じるものですが、分析家自身の無意識から生じるのではありません。私はこれを定式として定めようと思います。逆転移はまた常に認識され、克服されなければなりません。そうなればその人は自由になれるのです。患者を愛しすぎているからといって治療をあまり進めなくなるというのは、患者に対する不当であり、技法上の誤謬なのです。

お分かりいただけたでしょうが、フロイトは逆転移と精神分析家の無意識との間にいかなる関係も打ち立てませんでした。フロイトは逆転移を克服するように分析家を促しているのですが、それはむしろ逆転移を御しやすい症状であると考えていたからでしょう。

間主観性の法

逆転移とは何でしょうか。

まず第一に、分析家が患者に及ぼす効果が挙げられます。これは基本的にはフロイトの観察から導き出された帰結です。この場合、分析家の人格が解釈に介入することになってしまうので、分析家をもっと分析すべきであるという議論が正当化されることになります。

第二に、逆転移とはもはや分析家が感情を自分の方から持つことではなく、むしろ分析家が感情を経験させられることを指します。

実際、もし分析主体が分析家の欲望の原因になり得るとしたら、そしてもしついに情念が沸き起こるとしたら、分析の経過のなかで生じたこれらの感情は分析家自身が生み出したと言えるかどうかが問題となるでしょう。もしそう言えるのならば、逆転移というものは転移以外の何ものでもないということになるでしょう。この意味で、逆転移という術語は、分析家自身のアイデンティティーを維持するくらいにしか役に立たないでしょう。こうして重大な問いが生じることになります。つまり、誰が誰と分析しているのでしょうか。

これは分析治療が双数的関係に還元されてしまう際に生じる袋小路です。

もし間主観性のカテゴリー（人間間の交換を支配するコミュニケーションの法）を分析の領野に介入させるなら、相互性から抜け出すことはないでしょう。ちょうど二人の人間が存在するように、二つの転移、二つの抵抗、二つのナルシシズム、そして二つの無意識があるというだけのことになります。

逆転移を問題にしたクライン派は自分たちの流儀で、双数的対峙を不可避的にもたらすこのような見方よりも、具合のいい説明を発見したと言えます。

一方、ジャック・ラカンはセミネール第八巻『転移』のなかで、逆転移という主題について一章分まるごと割いています（Lacan, 1991）。彼はマネー＝カールの論文「標準的な逆転移とその逸脱」（Money-Kyrle, 1956）をテクスト批判のために取り上げました。その点については後ほどお話ししようと思いますが、この論文を隅々まで読まれるようみなさんにお勧めします。というのもこの論文が示すところによれば、分析家のなかに「感情」として浮かんでくるものは、分析家のものではなく、患者の転移の一局面に過ぎないからです。分析家の持つ感情は分析主体の転移に対する障害物ではなく、むしろその転移が他の場所で現われたということなのであり、これは分析家のなかで続いているとさえ言えるでしょう。分析家のうちに沸き起こる感情や定式は、分析主体のなかの抑圧された要素が期待しているものを表わすのです。このようにして、分析主体の〈無意識〉が分析家へ転移するというまさにこのことについて語ることができるようになります。それは常に相互的な情動的接触を喚起するような、二つの無意識の相互作用などではないのです。

ラカンは一九五四年に、主体と分析家双方を含み込む現象として転移を位置づけています（セミネール第二巻）（Lacan, 1988）。経験が示すところによれば、私たちはたった一つの主体、無意識の主体しか扱っていないのでして、この無意識の中に二人の個人がいるのです。そのようなわけでラカンは、フロイトと同様、逆転移についてほとんど語ることがないのでした。

ラカンは症例ドラのフロイトに関して逆転移を語り（「転移に関する私見」）（Lacan, 1966）、これを先入見の総体、ときには誤謬でさえあるものと定義しました。つまり情報不足のことであり、言ってみれば、分析主体から来るべきあるシニフィアンが不足しているということです。分析家の側のシニフィアンがまさに不足しているからこそ逆転移が生じるのであり、ラカンにとってそれは逸脱でした。このシニフィアンの不在を満たすために彼が示した方向とは、知っていると想定された主体の定式に要約されるものです。この定式は、実際には、誰かを指し示しているということはありません。

ラカンは、最終的に考慮に入れられるべき唯一の抵抗は分析家の抵抗であると指摘しています。精神分析の抵抗は分析家自身のなかでさえ生じるものであり、それは患者にしてあげたいことを考慮する際の居心地の悪さから発するものである、ラカンはセミネール第十一巻のなかでそう言っています。しかしまた、分析家が患者にしてもらいたいこととは何かという問いも生じます。これらの定式すべては基本的に、分析家の欲望を治療の軸とするものです。しかし、これらの定式は〈無意識〉に関して、相互性や間主観性をふれ込む試みを挫くものです。さらに言えば、ラカンの立場とは逆転移のカテゴリーを再び吸収することにあるのです。

最終的に『エクリ』の一九六六年版の覚書では、この時代遅れの術語系が正されます。ラカンによれば、分析家の転移とは分析家の抵抗であると言われるべきなのです。

だからといって感情があってはいけないというわけではない、ラカンはそう言います。分析家は患者に対して感情を持ったとしても、周到さ慎重さでもって彼らを治療するというのが実情です。しかし分析家は、患者を愛したりも憎んだりもするのです。そもそも患者が分析家の対象 a であってはいけないということがありましょうか。実際、それまで抱いたことのなかった感情を分析家に共有させるという考えは、感情のコミュニケーションに関するラカンのテーゼと完全に一致するものです。感情は常に伝染したり共有されたりするというわけでもありませんが、常に相互的であり、転嫁の論理に対応するものです。

定義上、大文字の他者は自らに向けられた感情に常に答えるものであると想定されます。一個人としての私は、自分に向けられた愛の要求に無関心であるかもしれませんが、しかし分析家としてはそうではありません。欲望が想定される大文字の他者の場に自分を位置づければよいのです。この場に同一化すれば十分なのです。

分析家が「想像的同一化」によって患者から症状を借りるということもあります。これは共感した結果というよりは言葉の効果ではないでしょうか。分析家が患者に対して行うこのような同一化は、大文字の他者から自分のメッセージを裏返しの形で受けとるという法則の結果であると言えるでしょう。

ラカンはセミネール第一巻のなかで、感情は常に相互的であると断言しております。患者に向かって「あなたは私が怒っていると思っていますね」とか「あなたは私を誘惑したと思い込んでいるようですね」などと言うことで、分析家は欲望する主体に、言ってみれば言表行為と同一である主体に不可避的に転換されることになります。これに続くのはよくあるもっともな返答です。「そう言っているのはあなたです」。しかし、感情の方をそれを決定する言葉以上に信頼することで、分析家は自分の感情を、大文字の他者における、抑圧されている真理が顕現される場として、無意識の知識を明白に証言するものとして信頼するようになります。問題なのは、すでに見たように、相互的なものはどちらも同じくらい正しいということなのです。もし〈無意識〉が大文字の他者の語らいであるとしても、何故に分析家はこの大文字の他者でなければならないのでしょう。何故に分析家は大文字の他者に向けられたメッセージの送信機と考えられなければならないのでしょうか。

聴いているはずの分析家も、自分が話すのを聴かれている者なのです。というのも大文字の他者の場所から彼は話しかけられているのですから。分析家が口をつぐみ続けるのもおそらくはもっともなことと言えるでしょう。分析家が患者の話を聴くのは、むしろ分析主体としてであると主張することもできます。しかしそれなら、語っているときは聴き手のなすがままになってしまう……。

分析の終了時に同一化の領野が横断されるとラカンは言いますが（セミネール第十一巻）、これは分析家がメッセージの宛てられる場に同一化しなくなるということです。この場とは知っていると想定された主体の場のことであり、実際には完全に取り消せる機能なのです。

ラカンとマネー＝カール

ラカンはセミネール第八巻『転移』のなかで、対称性の概念構成によって支えられた分析実践が引き起こす「袋小路」をクライン派の分析家がどのように気づくのか、その特徴的な仕方を指摘しています。彼が投げかける問いとは、転移が取り入れと投射の揺れ動きから出発するように扱われるとき、双数的関係の錯覚はいかにして克服されるのか、というものです。ラカンはこの点を描き出すために、ロジャー・マネー＝カールによって提示された興味深い臨床例を取り上げています。

マネー＝カールは、先ほど紹介した論文「標準的な逆転移とその逸脱」という論文のなかで、以下の術語を用いてプロセスを記述しています。患者が話すとき、分析家は取り入れによって患者に同一化し、そして内側から理解したなら、分析家はその理解を「再投射」し、解釈を行う、というものです。

ラカンはこの同一化の錯覚をたいへん真面目に取り上げます。この錯覚はそれ自体が語らいの効果です。語らいは、分析家を分析家自身のシニフィアンとの関係からみて特別な位置へと押し込むからです。分析家は理解することを欲望するわけですが、理解することとは同一化することであるというわけです。

マネー＝カールは、とある分析のエピソードについて語っています。ふとしたことから分析家はある困難に陥りました。その週の仕事をすべて終えた後のほんのしばらく、患者の未解決の問題に心を奪われていました。意識的な関心がやる気のなさに変わり、休暇を占めるはずの個人的な興味が奪われていたのでした。実際問題として、マネー＝カールは患者から機知を奪われた感じがしたと告白しています。

妄想分裂メカニズムが顕著な神経症患者が大変な不安を抱えてセッションに訪れた。というのも、彼は職場で仕事ができなくなっていたからだ。彼は来る途中に、道に迷ったり、車に轢かれたりするのではないかと漠然と感じており、自分を役立たずであると卑下した。以前に似たような出来事があって、その際彼は週末のあいだは離人感を抱いていた。「レーダー」を店に置き忘れてしまい、月曜日にならないとそれを取りに行くことができないだろうという夢を見たのであった。私はそのことを思い出し、彼は幻想のなかで自分の「良い自己」の部分を私のなかに置いてきてしまったのだと思った。しかし私はこの点についても、そして彼に提示し始めた他の解釈についてもそれほど自信を持てなかった。そしてまもなく彼の方は、それらの解釈すべてを、怒りを募らせながら拒絶するようになった。そして同時に、頼りにならないと言って私を罵倒した。セッションの終わり頃には彼は離人感をまったく抱いておらず、代わりに怒り狂って軽蔑的になっていた。役立たずで困惑していたのは私の方だった。

セッションが終了したときの私の状態が、開始時に彼が自分について描写した状態ときわめて似ていると最終的に認識した際、私は「再投射」の慰めを感じることができた。こうしてこのセッションは終了した。しかし次のセッションの開始時には、彼は同じ雰囲気で現われた。怒り狂い軽蔑的であったのだ。そこで私は、彼自身がかつてそうであった役立たずの漠然とした状態に私をこき下ろしているのではないか、と彼に言った。そして私を「審問し」、質問しては答えを拒絶することでこれを成し遂げたのではないか、かつて義理の父がそうしたように、と。彼の応答は衝撃的であった。それから二日間のあいだ、彼ははじめて静かで思慮に富むようになっていた。私の解釈すべては彼の病気にではなく私の病気に関係している、彼はそう感じていた。このことこそ昨日は何故自分があれほど怒っていたかを説明するものではないか、と彼は言ったのであった。

あたかもスローモーションの写真のごとく、ここではっきりしたプロセスを見ることができると示唆しておこう。理想的で標準的な分析の段階では、このプロセスは極端に早く起こるものである。彼が横になりつらい悩みについて語るや否や、私は言わば彼を受け入れ、取り入れによって彼に同一化しはじめたのではないかと思われる。しかし私はすぐには、私のうちですでに理解されていたものに対応させて、それを認識することはできなかった。そしてこのために、私はそれを私のなかから取り出して説明するプロセスや、彼のなかにそれを改めて移し変えるプロセスに手間取ったのであった。一方彼は、効果的な解釈を得ることができないことに苛立って、精神的無能感を私に投射して反応した。と同時に、彼は失ったと思っていたものを私から取り出したかのように振る舞ったのであるが、それは彼の父の明断ではあるが攻撃的な知性であり、これでもって彼は私のなかにある彼の無能な部分を攻撃したのであった。このとき、もちろん、私が最初に失った場所まで引き返そうとするのは無駄なことであった。新しい状況が生じ、これが私たち両方に影響を与えていた。こういった状況を引き起こした患者の部分を解釈するまで、私は黙って自己分析を行い、そのなかで二つのことを識別しなければならなかった。これら二つはきわめて似ているように感じられた。つまり、解決の糸口を失ってしまったという私の無力感、そして患者が無能な自己に対して示した軽蔑のことであり、これらが私のなかにあると患者には感じられたのであった。私はこの解釈を自分自身に下すことで、最終的にその半分を彼に手渡すことができた。そして標準的な分析状況を修復したのである。

みなさんもお分かりのように、この分析家は袋小路の状態にいます。彼は理解できないので抑うつに陥っています。彼が治癒のはじめに患者を見出し、患者をそこから救おうとした抑うつ態勢は、今や分析家のものとなりました。そこで生じたことと言えば、分析家が足がかりを失い、「再投射」の段階に進むことができなかったということでした。彼はもはや効果的な解釈を提供することができないのでした。

週末のあいだに、患者は店に「レーダー」を置き忘れてしまい、月曜日まで取り戻すことができないという夢を見ました。マネー＝カールにとってこれは、特定の症状、とりわけ不安という症状の解釈へと通ずるものでした。分析家は言います、「彼は自分の『良い自己』の部分を私のなかに置いてきてしまったのだと思った」。分析主体はこの介入をまったく好まず、軽蔑的で攻撃的になりましたが、もはや「離人的」にはなりませんでした。

この離人的な彼の状態を引き受けたのはマネー＝カールでした。彼が言うに、患者はマネー＝カールを役立たずの対象へ、患者自身がかつてそうであったのと同じ状態に貶めたのでした。そして問いを示すと同時に答えを拒絶するという仕方で、父と同様のことをしているのだ、と付け加えます。それから二日が経過して分析主体が言うに、そのような解釈は自分には関係がなく、逆に、病気なのは分析家のほうだとのことでした。

そこでマネー＝カールは、この状況のなかの苛立ちを説明しようとします。彼は患者が断片へと崩壊する瞬間に、取り入れによって患者に同一化しようと試みます。しかし、この状況のなかでは、彼は、自分のうちに、また自分について、これまでの理解の仕方に対応するような形のものを見て取ることができませんでした。

状況がいかにして一八〇度転換するかをご理解いただけるでしょう。この患者は分析家の分析家に転換されたのです。実際、このタイプの治療は敵対的な関係へと逸脱したまま固まってしまうことがあります。ラカンがこの臨床例を考慮に入れたのは、ある種の要求が分析家自身の要求と並行した動きを取って、分析家の感情にさまざまな効果を及ぼすということを明らかにするためでした。主体の要求が裏返しのかたちで分析家自身の要求を表わすとしたら、過酷な超自我の力強い効果に直面することになります。そしてこれこそがマネー＝カールの経験したことでした。取り入れの試みに失敗した際、彼は他ならぬ彼自身の超自我を見出したのでした。親になるという欲動の失敗のなかで挫折へと同一化すること、これが精神分析家の抑うつ態勢なのです。

精神分析家の抑うつは、自分が占める位置についての近視眼の効果として提示されます。また、この効果は患者の無意識に対する無理解の効果でもあります。これは誤解のトラウマ作用なのです。

ラカンはこの関係からいくつかの帰結を引き出しました。一方では理解しないこと、要求に答えることができないことと、他方では、償いの気持ちを持つ患者がいなくなると、分析家が廃墟と挫折へと同一化すること、これらのあいだに必然的な繋がりがあります。これこそまさに分析家のラカン的定義でして、分析家の自我が無効になった結果です。理解しようとしないということは誠実な大文字の他者の場を放棄するということです。これこそラカンが実際に言っていることなのです。

「そこで問題となっているのはただ単に転移状況そのものの効果のみです……。これは転移の当然の効果です……。この効果を認識するためには分析家はいくつかの事柄を知っていなくてはなりません。特に、分析家の正しい位置取りの基準は、彼が理解しているか否かにあるのではないということを知っている必要があります。分析家が理解しているということは必ずしも本質的なことではありません。ある点までは、分析家が理解していないということは、自分の理解力を過信していることより望ましいとすら言えるでしょう」。

無意識

ロビン・アンダーソン
フィリップ・ジェラルディン

1 無意識——クライン派の観点

ロビン・アンダーソン

無意識的なものこそがすべての精神分析家が探究する領域です。私たちの仕事はいずれも、患者が自分たちについて知っていることが、気づいていない、より大きな傾向の一部に過ぎないということを示すことにあります。フロイトは意識を、水に浮かんだ氷山の一角として描写しました。心の大部分は隠されたままでいるのです。この大部分は私たちが認識している以上に私たちの生活に果てしない影響を及ぼしており、すべての精神分析家による一切の分析作業はこのことについてより多くのことを発見できるよう患者を促し、そうするなかで患者がこの影響力に変化を加えることができるようにすることにあります。思うに、異なる分析理論の間の違いは、無意識とは何か、無意識的なものはどのように浮上するか、そしてそれが意識的なものとどのように関係するのか、こういったことをどのように捉えるかの問題です。

メラニー・クラインと彼女の理論を用いる分析家たちが無意識やその意識との関係をどのように見るようになったのか、そして彼女の考えが、私たちの仕事の仕方にどのような影響を与えたのか、これらの点についてお話ししようと思います。

フロイトの最初の局所論モデルのなかで、彼は力動的に無意識的なものに対して心的空間を割り当てました。

彼はこの「場所」に無意識的なものすべてを置き、これをエスと等置しました。自我は前意識と意識のシステムに局所化されました。しかし後に彼は、意識と無意識との境界は自我とエスとの境界と同じではないと悟るようになりました。自我の一部は無意識的であり、そして同様のことが超自我についても言えるというわけです。いまや彼の理論はこの点を調節しなければならなくなりました。それゆえ彼はエス・自我・超自我の構造的モデルを発展させましたが、これらはそれぞれ意識的な構成要素と無意識的な（あるいは前意識的な）構成要素を含みます。（クライン派を含む）対象関係論的な心の見方が発展したのは、まさにこの心のモデルからでした。メラニー・クラインは心というものを、内的対象からなる内的世界として見るようになりました。これらの対象のいくつかのものは多かれ少なかれ安定したかたちで自己の周辺に集まっており、自分が誰であるかということに関係づけられ、それに同一化しています。そのなかには原始的で極端なものがあり、これらは無意識的なものです。また、私たちが影響を受けている権威ないしは恐怖の形象と強く連結しているものもあり、これらは超自我と対応していますが、フロイトが考えていたような単体の取り入れ物ではなく、さまざまな点で過去の実際の両親に似ている多くの対象として思い描くことができるでしょう。しかし他の対象はいっそう原始的で、幻想的で、蒼古的なのでして、エスの内容物と比較することができるでしょう。私たちはこれらの対象のいくつかは意識するでしょうが、多くの場合それらには気づいていません。たとえば、私たちは両親の影響を受けているということは知っています。どのようにして影響を受けているかを考えることができますし、何らかの仕方でそれらの対象に似ていると感じたり影響を受けていると感じたりすることもできます。しかしそれらの対象が言わんとしていることの多くは隠されています。全体として、より蒼古的で原始的になればなるほど、それらの知識は自分は誰々であるという感覚を脅かすようになるため、私たちはそれらの対象をいっそう無意識にとどめ、拒絶し、そのような知識を抑圧しようとします。[*1]

厳格なトルービー・キング方式の下で育てられたある患者は、分析の始まりにこんな夢を見ました。彼女は自分を殺そうとしている男性に追いかけられており、自衛のために彼を刺殺したというものでした。誰かが、つまり分析家が彼女の心に接近することは、無意識的には彼女に対する殺人的な攻撃として経験され、彼女はこの攻撃に対してできる限りあらゆる手段を用いて自らを防衛しなければならなかったのです。彼女は、自分がそのような考えを、そのような対象を心のなかに隠し持っていたことにひどくショックを受けました。実際のところ、彼女は自分の父を面倒見のいい男として想起していました。しかし分析開始時のショックによって、恵み深い父の記憶とはほとんど関連のないと思われる、きわめて異なった経験が動員されたのです。

しかし私たちは無意識の生《なま》の素材をどのようにして見るのでしょうか。メラニー・クラインはフロイトと同様、心の基盤を生物学的なものと見ていました。フロイトは、言ってみれば心のエンジンが本能であると感じていました。クラインはこの点をきわめて真剣に取り上げました。彼女の考えでは心というものは生誕後から活動しており、たとえば空腹や、欲望や、羨望や、生や死の本能といった本能的な願望の圧力下に置かれていて、それらの本能は心的な表現を見つけなければなりませんでした。これらの本能が顕在化したものが幻想であり、幻想は本能の心的な代理表象なのです。フロイトは幻覚的願望充足について書いたとき、このような考えをほのめかしていました。空腹の赤ん坊はこの苦痛な経験から自らを救わねばならず、このための手段、つまり、乳房を幻覚するわけです。しかしクラインはこの点をもっと徹底化し、いっさいの欲動、一切の衝動はそれを満足させる幻想を生じさせると考えていました。適度に満足している赤ん坊は空腹を経験し始めたとき、「フロイトの赤ん坊」と同様、育てはぐくむ良い乳房を幻想することでしょう。この愛しき乳房が彼を満足させるのです。もし彼が置き去りにされたら、彼の不首尾と怒りの経験はいっそう心をかき乱す幻想として顕わになります。あるい

＊1　訳注　Frederic Truby King（1858–1938）. ニュージーランドの医師。プランケット協会を設立し、乳幼児の育児支援に関する啓蒙活動を行った。

は、今や乳房のイメージは赤ん坊を攻撃する口となるのです。

この患者はかつて授乳の前に、家の外に乳母車で数時間もの間放置され、つらい思いをしたことがありました。彼女は分析初期のある週末に、分析から離れている間、乳房をぶつ切りにしている機械を目撃するという夢を見ました。この恐ろしい混乱のなかには皮膚や組織や乳房の塊がありました。これはあたかも蒼古的な幻想が彼女の夢のなかに顕れたかのようでした。おそらくは彼女の経験である乳房を噛み切るという幻想でしょう。当時彼女はきわめて顕著な苦悩の状態に、空腹と怒りの状態に放置されていたのです。思うに、夢のなかの機械は彼女がこの過程から自らを分離させる試みを表わしていました。彼女は内的世界のそのような心を乱す部分を機械として隔離しようとしていたのです。分析は彼女の無意識のこの蒼古的な部分を動員させましたが、この部分はおそらく理解してくれる対象へと自らを伝達させようとしていたのであり（後述）、彼女はこの伝達によって心を乱すと同時に救われていたのです。

もちろん、無意識的幻想の心的生活を、誕生して以来存在するものとして考えるなら、そのような観念作用の起源は何であるかという興味深い問いが生じます。クライン自身は実際にこの問いに踏み込むことはありませんでしたが、彼女に追随する人びとの何人かはこの問いに取り組みました。フロイトはとりわけ原光景との関係で「原幻想」について語り、この幻想をラマルク的に考え、遺伝されて心のなかで所与のものとして存在する人類の記憶と見なしました。もちろんこのような考えに対して、性格はどのように遺伝するかについて今日理解されていることからすれば、猛反対が生じることでしょう。マネー＝カールはこの問題に取り組み、心的生活のある側面は日常的に受け入れられた進化の方法――突然変異と自然淘汰――によって生じたに違いないと、端的に考えました。こうして、最終的に実際の外的な対象に遭遇した際に、この対象へと愛着する心的イメージが生み出されるのです。彼は刷り込みといった動物行動学の例を挙げていますが、現代なら幼児の心理学の発見を利用することができるでしょう。たとえば、赤ん坊が最初に乳房を探し求める際、根付き反射[*1]が起こります。

マネー＝カールはまたウィルフレッド・ビオンの考えを使用していますが、ビオンはこの問題について詳細に述べました。彼はまだ経験されていない対象に関するこれらの無意識的幻想を、前概念作用として記述しています。前概念作用が自らに一致する対象に遭遇したならば、心的経験は実現した〔認識された〕ことになります。「これこそ私が待っていたものである、私はそれを常に知っていた」という感じのことです。

無意識的幻想そのものの問題に戻ろうと思いますが、生《なま》の素材――つまり、無意識的幻想の形です――は明らかに、何であれその幻想を表現するために後の経験を利用します。分析では、あらゆる発話、あらゆる行動を無意識的幻想への連結を持ち得るものとして、あるいは無意識的幻想への応答として捉えます。それゆえ、分析家は患者がもたらすものすべてに注意を向けようとするわけです。それがどれほど関係があったりなかったりするように見えても、です。患者は過去にあったことを、セッションに来る途中で起こったことを、夢を、意識的な空想を説明しようとしますが、これらはすべてその瞬間に部屋のなかで進行していることに関係しているのです。

どのようにして患者の素材に通じるのかという問いには後でまた触れようと思いますが、その前に無意識的なものを取り扱うその方法について考えてみたいと思います。この問いを考えるもう一つの方法は、「抑圧とは何か」と問うてみることです。フロイトは抑圧を強制力――もともとは検閲であり、後で言うところの超自我です――として考えており、これが受け入れがたい無意識の考えを押し下げたままにしておき、意識化を妨げます。これを対象関係の言語に置き換えるなら、自己に対し力を振るう内的対象が、その権力や権威によって、自己や他の対象がある種の活動、たとえば暴力や性的活動を行うことを禁じるのだと言えます。このような状況は抑うつ態勢に到達している心のなかにあると言えるかもしれません。他の詳細についても付け加えられますが、私た

＊1　訳注　出生直後から五カ月頃までの赤ん坊に見られる反射で、頬を触ると刺激された方向に口を持っていくという反射。

ちはコントロールが可能な心的組織を見ているのです。しかしもちろん、もっと原始的な状態についても考えてみますと、その組織はもっと異なるものです。つまりそれは妄想分裂態勢なのです。そこにはあまりに力強くて、堪え難いがゆえに受け入れがたい感情と衝動がありますが、私たちはそれらが自己から排出され、分け隔てられ、投射されていると感じています。それゆえそれらの経験は自己にあるとはまったく感じられず、対象のなかにあると感じられます。人生の早期には望ましくないものは投射され、赤ん坊の心が枯渇するという状態がありますが、赤ん坊はその投射されたものが回帰するという恐怖に囚われて、それがずっと自己の外にあると感じ続けることになります。メラニー・クラインは、この状況がどのようにして良いものと悪いものとのいっそう一貫した分裂へ、つまり妄想分裂態勢へと発展し、最終的には抑うつ態勢へと移動してゆくのかについて説明しています。ビオンはこの過程の理解を大変豊かにしてくれました。というのも、彼はこの堪え難い世界、つまり自己をこれほど脅かす無意識を見せてくれたからです。私たちはこの無意識を追い払いたい、つまり地獄に行って欲しいと思っているだけでなく、また「追い払いたくないと欲してもいる」のであり、「無意識」を入れ込んでおく特別の対象さえも探し求めているということを彼は認識していました。この対象はもちろん〈母〉であり、この過程はビオンが記述した「包むもの――包まれるもの」です。それゆえ、赤ん坊が堪え難い心的経験――ビオンの言う「βエレメント」――、つまり生《なま》の堪え難い心的経験から脱却しようとするとき、これらの経験は母親のなかに存在すると感じられます。もし母親が「ほど良い」母親であるなら、彼女はこれらの投射を受け入れることができ、心地よくない状態に身を置くことができます。しかしその後、彼女はこの投射物を赤ん坊に押し返すのではなく――赤ん坊はこれを恐れています――、より穏和で恵み深い仕方で応答するため、赤ん坊に返されるものは投射されたものよりも悪くはないものになります。赤ん坊は、言ってみれば彼が投射したもの（一つの過程と言うべきものですが）の恵み深い形を自分自身のなかに、自分の無意識のなかに再び受け入れます。このきわめて特別な、そして本質的な対象関係は徐々に内面化されます。

包む対象とのこのような関係は、発達やとりわけ妄想分裂態勢の乗り越えが生じる環境となります。思いますに、このような環境が必要なために、このときの対象に対する依存状態が強調されることになります。ビオンが感じていたことによれば、赤ん坊の空腹は、堪えられなかったものを受け入れる対象だけではなく、それに意味を与えて送り返してくれるような対象をも求めており、そのため、空腹は食べ物を得るということと同じくらいに重要なのです。彼はこの対象をよく乳房の心的な等価物として語っていました。つまり、「心的食料」のことです。

分析では、患者と分析家との間にこの過程が顕われていると考えます。では患者の無意識的なコミュニケーションについてどのように理解し考えるのでしょうか。患者が頑固に妄想分裂態勢にとどまっているならば、ご存知のように、患者はそのとき一緒に作業していると感じていないように見えます。患者が私たちに語っていることには、何かを見失っているという感覚があります。というのももちろん、患者の視点から見れば経験の幾部分かは自分とは関係がないという感覚があるからです。それらの部分は分け隔てられて投射されているのです。

厳格なトルービー・キング方式で育てられた患者は、厳しい分析作業の後、金曜日のセッションにやってきました。彼女は気分が良くなったと言っていました。いつもとは違って、彼女はバスでセッションにやってきたこと、大変気分が良かったことについて語りました。何故なら、彼女がこのバス沿線を大変よく知っていたからです。この停留所は馴染みがあり、彼女は家に来ているかのように感じていました。

こういったことすべては大変恵み深く感じられ、患者にとっては明らかに前回の分析作業と連結していて、この作業は彼女の感情をいっそう良いものにしていました。彼女は馴染みのある場所にいると感じており、週末でさえも、その停留所は馴染みがあり恵み深いと感じられたのです。

患者がもっと他に語ったことは、彼女の良い心の状態とは結びついていませんでした。彼女は何故自分が車で来ていないかについての直接的な連結を作っていませんでしたが，それは，彼女の飼い犬に腫瘍ができて夫がこの犬を車で獣医のもとに連れて行ったからでした。犬が治療できたか安楽死させなければならなかったかは明らかではありませんでした。彼女はまた，抑うつ的で喪失だらけの人生を送ってきた友人に別れを告げたことを何度も何度も語っていました。

彼女がその友人に別れを告げたことに関連して私がこれらの事柄を提示したとき，最初彼女はこれらのことを考えようとしませんでした。犬は自分のものというよりは夫や息子の飼い犬であると言いました。私は彼女に，あなたは気分が良くなったことに大変喜んでおり，それは本物であると感じているが，犬や友人のことを考えることで，抑うつと死を連想させる喪失によって傷つけられたくないと思っているのです，と解釈しました。彼女はこの点についてもっと考えられるようになり，飼い犬は本当に自分のものではないと抗議しましたが，喪失について触れ，彼女の夫と息子が直面した損失に共感できるようになったことを認識しました。

分裂したもの――一方では良い感情，他方では抑うつと死の感情――を互いに連結させる過程が生じたのは，快方に向かった心の状態を失うことに対する彼女の恐れを私が再認し，この不安を包み込んで私が理解していることを彼女に示すことができたからだと思います。そしてまた，分裂させて投射していたものに彼女自身が関係することができたからだとも考えます。私はこの素材が分裂と投射――それゆえこの意味では妄想分裂態勢ということになりましょう――を呼び起こしていると考えていますが，分裂はそれほど広いものではありませんでした。彼女は喪失感やダメージの恐怖を，可能な限り自分から引き離そうとするほど嫌ってはいなかったのです。夫や息子に対する共感の心が示しているのは，ダメージを受けて死にかかった対象に対する不安として感じられた彼女自身の一部を分け隔てて投射したけれども，彼女はなおその対象に関わっていると感じており，そしてその幸福を気にかけているということです。同様のことが彼女の友人にも当てはまります。彼女は感情的に友人からもっと離れてしまっていると感じていましたが，友人の家具を自分の家で喜んで預かろうとしていました。

さらに、彼女はセッションを利用してこれらの事柄を私に言っていたのです。私は考えたり彼女に解釈を施したりすることはできなくもないと思っていました。彼女は私を包み込む対象として利用していたのであり、私を用いて、彼女とは異なってはいるが関係していて、彼女にとっては重要なこれらの感情を拾い集めようとしていたのです。ここには分裂したものとの象徴的な連結があるのですが、この連結のおかげで、彼女のこれらの部分との結びつきが維持されるとともに、それほど分裂してはいないのだと彼女が感じるよう私は促すことができたのでした。

無意識的なものとの結びつき具合という問題は、クライン派の分析家が大変興味を持っていた点です。それゆえ、それは単にあるものが意識的か無意識的かという問いではなく、無意識的なものがどれほど遠くに行ってしまっているか、どのような象徴的な関係が無意識的なものの間にまだ存在しているかという問いでもあるのです。

ビオンは、自己が対象に向ける連結の種類に大変興味を持っていました。彼が感じていたのは、愛や憎悪の問い、つまりその対象は愛されているのか憎まれているのかという問いがあるのみならず、その対象は自己が知りたいと思っているものであるかどうかという問いもあるということです。彼はこれをK連結と呼んでいます。＋Kは知りたいという願望を、－Kは知りたくないという願望を表します。

クライン派の分析家が患者の素材のなかで考えている中心的な問いは、どの程度知りたがらないのか、ということです。意識は実際には、「について知る」ということです。「それについては知られていない何か」が意識的か否かという問いは興味深いものです。フロイトの前意識では、光を輝かせてビームのなかにあるものを見ることができるように、これはおもに注意を前意識の一部に向けるという問いでありました。しかし、見たくない、知りたくないという強い願望があったらどうであろうか、という問いがここで生じます。この類の無意識はシュタイナーが「盲いた目を向ける」と言っているものです。他の極端な例を挙げると、精神病者は現実やそれを知覚する手段を憎しみ恐れており、それから救われるために極端な分裂と投射に訴えます。それらは大変力強く全能的なので、望まれていないものは自己とはまったく関係がないと感じられるのです。フロイトの言う検閲を、一連の情動によってコントロールされた変動可能なフィルターとして考えることができるでしょうか。つまり、知識やその断片に対する力強い憎悪から、不承不承な態度を経由して、苦痛と苦悶を引き起こそうとも自己について知りたいという欲望へと至るような、一連の情動によってコントロールされたフィルターとして考えることができるでしょうか。

知りたいということに対するこれらの態度は、包む対象に対する早期の関係に見られると思います。そこでは投射された無意識の一部こそが、赤ん坊が「知る」ことに堪えられないものです。もし母親が知ることに堪えてこれらの投射を受け止めることができるならば、赤ん坊は自分について知りたいという願望を支える対象を内在化することができるでしょう。もし、何らかの理由で、母親がこの投射を受け止められなかったり受け止めようとしなかったりしたら、赤ん坊は知ることができるよう促すこの対象を内在化することなく、現実を憎み意味を取り去る対象を内在化することでしょう。もっと倒錯的な患者だと、この真実との関係はもっと複雑なものとなります。防衛の手段として真理を歪める無意識的な試みがなされることでしょう。

母親や分析家の観点から見れば、患者が私たちの方に取り扱いを任せたいと思っているものが、少なくとも部分的に意識されることがよくあります。ときには「私は堪えられない、もしこれに直面し始めることになれば、私にとっても患者にとっても大きな負担となるだろう」とひらめくことがあり、私たちは背を向けてしまいます。断片化し、心のうちにあるものを憎み恐れる患者と共にいると、私たちは、つながりをつくること、いやそもそも考えることさえどれほどつらいことかと実際に気づくことがあります。私たちは言葉を聞いても、それによって私たちの象徴的な機能が動き出すのを感じることはできません。バスに乗っていた先ほどの患者の例では、私は自分の心が生き生きとしてよく機能していると感じることができました。私は彼女の心の平安を破壊するというある種の不安に対処しなければなりませんでした。しかしこの不安は堪えるのがそれほど困難なものでもありませんでした。これは私たち自身の心の状態についての不安であり、私たちがどれほど分析家として良く機能しているのかという不安であると考えられなくもないです。しかし、私たちの心の状態ももちろん大きな役割を演じていますけれども、患者のコミュニケーションが「象徴的な意味に満ちた」という意味でいっそう豊かであるとき、しばしば患者が持ち込んだものの周囲に連想のつながりをより容易に探索することができます。これらは象徴的な連結です（これらの連結は患者の投射物との関係であり、患者の無意識のありかとの関係であると言えましょう）。友人からのあの家具にまつわる連想と同様、これらはまさに+Kの連結なのです。

他方で、もっと断片化し、自らを解体しようとする傾向のある患者の場合、分析作業は理解できない物事を聴かされるという試練に似てきます。私たちは心のなかで連結を結びますが、それらの連結は意味をなさないように見えます。というのも、患者は自分自身でありそうな結びつきを見て取り、そこから私たちを引き離すか、あるいは手がかりを失わせようと発言するか、あるいはもっと暴力的に私たちの知覚を攻撃することで、恐ろしい知識／意識が生じないようにするからです。もし分析家が起こっていることを理解するなら、患者は大変な脅威を感じてそのわずかなヒントが現われるように見えるや否や破壊せずにはいられなくなるのです。たとえそれが分析家の心のなかでのことだとしても。

このようなコミュニケーションの例を簡潔に提示しようと思います。この例のなかでは無意識はどこにあるでしょう。それを追跡するという仕事はきわめて困難で困惑させるものでした。

患者は十一歳の少年ですが、彼は大変病んでいて、学校でうまくやっていくことがほとんどできず、おそらくは深刻な境界例人格の持ち主です。彼のセクシュアル・アイデンティティーも大変混乱しています。彼は母親の服装で着飾っています。私は若い同僚がこの子に施している精神療法をスーパービジョンしています。先週のスーパービジョンでは、治療者は大変混乱しており、おそらくスーパーバイザーでさえもっと混乱していました。私は素材を理解することができず、自分が役立たずであると感じました。この少年とのセッションのなかで治療者は、彼の服装がどれほど自堕落であるかを指摘しましたが、それは彼が「ナイスで冴えない」と言ったことを思い起こさせました。エリックというこの少年はこう話し始めたそうです。「今週僕たちがしていたことは……黒猫が窓敷居で飛び上がりました。その猫は口に鳥をくわえていました。母と僕は追いかけました。僕たちは口を開けさせました。鳥が落ちていきました。それを他の猫がキャッチしました。それは汚い鳥ではありませんでした。赤いくちばしがあっていい色でした。母は猫を叩きました、僕もです。猫は意地悪くて汚いです。猫は汚いと聖書は言っています」。

少年は、聖書においてはどの動物が汚いものとされているのかを長々と強迫的に説明していきました。治療者は、突然起こった事柄についてためしにコメントを加えました。こうしてエリックは小鳥の葬式について語ることになりましたが、しかしまもなく祖母の火葬と空っぽの墓への強い関心に対する連想の氾濫に取って代わられました。

こういったことすべては不安の氾濫という性質を持っており、彼はそれを追い払おうとすることしかできませんでした。

少年が心のなかにあるこれらのおぞましい考えによってどれほどかき乱されているかを治療者が解釈したとき、彼は瞬時に穏やかになり、心のなかにある恐怖をもっと話が伝わるように治療者に語ろうとしました。地獄への恐れ、永遠への恐れ、そして自分がどれほどおびえているのかということでした。しかし私たちが注目したのは、彼が治療者によって抱きかかえられたと感じたように見えたとき、すぐに彼は、教会の前の席に座って貧者を後ろに押しやっている金持ちたちに対する不平を訴え、そして貧者に施しを与えるべき金持ちの教皇や聖職者に対する不平を訴えたということです。

スーパービジョンのなかでこういったタイプのコミュニケーションについて悪戦苦闘しながら考えた後、私は治療者が黒い服を着ていてそれが黒猫と連結しているであろうことを認識しました。この治療者はよく黒い服を着ています。赤いくちばしをした明るい色の鳥と治療者の「冴えない」服との間にもまたコントラストがあります。徐々に私たちは、患者が治療者のことを大変破壊的な捕食者、死を招きよせる黒い捕食者として経験しているのではないかと考えはじめました。捕食者はもし患者が生きているしるしを示したら急に襲い掛かり、そして母親の服と口紅（赤いくちばしをした色つきの鳥）を盗んだかどで彼を非難するでしょう。そして自らを守るために患者は色のない生活を送らねばならず、教会のなかに閉じ込められます。彼が規則に従っているかぎり、教会は彼に聖域のごときものを提供しているのです。

私が強調したいのは、この作業は多大な努力を要するということです。そのうえ、少年が包み込む対象としての治療者に対してそれほど恐れを抱かなくなると、治療者の豊かな心（金持ち聖職者）に堪えられなくなり、そこから退却します。言い換えれば、彼は包み込む対象に対して不幸な恐ろしい関係を持っており、自分自身の心的経験――無意識的幻想――を嫌っているのであり、彼はそれらを投射して私たちが簡単には回復できないようにします。スーパービジョンでは象徴的な連結を作るための能力を私たちは取り戻しはじめました。しかし、セッションでは治療者はそのようなことを考えることはほとんどできなかったのです。

このお話では触れることのできなかった事柄がたくさんあることを認識していますし、それらは討論のなかで取り上げられることでしょう。ある対象と別の対象との関係の役割、つまり包むものとしての両親たち、父の役割、母の無意識を撃退しなければならない赤ん坊、などのことです。

フロイトの心の理論が発展するにつれ、意識的なものと無意識的なものとの違いに対する彼の関心はいっそう複雑になっていきました。異なった審級はそれぞれ意識と無意識に対して独自の関係を持っています。徐々に統合されてゆくものとしての成熟した心というクラインの概念とともに、無意識の問題は象徴的な結びつきの増大の考察となっていくのです。そこで「無意識」は知られない部分が減り、受け入れられるようになっていきます。抑うつ態勢に対する私たちの踏みとどまりは、生きている間に浮き沈みするかのようでありますが、無意識的なものに対する私たちの関係もまたそのようなものなのです。

2 ラカンの見地による無意識

フィリップ・ジェラルディン

「夢において、失策行為において、あるいは機知において、まず私たちの目をひくのは何でしょう。それはそれらが現われる際の躓きの様式です。……フロイトはこれらの現象に目をひかれ、そこに無意識を探すことになりました」[†1]。

導入

まずこう自問することから始めましょう。ラカンの無意識はフロイトの無意識と、どのような意味で、どの程度違うのでしょうか。一見すると、これはやや答えづらい問題です。というのも、たとえばフランドル地方にいる私たちがフロイトを読むようになったのは、ラカンのいわゆる「フロイトへの回帰」というスローガンを

†1　原注　Lacan, J., *Four Fundamental Concepts of Psychoanalysis, Seminar XI*,（1964）p. 25（ジャック・ラカン『精神分析の四基本概念』岩波書店、二〇〇〇年、三一頁）

通してであることも事実ですから。明らかなことですが、この運動の本質はフロイトの仮説をただ単に反復することではありませんでした。逆に、精神分析経験をさらに理論的に練り上げ、基礎付ける機会が与えられたのです。ということは、ラカンの無意識はフロイトの無意識と同じではないということになるのではないでしょうか。

このことから、ラカンがかつて聴衆に向けて言った発言が思い出されます。「あなた方がご自分をラカン派だと呼ぶのはもっともなことです。ですが、私はフロイト派です」。ラカンは〈無意識〉を練り上げましたが、それは実際、「機械仕掛けの神」[*1]といったものではありませんでした。その作業が証言するように、フロイトの著作に何度も立ち戻るという厳格な規律があったのです。

このフロイトへの立ち戻りの結果、まず一つに、フロイトの無意識という問いが再び開かれました。ラカンは第二、第三世代の分析家が〈無意識〉というフロイトの発見（あるいは発明というべきか）に対して、その目を瞑っているという事実を非常に嘆いていました。『精神分析の四基本概念』の講義でラカンが述べたように、分析家はオルフェウスのように振る舞うようになったのです。つまり、愛しいエウリディチェを、自分自身の忍耐のなさ、不信、迷いのために二度も失った者です。そこに私たちは「分析家オルフェウスと無意識との関係を表わす最も解りやすいイメージを見つけます[†1]」。

私はこの引用が格別気に入っているのですが、それはここに無意識の閉鎖がもたらす結果がどのようなものであるかについて参考になるところがあるからです。つまり、精神分析運動の体制派が、ある種オルフェウス教などの宗教的セクトのようになるということです。しかし一方で、〈無意識〉の言語的構造は、「無意識という用語

＊1　訳注　本書第一章、ベンヴェヌートの発表を参照。
†1　原注　Ibid. p. 25（前掲書、三二頁）。

のもとに形容可能な、接近可能なそして対象化可能な何ものかがあることを保証して[†2]」います。これによって、私たちは精神分析を「主体によって住まわれた」「言語の科学」として考えることができるのです。つまり私はこのように言いたいのです。精神分析の団体が、ラカン教であれ、フロイト教であれ、宗教派閥の特徴を示しているときには、常にそれから撤退すべきなのです。そしてまた、己を頼みとして、フロイトやラカンの書いたものへと立ち戻り、自分の、あるいは別の分析家の分析経験を参照して、〈無意識〉を再び開くようにしなければならないのです。

無意識は大文字の他者を前提としている

〈無意識〉の言語的構造という概念を使っているのですから、私たちはすでにラカン的な観点から〈無意識〉を概念化する作業の真っ只中にいることになります。つまり、「無意識は一つの言語活動として構造化されている[†3]」という定義こそが、私がここであなた方と探求していこうと考えているものです。

これを別の言葉に置き換えれば、「無意識は大文字の他者を前提としている」と言えるでしょう。これは二重の方向を持っています。

まず、〈無意識〉の発見が、第三の耳で話を聞いている誰かを必要としていたことは明らかです。その誰かとはやはり、ジグムント・フロイトでした。彼は夢、失策行為、冗談などのごく些細な現象と見なされていたものに、体系的に注意を払った最初の人物です。これらの形成物のなかに、フロイトの無意識は探されなければなり

†2　原注　Ibid. p. 21（前掲書、二六頁）
†3　原注　Ibid. p. 20（前掲書、二四頁）

ませんでした。そして、それらを分析するなかでフロイトは、神経症の症状形成物の成因である心的メカニズムと同じメカニズムの痕跡を見つけたのです。たとえば、この結果、彼はセクシュアリティーとその抑圧の圧倒的重要性を認識しました。彼自身とその身近な共同研究者たちの臨床研究によって、これらの発見は繰り返し確認されました。

しかし大戦の時代の頃までには、さっそく精神分析は行き詰まりました。人間の心とその機能についてのフロイトの見方が、あまりにもたやすく受け入れ先を見出したからです。つまり、フロイトの神経症者はもはや初心者ではなく、性的な象徴の知識を身に付けて診察室へやってきたのです。〈無意識〉は再び閉じたのでしょうか。[†1] 神経症者たちの反応はスマイリー・ブラントンと同じようなものでした。この人物は、アメリカの精神科医で、分析家になりたいと強く望んだ人です。このために、彼はウィーンにやってきて、フロイトのもとで教育分析を始めました。勇敢なことに、彼はセッションについての日記を付けています。そのなかに、私たちは〈無意識〉の閉鎖と、フロイトがそれを再び開こうと試みた仕方の見事な例を見出します。

治療のあるとき、フロイトはこの患者が全く夢を思い浮かべないことについて尋ねました。というのも結局、彼は分析家になりたかったのでしょうか。こうした介入——私たちなら間違いなくそれを暗示とみなすでしょうが——への反応として、ブラントンは大量の夢を生み出し始めましたが、その量はセッションの間にそれらを分析する時間が残らなくなるほどでした。フロイトはこの事実に別の質問で答えました。「そんなに夢を見ることはとてもうんざりすることだとは思いませんか」[†2]。

一体、何が起こったのでしょうか。焦って分析家になりたがっている患者の偏見を咎めるために、フロイトは

†1　原注　Cf. Lacan, J.（1955）, 'Variantes de la cure-type', *in Écrits*, Paris, Seuil, 1966, pp. 332–333.
†2　原注　Blanton, S., *Tagebuch meiner Analyse bei Sigmund Freud*, Frankfurt am Main, Ullstein, 1975, p. 32.

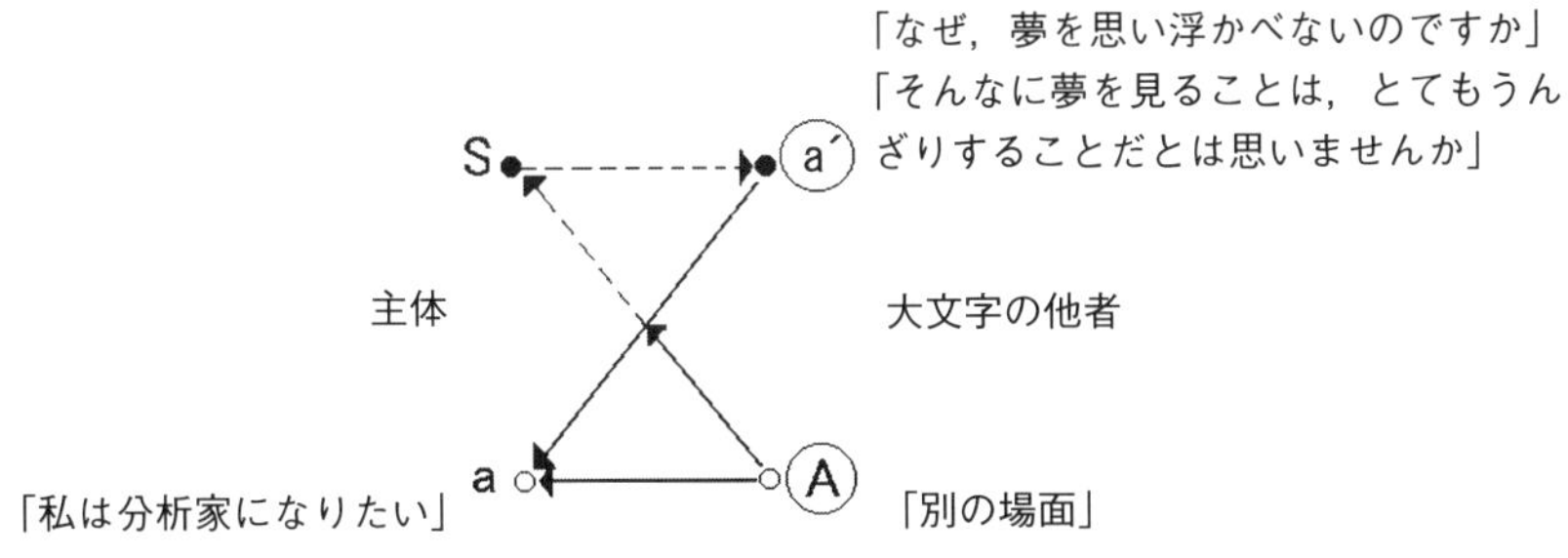
「なぜ，夢を思い浮かべないのですか」
「そんなに夢を見ることは，とてもうんざりすることだとは思いませんか」
S
a´
主体
大文字の他者
a
A
「私は分析家になりたい」
「別の場面」

図1

彼の動機を、適切に言えば、彼の欲望を問うたのです。その結果、フロイトは彼を彼自身の夢という「別の場面」（別の舞台 ein anderer Schauplatz）に差し向けたのです。しかし、この患者は明らかに師匠と弟子の間の双数的で想像的な関係に囚われたままです。この関係は知りたくないという情熱に支配されています。この双数的関係と患者の絶え間ない「無駄話」[*1]に対して、フロイトは第三の耳の機能を再び導入せざるをえませんでした。つまり、大文字の他者の機能を再導入したのであり、それによって〈無意識〉が実現されるのです。「そんなに夢を見ることはとてもうんざりすることだとは思いませんか」という言葉によって、フロイトは再び患者の欲望を問題にしたのであり、そうすることによって、〈無意識〉の出現に必要な亀裂を生み出すのです。

この一連のことは、いわゆるシェーマ*L*で表わされます。ラカンはこれを五〇年代初めの間に発展させました。ちょうどその頃ラカンは、フロイトの無意識が自我分析のなかでは出て来ることができないようにされていることを精力的に批判していました。

このシェーマにおいてaとa´という二つの自我、一方は患者つまり主体の自我、他方は分析家の自我とのあいだの想像的関係として示されたものは、治療関係にあるか否かにかかわらず、あらゆる間主観的関係において設立されがち

＊1　訳注　空虚な話 empty speaking（仏 parole vide）：ローマ講演（1953）（「精神分析における話と言語の機能と領野」Fonction et champ de la parole et du langage en psychanalyse, *Écrits*, Seuil, 1966）のなかでラカンが用いた術語。

なものです。ラカンはいわゆる自我分析においてそうしたことが現われるということについては、そんなに多くの批判をしたわけではありませんでした。批判したのはむしろ、治療の最終目的へたどり着くための方法としてそれが奨励されるということでした。最終的には、それは分析家自身の「健康な」自我の助けによって為されます。それがどのようなものであれ、患者は分析家の自我に同一化しなければならないのです。このように、aとa′間の鏡像関係、つまり「理解」と抵抗という軸を利用すること（exploitation）は、フロイトの研究課題とは反対の方へ向かうことです。フロイトの研究課題とはまさに「別の場面」の探求（exploration）にあるのですから。

先ほどの例から明らかなことは、フロイトによる二つの介入は患者の語らいを象徴的な軸の方に動かす試みであったということです。この象徴的軸の上に、〈無意識〉の主体に関する何かが大文字の他者の場から姿を見せることができたのです。たとえば、「私は分析家になりたい」という彼の判断を動機付けた欲望に関する何か、です。

〈無意識〉のこうした現われは、決して当然のことではなく、長く続くものでもありません。全く反対です。〈無意識〉はちょうど奇術師のウサギのように、驚きによって私たちを捕らえます。しかし、それは、ウサギの耳を捕まえている奇術師の現前を前提としています。ラカンが述べたように、「話している者は、その受け取りに依存している」[†1]のです。つまり分析家は少なくとも患者の語らいの方向性に責任があるということです。そうした語らいが他我としての分析家に受け取られるのか、あるいは大文字の他者の場から分析家に受け取られるのです。

†1　原注　「したがって、この語らいの意味はそれを聞くものにかかっているというばかりではない。誰がそれを語っているかということも、その受け入れに依存しているのである。つまり、その受け入れによって同意され、信頼を与えられる主体なのか、その語らいが構成されたものとして主体に引き渡す、この他者であるのか、ということである」Lacan, J.,（1955）'Variantes de la cure-type' *in Écrits*, Seuil, 1966, p. 331.

か。このことによって、語らいが愛憎に満ちた双数的想像的関係の罠に捕えられるのか、はたまた〈無意識〉という何かが大文字の他者を経由して時あるごとに実現されるのか、ということが決まるのです。

ここで私たちの命題「〈無意識〉は大文字の他者を前提としている」のもう一つの意味に導かれます。私は私自身の日常生活の精神病理から、二つ目の例を選んで持って参りました。数週間前、私は大学の学部内で起きたある事柄のせいでまったく動転していました。それは、いわゆる臨床心理学に対する「陰謀」といったようなものに関わる事柄でした。最近の学部の再編成に伴い、おそらくは民主主義という建前のもと、ある委員会が作られたのですが、そこで実験心理学の強硬派と臨床心理学派との間で旧来の争いが再燃したのです。そしてその結果、一つの連合が出来上がりました。しかし、そうしたことのあったこの月曜日は、私は本日の講演の準備をしていたものですから、そのことについてどうにか考えないようにしていました。その日の昼頃ですが、私の教授が電話をかけてきて、その「陰謀」に関することについて討議するため出向いてくれと私に頼んできました。私はすぐには行けないと言い訳をしました。その理由とは「私は料理中だから」というものです。実際のところ、それはどうしてもやらなければならないようなことではありませんでした。私の旧来の知己として、しかしもっぱら分析家として、彼はこう答えました。「それで煮え繰り返っているのかい?」。まさにこのとき、まず私は自分がどれほど怒りにみちていたかを認識しました。オランダでは「怒りを込めて料理する」と言いますから[*1]。そして次に、なぜ自分がその数日間に限って、食事の支度を急に始めていたのかを理解したのです。

もう少し形式的に言うなら、「料理する」というシニフィアンは、主体を他のシニフィアン(「怒りを込めて」)に対して代表象していたといえるでしょう。この二つのシニフィアンの間の亀裂においてこそ、何らかの抑圧されたものが、つまり〈無意識〉に関わる何かが明らかになったのです。しかし、ここで重要なことは、その一片

＊1　訳注　著者はこの時点で隣国ベルギーの大学にいた。

の真理についての私の認識や承認は第三の耳でそれを聴く別の人物を必要とするということです。つまり、ある種のメッセージや意味にではなく、大文字の他者を構成するシニフィアンたちに焦点を定めてくれる人物が必要なのです。

S^1「料理する」 ——→ S^2「怒りをこめて」
$\mathrm{S}\!\!\!/$

フロイト的な無意識は、分析家が大文字の他者を参照することで亀裂を保存する限りにおいて、開かれるのです。ラカンによればこの亀裂は、まさしく第二、第三世代の分析家においてあまりにしばしば忘れ去られている次元です。「……フロイトの無意識が位置付けられる点においては、原因とそれが引き起こすものとの間に、常に、うまくいかなさがあります。……なぜなら〈無意識〉は私たちに亀裂を示しており、その亀裂を経由して神経症は一つの現実との調和を再生するからです[†1]」。

というのも結局、〈無意識〉とは、ポジティヴなものではないのです。また、自由連想や解釈によって抑圧をゆるめなければならない、抑圧された病原的記憶の集成とただ考えることもできません。その限界において、〈無意識〉は常に「実現されなかったもの[†2]」「生まれなかったもの[†3]」「言い損ない、失敗、分裂[†4]」、そして驚きと関係するものなのです。

†1　原注　Lacan, J., *Four Fundamental Concepts of Psychoanalysis*, op. cit. p. 22（『精神分析の四基本概念』二七–二八頁）
†2　原注　Ibid. p. 22（前掲書、二八頁）
†3　原注　Ibid. p. 23（前掲書、二八頁）
†4　原注　Ibid. p. 25（前掲書、三一頁）

フロイトへの回帰

〈無意識〉に関する以上のテーゼを証拠付けるものは、精神分析のまさに初めから、フロイトの執筆したものすべてにおいて見つけられます。たとえば、夢の顕在内容は翻訳として、つまり〈無意識〉そのものとは全く等価ではない二次的な加工の結果として考えられるべきものです。夢の顕在内容の要素に結び付けられた自由連想でさえ、〈無意識〉を明るみにだすものではありません。むしろ、シニフィアンの産出によって、「夢の臍」の周りに輪郭が描かれるのです。この「夢の臍」の周りに、その輪郭が大文字の他者を通して連続的に実現されようとするのです。しかし、これは成功することはありません。言い換えるなら、フロイトが目にした〈無意識〉とは、私たちを「いまだ象徴化されないもの」へと差し向けるものです。

さて、この洞察が分析実践の意味と方向にとって、重要な示唆を含むことは明らかであろうと思います。分析において私たちがしていることは、「金塊」を掘り当てるような、特定の観念的内容を探すことではなく、象徴化の機会、判断の機会を与えようとすることなのです。この視点を証明するために、『ヒステリー研究』の長めのくだりについてお話しましょう。私の考えでは、ここに象徴界と〈無意識〉と治療方針との関係が見事に記述されています。

ヒステリーの精神療法に関する章で、フロイトは治療の途中になされた進展を記述しています。それは以下のようなものでした。

「外部の層に属するものは、難なく認識される。これらは自我の所有に絶えず留まっていたものだからである。自我にとっては、これが病理的な素材のより深い層と結びついているということが、唯一目新しい。こうした深層から明るみに出されたものは、認識され、承認されもするであろう。しかしその前には、かなりのためらいや、疑いが生じることがしばしばである」[†1]。

フロイトがここで心的装置のさまざまな層に属する内容を区別していることは明らかです。その意味で、フロイト的条件である、治療中なされるべき「過酷な労働」というのは、抵抗の克服、つまり、最深層にあるものを思い出すために他者（a´）を抽象化することだと言えるでしょう。実際に認めなければなりませんが、このことはある程度臨床的経験によって証明されます。転移は回想を支えるものなのです。新しい愛によって、過去が回帰するのです。フロイトは続けます。

「もちろん、視覚的記憶イメージを否認することは、ほんの一連の考えの記憶痕跡を否認することよりも難しいことである。患者がこう言って話が始まることは珍しくない。〈私がこのように考えたこともありえることです。しかし、私がそう考えたかどうか私は覚えていません〉。考えたことがあるかもしれないと何回も考えることができるようになって、考えることをやっと認められるようになる。彼は、自分が本当にかつてその考えをもったという事実を思い出し、補助的なつながりによってそれを確認もするのである」[†2]。

この一節から明らかになるのは、フロイトが二つの別の出来事を記述しているということです。一方で、自由連想において考えが連続的に実際に産出され、もう一方で、古い記憶としてそれらを認識すること、承認することがあるのです。例を挙げましょう。患者が私たちにまずこのように告げたとします。少年時代、自分は母親のことを世界で一番きれいな女性だと考えていた、と。次に彼は、視覚的記憶イメージ、あるいは光景を説明します。そこでは、一歳になる彼の弟が、台所の床に座って、患者の絵の具を食べようとしています。患者は、最初に考えた母親に関することについては、実際にそのときそうした考えが存在していたことを問題なく認識できる

†1　原注　Breuer, J. and Freud, S., *Studies on Hysteria*, S. E. Vol. II, p. 299（「ヒステリー研究」『フロイト著作集　第七巻：ヒステリー研究　他』人文書院、一九七四年、二二三頁）

†2　原注　Ibid. p. 299（前掲書、二二三頁）

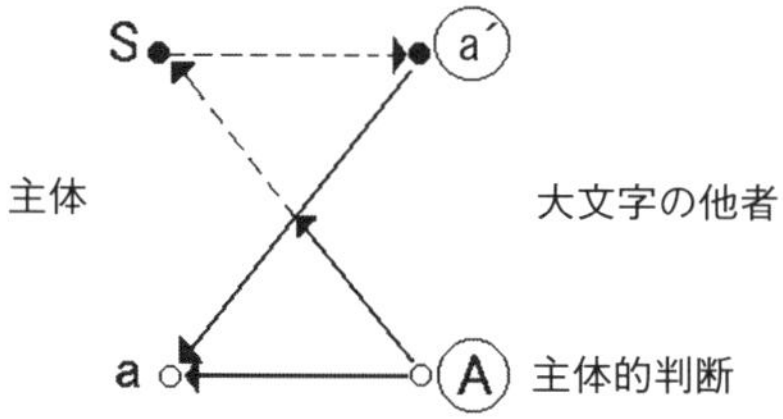

図2

かもしれません。しかし、二番目に考えたことについては、絵の具箱を弟に使わせたことを、死を望む気持ちの表われとして認識することだってできますし、そのような死を望む気持ちがその時に実在していたことを認めることすらありうるでしょう。しかし、彼はそれを記憶として承認することができないだけなのです。

「最深部から発し、病因的器官の核を形成する考えは、患者にとって、記憶としてもっとも承認されがたいものでもある。すべてが終了したとき、つまり患者が論理の力によって覆され、まさにこれらの考えの出現を伴う治療効果によって納得した場合にさえも、そして自分がそうした考えを持ったということを患者自身が受け入れるときにさえ、患者はよくこのように付け加えるのである。〈しかし、私はそれを考えたかどうか思い出すことができません〉。その場合、それは無意識的思考であるとして、私たちはたやすく彼らと協調してしまう。しかし、こうした事情は、私たちの心理学的視点に適うような、どのような身分を持つであろうか。分析作業も終結した今、患者はもはや動機を持たないのだから、患者が認識を保留することなど無視してもよいのだろうか。それとも、私たちが扱っている考えというのは、決して出現しないもの、存在する可能性を持つに過ぎないものなのだから、治療はそのとき行なわれなかった心的行為の達成に主眼を置くものであると想定すべきなのだろうか[†3]」。

フロイトが語っている心的行為とは、大文字の他者を通じての主体的判断にほかなりません。大文字の他者によって〈無意識〉の主体は、実際に姿を現わし、身を固め

†3　原注　Ibid. p. 300（前掲書、二二四頁）（強調は引用者）

すらするのです。つまり、大文字の他者によって、実現されなかったものが象徴化されるのです。

つまり、治療のあいだに〈無意識〉の発見として示されるものは、まさしく亀裂のうちに生み出されるものなのです。ラカンが、〈無意識〉は一つの言語活動として構造化されている、あるいは〈無意識〉は大文字の他者を前提としていると言ったのは、そのような理由によるのです。これにより、ラカンが分析家に言語学の領野を学ぶよう促した理由もまた理解されるでしょう。「私たちの時代は一つの科学が形成されつつある時代です。その科学は、人間科学と呼ぶこともできますが、すべての心理学、社会学とはきっぱりと区別される科学、すなわち言語学です。そのモデルは、前主体的な仕方で勝手に一人で作動する順列組み合わせです。こういう構造こそが〈無意識〉にその身分を与えているのです†4」。

ラカンが現代言語学の助けを借りて練り上げた〈無意識〉は、それ以前のものとは違って見えるかもしれません。しかし、フロイトの著作中に、練り上げのための多岐にわたるヒントがあるという事実には変わりありません。

なによりもまず、フロイトの『失語論』のなかに、言語に関する理論が含まれています。この理論は分析哲学の伝統に位置付けてもよいくらいです。この言語理論をジェームズ・ストレイチーは、フロイトの『無意識について』という論文をまさに論理的に補足するものと見なしました†5。次に、圧縮と移動のメカニズムがあります。これらは隠喩と換喩という言語カテゴリーと同じとされてきました。しかし、おそらくこれは、フロイトの著作に現われた根本的な洞察であると考えたほうが納得のいくことでしょう。すなわち、「大文字の他者の大文字の

†4　原注　Lacan, J., *Four Fundamental Concepts of Psychoanalysis*, op. cit. pp. 20–21（『精神分析の四基本概念』二五–二六頁）

†5　原注　Freud, S., *On Aphasia, A Critical Study*, (*1891*), New York, International University Press, 1953（ジグムント・フロイト『失語論：批判的研究』平凡社、一九九五年）S. Freud, *the Unconscious*, (1951), S. E. Vol. XIV, pp. 159–215（「無意識について」『フロイト著作集　第六巻：自我論・不安本能論』人文書院、一九七〇年、八七–一一三頁）

他者はない」という洞察、大文字の他者の真理、つまりは〈無意識〉の真理を開示するようなメタ言語などないという洞察です。

大文字の他者の大文字の他者はない

この定式の意味は、フロイトの『ヒステリー研究』から引用したくだりと、『ヒステリー研究』の三十年後に出版された『否定』という論文の二つから導き出されるに違いありません。この意味は、一九三七年の『分析技法における構成の仕事』[†1]という論文で再び取り上げられました。〈無意識〉の開示は主体による肯定、はたまた肯定の撤回、いわば「判断の判断」によって測られるものではありません。自由連想の間に現われた連続的な素材のみが、実際、かつて言われたことのあるものの真理を開示するのです。

†1　原注　Freud, S., *Negation,*（1925）, S. E. Vol. XIX, pp. 235–239（「否定」『フロイト著作集　第三巻：文化・芸術論』人文書院、一九六九年、三五八–三六一頁）、S. Freud, *Constructions in Analysis,*（1937）, S. E. Vol. XXIII, pp. 255–269（「分析技法における構成の仕事」『フロイト著作集　第九巻：技法・症例篇』人文書院、一九八三年

3 無意識についての討論

質　問　ロビン・アンダーソンに質問です。あなたは意識的幻想という語を「イマジネーション」の同義語として使っているのですか。

アンダーソン　そうです！　広い意味において。

メアリー・サリヴァン　意地悪な質問かもしれませんが、エリックの事例のなかで猫が二匹いました。二匹目の猫は誰だと思いますか。

アンダーソン　もう片方の親であると推測できそうですが、この考えは脇に置いておきましょう。わかりませんと言っておきます。私が述べたことについて考えてくださり嬉しいです。たぶん二匹目の猫はもう片方の親でしょう。しかし、私がお見せしたかったものは、素材の全体的な理解や分析というものではなく、考えるための枠組を持つということでした。

サリヴァン　スーパービジョンの困難について話してくれたことを興味深く聞きました。その困難があの男の子にとってどんな意味があるのか考えましたか。

アンダーソン　おっしゃることはわかります。別の対象が何かに対処しようとしていることを男の子が感じていたのは十分ありうることです。そのことが治療においてカップルという観念を浮かび上がらせたのです。

質　問　分析家の主体性の性質について私たちは、分析家は自分自身の経験によって患者を理解しなければならず、そこから主体的判断を与えるということを学んできました。しかしあなたが述べたことによれば――もちろんこれには象徴作用が当てはまるのですが――ラカン派の考えでは治療中に求められる判断は患者の側からのものです。そのやり方の場合、分析家は患者のなかで起こっているものについて理解しているだけで、亀裂のもう一方の側から応答する必要はありません。象徴作用を利用することもなく、感情の交換もなく、ただ単に理解することのみがあるのです。このことについてどう思いますか。

ジェラルディン　あなたの質問を私が理解しているとしてお答えしますが、私が使ったのは主体的判断の概念です。厳密に言えば、これは治療のなかで主体的判断が患者の側に求められるということです！　ラカン派の考えでは、主体的判断は分析家の側にあるのではありません。分析家は自分自身の歴史あるいは理論や主体性でさえも、分析主体の物語と混交させるのは禁物なのです。分析家がさまざまな治療の経験を積んできているとしても、それを混ぜ合わせることはいけないのです。分析の効果は主体が話すことからやっていきます。それは象徴界の領野で始まるのです。分析家自身の主体的判断を混ぜることは想像的な語らいを維持し続けるでしょう。分析家の主体的判断を話すことは討論の基盤を与えますが、これは妄想的な対話に過ぎず、分析的な状況ではないのです。

サリヴァン　亀裂の向こう側にいる相手からの侵食作用によって、主体性を用いずに患者を理解することがあるのです……。

アンダーソン　私はそうした考え方そのものに関心があります。共感するところがたくさんありました。あなたの発表はラカン派の分析家が彼らの主体性を混交しないということに関して確固とした態度を持っており、その境界を明確にしていることを示しました。もちろん私たちは、私たちの主体性を患者に差し与える必要があると全面的に感じています。ある意味それはリスクを伴います――分析家が自分自身の問題をセッション中の分析主体に被らせることがあるからです。分析家が十二分に分析を受けてきたことを望むのみです。分析家が自分自身の問題を患者に託すリスクがあるからです。私たちがしようとしていることには、分析作業に集中するための確固たる分析家―対象が必要なのです。あなたが挙げた例から察するに、フロイトが理解に到達したのは、彼自身の人間性や無意識を通じてではないと思います。フロイトは〈分析家〉であることによって、あのように患者に応答することができたのではないでしょうか。私たちは訓練される必要があり、自分自身の分析からもたらされた強い分析的対象を持つ必要があります。このことが患者との関係を可能にするのです。

ジェラルディン　ラカンは「四つの語らい」で、分析家がとるべき位置の定式化を試みています。今あなたが言ったように、分析家は多種多様な背景を持っていますし、自分自身の無意識に関して訓練が要求されますし、患者の物語から距離を保つことも必要です……。

アンダーソン　分析作業をするのに構造が必要ですよね！

ジェラルディン　そうですね。

サリヴァン　あなたはどこに亀裂を置くのですか。どの場所にでしょうか。

ジェラルディン　二つのシニフィアンの間にです。

サリヴァン　患者と分析家の間ですか。

ジェラルディン　うーむ。違います！　二つのシニフィアンの間です（笑い）。今まで口に出されなかったことが、シニフィアンで構成された患者の語らい、たとえば患者の自由連想などから現われます。あなたはこれについて言いたくても何か別のことを言っているのです。言い間違いにおいては、何かが実現され、象徴化される傾向があります。ですので、実現しつつある何かをあなたが象徴化し損なった場合……。

サリヴァン　亀裂では治癒が起こっているのですか。

ジェラルディン　象徴界が機能するためには亀裂が必要なのです。ラカンはすべてのプラスチックのパーツを動かすことができる小さなおもちゃの隠喩を使っています。それらを動かすためには一つ欠けているところが必要なのです。さもないと動かすことができません。亀裂は欠かせないのです。象徴界は亀裂を必要とし、そうでなければ機能しません。

ジョアンナ・スウィフト　ロビン・アンダーソンに質問です。私が受けたスーパービジョンについてです。クライン派がどのようにこの特別な主題に関わっているのか関心がありますので。長い分析作業の一時点のことなのですが、患者が私の家の前庭から葡萄を取りたがったことがありました。この患者と私の関係はやや激しいものとなっていましたので、このことは彼女にとって象徴的でした。彼女は実際にそれをしたのです！　彼女は葡萄をひとふさ盗んで口にしたと次のセッションで言ったのです。そして次のように言いました。「あれは聖餐だったのです！」

「私の身体、私の血」と私は解釈しました。彼女は聖餐式の言語、つまりシニフィアンを利用しているのです。

そこでクライン派のスーパーバイザーが言ったのは「それは乳首です！」というものでした。それは原幻想の言語に翻訳されたのです。父親のアルコール依存症についての連想を聞き出していたのですけども、それによっていつもと同じ場所に戻ってきました。この父親に関する過去によって開かれた連想は、乳房に回帰することによって閉じられたのでした。言語とシニフィアンの連鎖はあなたの幻想の概念ではどこに場所があるのですか。

アンダーソン　私は代わりのスーパーバイザーになるつもりはありませんし、詳細について十分知っているというわけでもありません。もし私が一つの事柄や意味を与えることに還元する解釈を施すのならば、私自身としても疑問に思うでしょう。これは難しい問題ですね。私たちクライン派において現在そのような解釈は、かなり控えられていると言ってもよいのではないでしょうか。私たちは経験が始まる場所の原型を持っています。私たちには経験のスタート地点があるのです。あなたは経験について気づき、考えるきっかけとなるような解釈が自然な解釈だと言っているようですけど……。

スウィフト　私はそうした解釈がどこに行き、どこに導くのかということを、私が知ることができるかどうか質問したのです。あなたがたクライン派は素材に先立つものについて知っていることを主張します。私はそれがどこに向かうのかわかりませんが、その頑なな主張に一石を投じられたら良いと思っています……。

アンダーソン　患者がはっきり理解しない何かを分析家は時折理解します。患者が何かに囚われているという感覚や、患者に何かを与えることが重要だという感覚を得ることがあるかもしれません。「それは乳首です」と言うことに意味があるのは、患者にとってそれが意味に満ちている限りにおいてであると思います。私の立場はさまざまです。ときにはブラントンに対するフロイトのように亀裂を開こうとしますし、ときには亀裂は閉じきっているので分析家と患者という感覚がないことがあります。分析家は対話の可能性を築こうとしているのであって、未熟にも理解をしようと望むものではないのです。キーツの負の受容力という、私たちクライン派の多くに影響を与えた概念があるのですが、それは分からないという経験に耐えるということです。[*1] 分からないことに耐えることは、分析作業を行ううえで本質的で欠かすことができないことです。亀裂が気づかれていないときというのは、ちょうど、あまりにも他人との関係に関する問題に縛られて、フロイトと分析を始めることができなかったあの患者と一緒にいるようなものです。ですから、分析が開始されうる条件を築くことが問題なのです。

＊1　訳注　ビオンが「注意と解釈」（『精神分析の方法Ⅱ――セブン・サーヴァンツ』法政大学出版局、二〇〇二年）において、英国ロマン派の詩人キーツの書簡から引用したことによりクライン派に普及した概念。

デヴィッド・メイヤーズ　アンダーソン博士の黒い猫に関するシニフィアンの間の亀裂について考えてみました。黒い猫が二匹いるときには連想があります。そこでは視点が変わっています。鳥を口で捕えた猫は、まず牙と爪という明らかな口唇サディズムから始まりますが、その後、汚さと肛門サディズムに変わったのです。おそらく二匹の猫は混乱した二つの視点、すなわち肛門と口唇についての考えを区別しようとする、男の子の誤った試みなのです。クライン派／ビオン派の視点では、シニフィアンだけではなく、患者のシニフィアンに対する態度も問題となります。ラカン派にとってこのことはむしろ、シニフィアンの亀裂を橋渡ししようとする惑わしの試みであるかもしれません。このことはクライン派とラカン派の違いの一つと言えるでしょう。

ジェラルディン　私が参照したフロイトの一節で、彼は態度について言及しています。判断の認識と承認は、ラカンが言うところの欲望の引き受け以外の何物でもないのです。もし分析の結果が大文字の他者を前提とすると言うならば、主体は分析の終わりに欲望を承認されたと感じるでしょう。これはどういうことでしょうか。これは何かをシニフィアンを使って指し示すことによって、つまり判断によってのみ承認されるのです！　たとえば、治療の終わりに患者がこんな風に言うようなことです。「私はこれこれであったけれども、それはもう終わりです。これからは自分で決めます」。あるいは欲望の引き受けの他の道として「私はこれこれになるのです」というような場合がありますが、これも判断を通して行われるのです。

この最初のほうの例で言えば、それは分析家の面接室において、人がその何かから別れたということです。「それはもう終わりです！」シニフィアンに対する態度について話すということは、それらを口に出すことによってシニフィアンを象徴化することなのです！

アンダーソン　わからない点があります。あなたにお答えする前に、あなたが言うシニフィアンが何を意味するのかもう一度説明してください。私にはその部分がまだ摑めていません。それは言葉のことなのですか。

ジェラルディン　シニフィアンは言葉以上のものです。シニフィアンは他の多くのものになりえます。一例を挙げると、症状は部分的に分節化されたシニフィアンです。

アンダーソン　だからあなたはシニフィアンがいかにして無意識的なものに関係しているか関心を持っているのですね。

ジェラルディン　無意識は広がり続ける銀河のようであるとフロイトは言っています。それゆえ、私が分析を始めるとき、私には無意識がありません。分析を続けていくと無意識は次第に大きくなります。これがシニフィアンと無意識の関係です。

アンダーソン　あなたは患者の連想はシニフィアンであると言いましたね。

ジェラルディン　そうです。以前に象徴化されなかった何かがやがて象徴化されるのです。

アンダーソン（メイヤーズに対して）　あなたの黒猫についての質問に公正に答えることができません。私は混乱しています。どのように橋渡しをすれば良いのかわからないのです。印象に残っている唯一のものは、成長し発達する赤ん坊の無意識的世界を私たちがどのようにして考えるのかということです。そのことに違いがあるのだと思いました。（スウィフトに対して）あなたがクライン派のスーパービジョンを受けたとき、それはとても良いものだったと思うのですが……。

スウィフト　それはもう、すばらしいものでした！

アンダーソン　私自身に関して言えば、相当な抑うつ態勢に陥りましたけれども。さて、あなたの指摘を取り上げましょう。あなたは葡萄と彼女の父親のアルコール依存症との繋がりについて指摘し、そしてそれが赤ん坊と母親の関係以上のものであったと述べました。もしあなたがそれを解釈したならば、患者にとって統合的な経験となるでしょう。私の考えでは、象徴作用はラカン派が考えるように言語として始まるのではなく、堪えられない経験を収集することから始まります。その堪えられない経験は、赤ん坊が意味を獲得する際に堪えられるようになって語と連結されるのです。分析の仕事はこれらの領域の間に連結と橋渡しを生じさせることにあります。

なぜブラントン[*1]があのようなまといつく仕方でフロイトを必要としたのか興味深いですね。フロイトは患者が話すことができるように、少し突き放して亀裂を生じさせ、それに対処しました。私たちはそのことについて、何かに圧倒される恐怖という点から考えるでしょう。私たちはこう考えています。「なぜ患者はフロイトに執着する必要があったのか。彼は何を恐れているのか」。私たちが感じるのは、彼は有名な分析家だけれども、突き放されることを危惧していたのかもしれず、自分はまるで幼児のように何の準備もできていないことを恐れていたかもしれないということです。幼児の世界は太古のまとまりのない力の嵐から始まるものであると私たち考えます。そこで赤ん坊はあっちこっちに引っ張られますが、どうにかして意味とまとまりを持つようになります。

＊1　訳注　本章、ジェラルディンの発表を参照。

ときには分析される領域を狭めることによって対処する者もいます。

カースティー・ホール　問題の一つはクライン派とラカン派の言語はかなり異なっていて、正確に対応するものはほとんどないということです。両学派の発表者に、この問題と原光景という考えについて関係づけて話してもらえたらと思うのですが。クライン派とラカン派の間には象徴作用とその起源についての考えや、無意識の構築と機能についての考えにも相違があるのです。もしあなた方お二人が、フロイトが症例狼男のなかで重要視した原光景について話せば、象徴作用と無意識に関して違いが明らかになるのではないでしょうか。

アンダーソン　共通の素材を両者が眺めるというのは良い考えですね。しかし、私が狼男を読んだのは随分前のことになりますので、今一度読み直さなければなりません。

ジェラルディン　シニフィアンの機能に関して今ここで議論されていることを反映している一節があります。ラカンはその一節を何回も注釈していますが、特にそこで排除の理論を展開しました。彼はシニフィアンの棄却について注釈して、次の話を取り上げました。幼い少年であった狼男が庭に座っていた時、彼の一本の指が薄い皮膚一枚で吊り下がっているのを見ました。それは幻覚でした。それはラカンがパラノイアの構造を成立させている特別なメカニズムが何かということを探索した、三番目のセミネールをじっくり進めているとき（九一年）に再定式化されました。彼はメカニズムがどのように名付けられるべきかと考えていました。彼が試しにつけた用語は棄却でした。正確には何が棄却されたのでしょうか。その一年を通して彼は答えを見つけようとしたのです。棄却されたのはシニフィアンである、これが答えでした。しかしシニフィアンなら何でもというわけではありません。たとえば彼は、エディプス・コンプレクスのなかに〈父の名〉のシニフィアンを位置付けました。彼は理論を展開するなかで、症例狼男を取り上げました。狼男は間違いなくパラノイアの症例ではありませんが、幻覚のなかにラカンは似たものを見つけたのです。当時狼男によって棄却されていた性差のシニフィアンが視覚的、あるいは聴覚的幻覚の形をとって現実界から回帰したのです。これがシニフィアンと狼男の関係です。単なる一例に過ぎませんが！

質　問　シニフィアンを心的代理と考えても良いのでしょうか。ラカン派の観点ではシニフィアンは何かと結びついていなければなりませんが、それは単なる感情ではなさそうです。これは、情動によって作業し、それがどこへ至るかを見ることのできるクライン派の観点とは異なります。シニフィアンが分析主体の無意識から現われるまでは、情動は結びつくべきシニフィアンを探しているのです。ラカン派が情動を軽視するというのではないのです。情動はその意味が理解される前に、自由連想の連鎖のなかに入りこむ必要があるのです。私の理解は正しいでしょうか。

ジェラルディン　シニフィアンと情動の関係について言えば正しいです。情動は重要です！　患者が来て助けを必要としているときに聴けるものは、いつでも自由連想だけです。それは終りのない象徴とシニフィアンの繋がりです。それは彼の「物語」なのです。しかし、情動は常にあります。ラカンの『不安』のセミネール[*1]を見てください。最後にはただ一つの情動があります。それは不安です！　他のすべての種類の情緒と情動は、不安という一つの情動の部分的象徴化なのです。私は幸せを感じない、しかし不満足は感じると言う際、これは表面的には不安発作ではありませんし、汗や高血圧、動悸などの生理学上のパラメーターには表われません。しかしな

＊1　訳注　Lacan, J., *Le Séminaire Livre X : L'angoisse*, Seuil, 2004.

がら、私が何について不満足なのか言うことができないのです！　それにもかかわらず、心理学者から借りることのできる情緒のカタログをラカンは強調しています。すべての状況で私たちは情動に直面しているからです。

あなたの質問の別の箇所はフロイトを参照しています。フロイトの神経症との最初の対峙を見るならば、これは〈現実界の臨床〉でした。フリースへの手紙と『ヒステリー研究』を読んでください。情動の問題に対処しようと試みるなかで、彼は強度の過剰な表象の臨床、すなわち情動備給された観念の臨床を創出したのです。象徴化されていないものが現実界なのです。それは情動です！　私たちは患者に象徴化する機会を与えるべきです。二つのシニフィアンの間には、常に〈現実的な〉不安（たとえばパニック発作）が現実界の引き金を引く機会があるのです。不安発作のなかで、人はただ情動を支配しようとし、それに語をつけます。そうすると情動はある意味の成立や出現となります。私が他のシニフィアンを加える機会を得るや否や、意味に転換が起きます。臨床実践では、分析主体は彼の物語を繰り返し語り、記憶は話される度ごとに変化します。同じ物語は決してないのです。ただ一つの意味はないのです。物語を繰り返すとき、その物語は決して同じものにはならないのです。シニフィアンが付け加えられるとき、意味が転換されます。

ロバート・M・ヤング　私も過剰に単純化するリスクを負うかもしれませんが、そのことについて一言言わせてください。クライン派の仕事では、もし感情、経験、情動、発声などの一連の語があれば、あなたが一方から他方へしたような大きな跳躍の意味はありません。言語やシニフィアンが特別で不確かな知的空間にあるという感覚に頼らずに分析家は聴き、解釈を行うのです。もし私が仕事を上手くしているならば、それに私は認識論の余地がないと言っているわけではないのですが、もし分析作業が上手くいっている人なら、そんな領域について悩むことはないでしょう。

そのことについてたくさん話されてきましたが、何をから騒ぎしているのか私にはわかりません。ロビンがシニフィアンとは何ですかと訊いたら、みんなはくすくす笑いましたね。彼の肩を持つことになりますが、「私はシニフィアンなんかに躓《つまず》いていられない。ただ仕事をするだけだ」と言いたい気がします。二つの立場の間には枠組をつくる前提となる用語に関する大きな違いがあります。これについて何かおっしゃりたいことはありますか。

アンダーソン　ありますとも！　そのことについて私も一言。私はから騒ぎの全体が何であるか、つきとめる段階にまでは行っていませんが私たちがそれぞれの仕事をどのように感じているのかと思いを巡らせていました。それは「理解の瞬間」を理想化することではありません。全体的な分析の過程は、その人が何であるかということです。私たちはしばしば接触の瞬間について話します。私にとってそれは重要なことに思われました。思うに、フロイトが「あなたの夢は退屈だ」と言ったとき、それは突破口となる接触の瞬間なのではなかったでしょうか。その条件を受け入れた後、患者は自分自身と分析家とにいっそう接触することができるのです。分析家は患者が包まれていると感じるような介入をしようとしているのです。それは単に「愛される」ことではありません。それは単なる愛である必要はなく、患者を急に立ち止まらせるもので、扱いにくいものです。あなた（フィリップ・ジェラルディン）が話しているのを聞くときに、私はただ外国語を聞いているのではありません。難しいのは、私が慣れ親しんだと感じる何かをも聞いているということです。私たちはシニフィアンと差異についての要点を理解しようとしました。それは私が受け取ったと思ったかぎりにおいてですけども。私たちが所属する何かしら異なった立場というものがその難しさの原因ではないかと……。

ジェラルディン　ラカン派にとってシニフィアンだけが問題なのではありません！　しかし、臨床の状況で現われるのはシニフィアンだけなのです！　二つのシニフィアンとその間の亀裂があるならば、その間に現われることができるのは現実界、つまり情動であり不安なのです！　しかしそこは象徴界なのです。単に現実界だけがあるわけではありません。

主体は現実界の効果によって恐怖に慄いている、こうラカンは言っています。また何か別のものがあります。それは対象です。つまり対象 a なのですが、終わりに新しい理論概念を導入するのはやめておきましょう。では次のように言い換えてみます——対象としての大文字の他者と象徴界としての大文字の他者の間に繋がりがあります。

英語で話す際にはわかりやすくなります。大文字の他者（Other）とあなた（ロビン・アンダーソン）が話していた母（Mother）の間には一文字だけ違いがあります。フロイトは無意識を理解しようとしましたが、その最初の試みのなかで彼は母を定義しました。ラカンもずっと後に母を定義しましたが、それによれば母とは赤ん坊がしていることを彼女の言語、そして彼女自身の精神によって解釈し、意味を与える最初の大文字の他者なのです。それが母の重要性です。生まれたての小さな赤ん坊は、泣いたり叫んだりしますが、母は「お腹が減ったの？　オムツが濡れたの？　それとも病気？」と考えるのです。しかし彼女はこれを彼女自身の精神によって行うのです。ラカンが言うところによると、母は自分自身の欲望によって赤ん坊のために何かを象徴化するのです。

アンダーソン　終わりにふさわしい指摘ではないでしょうか！

今日のクラインとラカン

マルク・デュ・リー
エリック・ロラン

1 メルツァーへのインタビュー[†1]

マルク・デュ・リー

デュ・リー 英国の事情で特徴的なのは、英国精神分析協会[*1]の内部でさえもさまざまな考えが存在するということです。では、分析家の教育という観点から見て、クライン派のアプローチと他のアプローチとを区別するものとは何でしょうか。

メルツァー それは何を強調するかによるでしょう。実際、クライン派のアプローチには二つの中心があります。主な中心はもちろん精神分析学会ですが、さらにもう一つ、とりわけクライン派の分析のなかでも児童に関することならば、タヴィストック・クリニックが中心的な存在です。というわけで、教育分析へのクライン派の

†1 原注 このインタビューは最初、「ドナルド・メルツァーがクラインから受け継いだもの」という題で、La Bottega dell Anima からイタリア語で出版されたものである。英語への翻訳はすでに、マルク・デュ・リーによってなされていた。彼らの許可を得て、ここに採録する。

＊1 訳注 The British Psycho-Analytical Society. 国際精神分析協会（ＩＰＡ）の下部組織。後述される精神分析学会 Institute of Psycho-Analysis は、この英国協会の中心機構であり、協会の管理や、分析家の養成に携わっている。

アプローチについて知りたければ、クライン夫人の死後に起こったことについて考えなければなりません。クライン夫人が亡くなる前は紳士協定[*1]に基づいたクライン派の教育が行われていました。その頃は、クライン派の分析やスーパービジョンを受けた人びとが他の二つのグループとともにセミナーを開くこともありましたが、実質上、教育プログラムはクライン派の分析家によって運営されていました。クラインが亡くなって数年後、会員規約は変化し、協会は会員数もポリシーも変化しました。教育は混交したものとなり、私の考えでは、クライン派の教育は多かれ少なかれ雑多な教育方針によって圧倒されたように思います。

もちろん、今でもクライン派の分析やスーパービジョンを受けることはできますが、教育的な仕事はいっそう散漫になり、クライン派のアプローチの特異性は重要視されなくなりました。そのため、中間グループとの間に和解のようなものが確立され、[*2]少なくとも一人の中間グループのスーパーバイザーを持つよう勧められるようになりました。英国協会においてもクライン派の特異性は同様の事態を被っていると思います。というのも、ビオンの功績が実際には吸収されていないからです。そのほとんどはリップサービスのレベルに留まっており、臨床実践に吸収されていません。そのために、私の考えでは、英国協会におけるクライン派の仕事は多かれ少なかれ六〇年代中期か後期のレベルに留まっているようです。つまり、好戦的で攻撃的と見なされているのです。さらには、私自身には非常に不快な方向へ向かさられているようです。そのため、クライン派はひどい評判を受けており、人びとの間ではクライン派のゲシュタポとかいったことなどが話されています。まったく不快なことで

＊1　訳注　一九四一年にアンナ・フロイト派とクライン派の間で論争が起こり、一九四五年までに活発な会議が開かれた。（議論は以下の本にまとめられている。*The Freud–Klein controversies 1941–1945*, edited by Pearl King and Ricardo Steiner, Routledge, 1991）一九四五年に両者に対して中立な中間グループ（独立派）が作られ、相互に教育に関わるという紳士協定によって論争は終結した。

＊2　訳注　紳士協定の脚注を参照。

す。しかし、技法においてある種の攻撃的な傾向があるために、クライン派にはそのような火の粉がかかっているのでしょう。

デュ・リー　では、タヴィストックではどうでしょうか。

メルツァー　タヴィストックでの仕事はまったく違っています。私が精神分析の仕事の芸術的で人間的な性質について語ってきたことにふさわしいものだと思います。理論よりも観察を強調しているのです。実際、コースは二つに分割されます。二年間の観察コースとそれに続く二年間の臨床実践コースです。この臨床実践コースのために、タヴィストックの教育システムは非常に独特なものとなっています。またこのシステムのおかげで、志願者の選定作業の労を省くことができます。というのも、まずこの全体の雰囲気が、教育の場というよりは分析作業を行っているという感じだからです。次に、もちろん、子どもとの分析作業を望む人と、成人患者の分析家として教育を受けたい人とでは、その動機付けが大変異なっているからです。分析作業は私の妻や私自身、そして私たちから教育を受けた人びとの影響のもとに行われます。また、これはビオンの功績の影響を受けてきましたし、今なおそうです。実に豊かに発展していると思います。

デュ・リー　教育に関して、国際精神分析協会（ＩＰＡ）の組織とタヴィストックとをもう少し対比してみたいと思います。というのも、この二つの組織の関係は英国人ではない読者には謎めいているからです。スーパービジョンについて取り上げてみますが、分析そのものではなくて分析家のほうがスーパービジョンの対象になっているという批判がありますよね。[†1]

メルツァー　ええ、おそらくは事実でしょう。そしてまたおそらくは、スーパーバイザーが研修中の分析家の逆転移を検討して話し合うという、広く行き渡った習慣があるのも事実です。しかし、そのようなことはタヴィストックでは行われません。そうしたことはすべて各個人の分析に任せられます。

デュ・リー　重要な違いですね。

メルツァー　私たちの目からすればそのようなスーパービジョンは、プライバシーの侵害だと思います。逆転移を背景にした行為に見られるような、抑制されるべき最悪の事態が起こるのでもなければ、そのようなことは行いません。しかし稀にはそういうこともあるでしょうが。ええたしかに、多くの施設ではスーパービジョンはおもに教育的な機能を果たしております。それは研修中の分析家に精神分析技法を教えるためのもので、患者の治療についてのスーパービジョンを行うのではありません。しかしタヴィストックでは、スーパービジョンとは常に患者の治療のスーパービジョンを行うということです。そして患者を治療し経験を積むことで精神分析を実践できるようになるという信念があるのです。これはビオンの言う「経験から学ぶこと」という概念を吸収した結果です。この概念は物事「について」学ぶこととは対立するものです。

デュ・リー　ＩＰＡに関して私たちが理解したことといえば、教育分析と治療的ないし個人的な分析との違いがぼやけているということです。タヴィストックでのポリシーはどうでしょうか。

†1　原注　'D'un discours à l'autre, l'institution dite du contrôle', *Scilicet*, 6/7, p. 213

メルツァー　ええもちろん、タヴィストックのポリシーは、実質的に個人の教育分析と何の関係も持たないということ、そして分析のために選ばれる人物についてはできるだけ制限を設けないことにあります。タヴィストックでの教育を申し込んだ人がすでに分析を受けていたとしても、ある意味でもっと「尊敬できる」人に交代するよう強要することはありません。だからユング派の分析を受けることもできます。ときにはユング派でも英国協会のメンバーでもない分析家たちに受け入れられる人もありました。それからもちろん、タヴィストックの児童分析家は最終的には、正当に教育分析家として受け入れられるような、熟練して経験豊かな成人分析家となります。このようにして自分の力で成長していくのです。また、すでに分析を受けている人は尊重され、教育期間に分析を受ける必要は無いと見なされます。つまり、十分に長いあいだ分析を受けていたり、または患者と分析家の双方の意見において治療的に成功したと言える分析を行っていたりする人に対しては、タヴィストックはこのような分析を教育分析として認めます。このようなことを行ってきたのはフランスの分析家だけだったと思います。

デュ・リー　二つの組織の対比を続けましょう。知識とは何かという問いと知識の伝達という問題が生じます。分析はその都度特定の知識とその効果を疑問に付すので、個々の分析は（教育分析であろうと治療上の分析であろうと）他とは代えがたいものであると言われてきました。この知識はたとえば、講義のなかで教えられ伝達された知識の総体とどのように関係するのでしょうか。

メルツァー　タヴィストックでは常に、理論的な講義よりも臨床セミナーや臨床の素材の方が強調されています。文献研究は教育のなかでも比較的後期に位置づけられるので、人びとは頭の中に理論的な考えや先入観を持つことなく分析作業を開始します。おそらく、タヴィストックで学んだ人たちは精神分析的文化論の文献に対して熱心ではないですし、広く通じてはいないでしょう。しかし彼らは教養的な文学に広く通じています。その理由はきわめてシンプルでして、タヴィストックで働く人びとの大部分が教師であり、歴史や文学の学位を持っているからです。当然彼らは、分析作業のなかで、たとえば文学の例を挙げて臨床問題を明らかにしようとするでしょう。こうして学生たちは精神分析の文献よりも文学を読むよう促されるのです。

デュ・リー　あなたはニューヨークで医学を、セントルイスで精神医学を学ばれましたね。最後に、あなたはここ英国でメラニー・クラインから教育分析を受けました。ご自身の教育分析についてお話し願えませんでしょうか。分析家として養成されるうえで真に効果的だったと覚えておられるものは何でしょうか。

メルツァー　なぜエンジニアではなくて精神分析家になろうと決心したのかは覚えていませんが、それは一六歳のときにはじめてフロイトを読んだときのことだったと思います。私をそのような方向へと突き動かしたのが何かはわかりませんでした。しかしおそらくは青年期の空想のせいでしょう。医学生の頃の私は、短期研修としてロレッタ・ベンダーと仕事を行い、それがきっかけで児童精神科医および児童分析家になろうと決心したのでした。そもそもセントルイスに行って精神医学の教育を受けたのは、そこが私の実家と妻の実家の中間にあったからという、きわめて単純な理由からでした。まったくひどい理由ですね。そして、そこで私は神経精神科医および児童精神科医としての教育を受けました。しかし、メラニー・クラインに対する私の関心は、ベルヴューのロレッタ・ベンダーの病棟で統合失調症的な精神病の子どもを支援していたときに始まりました。私は医学生として、それまでにはかなりの量の精神分析と精神医学の文献を読んでいましたが、そういった文献がこれらの精神病の子どもたちに囲まれた私にしっくりきたのです。それからというもの、たしか一九四三年から一九五四年までのことだと思いますが、私は精神分析の教育を受け、分析家として養成されるために、ここに移住してきました。

デュ・リー　その頃のあなたが最も衝撃を受けたのは何ですか。

メルツァー　私はセントルイスにいる間、シカゴ学派と関わりのある研究集団のなかで分析を受け、精神分析の教育をたくさん受けましたが、私が本当の意味で分析家として養成されたのは、スーパービジョンのもとで症例を持ち、セミナーに出席することなどによってでした。そして間違いなく、おもにメラニー・クラインとの分析によって私は養成されたのです。クラインの分析が私を形作ったのです。私のなかではそれは疑いのないことです。

デュ・リー　タヴィストックはあなたの経歴のなかで重要な部分を占めているように思えますが。

メルツァー　ええ、私はタヴィストックで教えはじめました。そこで児童分析の教育を提唱していたエスター・ビックと協力するようになりました。そして、先ほど申し上げました通り、マルタ・ハリスと結婚してタヴィストックで共に働くようになりました。私たちは間違いなくこのような教育の組み立てに寄与したと確信しています。

デュ・リー　もし間違っていたら訂正していただきたいのですが、今のあなたは英国協会はもちろん、タヴィストックでも仕事をしていないと思います。現在これらの組織以外で仕事をされているのですか。

メルツァー　ええ、私は精神分析学会では講義をしておりません。私はおそらくはスーパーバイザーとしては受け入れられないでしょう。スーパービジョンのために私のもとを訪れるのは、分析家としてすでに認定されている人びとです。彼らの多くはクライン派の分析家であるとか、ユング派の分析家であるとか、あるいは英国精神療法家協会やロンドン精神療法センターで教育を受けた人びとであるとか、そういった人びとなのです。海外ではおもに子どもと分析作業をしたり、精神病の患者に関わっている人びとと分析作業をしたりしています。大学とか、ときには団体に呼ばれて話をすることもありましたが、私は実際に組織の人間ではなく、公式の団体にコミットした人間でもないのです。ええもちろん、ミラノ大学の客員教授をしておりますが、それは名目上のことです。

デュ・リー　タヴィストックはどのようにして児童分析の「専門家養成機関」として知られるようになったのでしょうか。

メルツァー　精神分析学会では児童分析は死に絶えたからでしょう。惜しい話です。ウィニコットは児童分析の教育に熱心で、十の面接室からなる児童分析の部局を持っていました。しかしそれらが利用されることはありませんでした。その部屋は事務組織が拡大するにつれ秘書たちが使うようになりました。このため、児童分析はタヴィストックやミス・フロイトのハムステッド・クリニックに飛び出してゆきました。その後ミス・フロイトのクリニックを何らかの形で精神分析学会に戻そうという試みがありましたが、成功しませんでした。その理由の一つとして、はじめはおもに児童療法家として教育を受けていた人びとが、続けて精神分析学会で成人分析の教育を受けるため、児童の領域から消えていったということが挙げられます。そういった人びとは消えていったのです。彼らは児童精神療法協会のメンバーであり続けましたが、児童分析を教える者でも、児童療法家でもなくなったのです。その結果、こうした流れをやめて――というのも、児童分析は一定の期間だけにしておいて、五十代にはそれをやめなければならなかったので――、代わりに成人患者との分析における非公式の教育を受けるよう勧められることになりました。タヴィストックでは、経験を積んだ児童精神療法家が成人に対する分析的精神療法の教育を正式に受けられるようにしようとしています。

デュ・リー　たしかに、そう聞いています。もう少し専門家の養成という問題を考えましょう。以前、児童分析家の資質についてお尋ねしたと思いますが、これは精神分析家のアイデンティティーあるいは本質に関わる問題を提起するのではないでしょうか。児童分析家と成人分析家を区別することはできるのでしょうか。

メルツァー　区別することは全くできないでしょう。しかし、子どもと分析作業を経験したことのない人は、そうした経験をしたことのある人と同じようには成人患者のなかに子どもを見ないというのも事実です。そのため、こうした人びとの話し掛け方、あるいは患者の扱い方、素材の見方には幼児的次元が欠けています。幼児的次元に関してはひどく理論的になりがちです。子どもがどのように話し、考え、遊ぶのか詳しく知っておくことを、その基礎に置いていないのです。残念ながら、人は自分の子どもを育てているときに、治療で得られるような体系的な観察をその子に向けるわけではありません。つまり六人もの子どもを育てることができたとしても、子どもがどのように考え、感じ、遊ぶのかについて知ることにかけては、数年の分析作業を終えた児童療法家にはかなわないと言いたいのです。このことが、分析作業の質に大きな違いをもたらします。たしかに、クライン全盛の頃は、クライン派グループの人はすべて児童分析家として、そして同時に青少年分析家として教育を受けました。しかし、これは幼い子ども、潜在期の子ども、青年に限られましたし、また、ほとんどの人びとはそれっきり子どもを診ませんでした。私の場合は、児童精神科医として教育を受けたおかげで、子どもとの分析作業をとても容易で自然に続けることができたということも言っておきましょう。

デュ・リー　あなたはこの領野で長い経験をお持ちです。そうした経験のなかで、精神病の子どもや自閉症児と分析作業する精神分析家、実際には精神分析的精神療法家に、どのような資質を期待するようになりましたか。

メルツァー　良い分析家にふさわしい資質について、私の考えは年が経つにつれて変わってきたように思います。とても高い知性が必要だと考えたときもありました。今はもうそのようには考えておりません。良い知性であるだけで十分です。精神分析作業に必要な知性の種類は、心の奥底からやって来るものであって、社会や学術団体で通常表に現われているような水準から得られるものではありませんから。私自身が人びとと関わるときや、どの学生を患者さんと引き合わせるか決めるときに、私が最も求めるものは優しさです。これはマネー・カールから学んだことです。これこそ分析家に必須のものとして求められるものだと思います。優しさとは寛大さ、寛容さ、献身の心構え、つまり人に対する激しく情緒的な関心を受け止める能力なのです。この概念はとても複雑です。理論に浸り過ぎている人や、理論に興味を持ち過ぎている人、精神分析理論を説明的だと考えている人などを、私は好みません。この領野に来る人には、医学を勉強するのではなく、英文学や美術史など、そういった類の人文科学や文学を勉強するようにお勧めします。しかし、哲学はいけません。

デュ・リー　まあ、その点に関しては反論が為されるかもしれませんが。

メルツァー　この領野で私が哲学者と経験したことから言えば、哲学的な教育は大きな障害となると思います。

デュ・リー　少し話を変えましょう。教育の段階ですでに、ある種の理論的創造性があることは良いことだとは思われませんか。

メルツァー　思いません。大きな障害です。精神分析が科学であるとすれば、それは記述的な科学です。どのような意味でも説明的科学ではありません。精神分析が真に前進するとすれば、それは正確で持続的な観察と、正確で誠実な記述によってです。私に関しては、そうしたことが実践における精神分析的研究のすべてです。

デュ・リー　教育の問題から、しばし、施設の問題へと移りましょう。他の精神療法的業績と比べて、精神分析は病院などで行われる作業にどのような貢献をなしたと思われますか。

メルツァー　それは私の領分ではありません。しかし私の見る限りでは、ビオンが「集団における経験」で推し進めた考えが発展したことで、大変な価値が見出せるようになったと思います。そうした考えは、ミッドランドのどこかで行われている会議によって発展させられました[*1]。正確な名前がちょっと思い出せないのですが、この会議はまだ続いており、イザベル・メンジーズ・リスやエリオット・ジェイクスなどの人びとが参加しています。私はこうした仕事にあまり関心を持たずにきました。というのも、私が集団に関するビオンの考えに興味を持ったのは、主に分析状況そのものでそれらがどのように応用できるかについてだったからです。私は集団療法家だったことはありませんし、完全に強制される以外には、政治的な形で組織に参加したこともありません。で

＊1　訳注　イングランド中部のミッドランド地方の都市レスターで行われている会議。通称レスター会議。詳しくは本書第三章、ヤングの発表を参照。

すから、この話は私の領分ではありません。

デュ・リー　しかし、あなたはクリニックと個人開業の両方で働いたことがありますよね。

メルツァー　ええ、合衆国でクリニックをやっていました。また、児童精神科医局を担当したこともあります。英国空軍で精神科の軍務に携わったこともあります。その期間は六年間でしたが、それは強制されてのことでした。ですので、私は組織の仕事に携わったことはありません。また、おそらく私はそうした仕事には向いていないでしょう。

デュ・リー　もっと大きな話になりますが、英国の精神分析が置かれている環境を他の国々、たとえば合衆国のそれと区別するものとしては、どのような特徴、あるいは傾向が最も重要だとお考えですか。

メルツァー　もちろん合衆国は非常に強力な集権化のポリシーに従っており、アメリカのＩＰＡを通じてさまざまな施設が管理されています。一方、そうしたことは英国では行われていません。このため、アメリカの精神分析はとても広く行き渡りましたが、その一方、英国のポリシーは、ロンドン以外の人びとが精神分析家としての教育を受けることを不可能にしてきました。教育はとても長い時間がかかりますので、教育が終わるまで、家族や生活、臨床実践の仕事をロンドンに確立し、皆ロンドンに滞在するのです。このため、英国での精神分析は不幸な都市型発展、単一都市型の発展しか遂げませんでした。イタリアや、フランスとはだいぶ異なります。分析を受けたり、教育分析家を名乗ったり、スーパービジョンを受けたりすることを、ロンドンの外でも許してはどうかという問題に関して、英国協会が一切折れなかったからです。オックスフォードに英国協会の教育分析家が私を含めて五人もいたときでさえ，彼らは，私たちのところに来た志願者は，二つのスーパービジョンのうちの一つをロンドンまで受けに来なければならないと主張したのです。

デュ・リー　ただ形式的な要求で，些細なこととも思えますが。

メルツァー　私たちが離反し，別の学会を作ろうとしていると彼らは思ったのです。一方，私たちは英国協会や，そういった組織から逃げてここへ来たのですから，誰も精神分析の学派を作ることなど夢にも思っていませんでした。しかし彼らは，二人目の教育分析家まで私たちに任せてしまうようなことをすれば，私たちが馬鹿なことをしでかすだろうと考えたのです。

デュ・リー　それでは，ここ英国で精神分析が直面している最も切実な問題とは何だと思われますか。

メルツァー　最も切実な問題は，この国のなかで精神分析を広めることですが，それは無理でしょう。精神分析が広まるとすれば，多様な性質を持った新しい教育組織を通じてでしょうね。教育を受けて精神療法家となったさまざまな資格を持つ人びとによって運営されるような組織です。こうしたことはすでに起こりつつあります。この国のさまざまな場所を中心として教育グループが生まれています。もちろん，彼らは，人びとを迎え入れて講義をすることなどによって，人びとの資質を向上させようとしています。サウスウエストや，バーミンガム，ケンブリッジなどの場所で，私はそうしたグループを見たことがあります。こうしたグループが発展中ですし，これからさらに発展するでしょう。英国協会による精神分析独占の神話はやがて消え去り，彼らはこの領野で相手にされなくなるでしょう。

デュ・リー　あなたは、この発展は多様な性質を持つだろうと言いました。これは、つまり、あなたが集権的な権威を必要と考えていないということでよろしいのでしょうか。

メルツァー　はい。まったく必要だとは思いません。ともに学び、お互いの発展を助け合うような人びとを応援したいのです。こうした人は発展するでしょう。研究を重ね、人びとを迎えて、今行っているように講義を行うでしょう。週末研究会なども行い、発展していくでしょう。患者さんとともにあってこそ、発展が為されるのです。たくさんの文献も手に入りますし、また、多くの人びとがやってきて、講義やセミナーなどで彼らに力を貸してくれるでしょう。精神分析協会は、ちっぽけなエリート主義的組織として取り残されるでしょう。残念ながら、そうした組織は人びとに軽蔑されるようになるでしょう。

デュ・リー　世界的に見れば、このことはＩＰＡにも当てはまるでしょうか。

メルツァー　ほかの国には、それぞれの傾向があります。デンマークでは、同じような傾向がありますが、ドイツでは違います。ドイツでの発展は注目に値します。少なくとも二つの中心があるおかげでありましょうし、とても優れた会長に恵まれてきたからでもありましょう。しかし、ベネルクス三国やスカンディナビアでは、英国と同じような制限を課す措置が取られてきました。諸学派は小さいままで、古い人間が管理しつづけています。それゆえ一向に発展しませんでした。一方、精神療法は発展しています。精神分析の発展もありましたが、それはまた、いわゆる公式グループの外部でのことでした。スペインもある程度この問題を抱えていると思います。バルセロナやマドリッドでは、諸学派は小さく、エリート主義的で、制限を課しています。この一因として、英国からの影響、主にクライン派の影響があるでしょう。

デュ・リー　最後の質問です。難しい質問かもしれませんが、あなたは自分自身の影響をどのように評価しますか。あなたの与えた影響は、英国での発展において重要なものだと思いますが。

メルツァー　それは歴史が決めることでしょう。私が貢献したのは、臨床作業、臨床観察を強く強調したことだと思います。そして、人びとがビオンの業績を理解するための手助けができたと思います。これは精神分析にとって、次の大きなステップです。私の仕事や考えなどにもいくつか独創的なものがあるとは思いますが、それは精神分析がどのようにして発展するかということではないと思います。発展のための「ステップブック」理論とかつて呼ばれたようなものでしょう。つまり、非凡な貢献を為した人びとは本当にほとんどいないのです。おそらく全部で六、七人ではないでしょうか。フロイト、アブラハム、クライン、ビオン。またパウル・シルダー[*1]や初期のヴィルヘルム・ライヒ[*2]のような人も含めたいと思います。独創的な考えを持った人などほんの一握りに過ぎません。私には独創的な考えなどありませんでした。

デュ・リー　その点では異論のある方もいらっしゃるでしょう。

メルツァー　まあ、こういうことが耳新しい方もいらっしゃるでしょうから。言い方を換えてみましょう。彼らは独創的な考えがどこからやってくるかを分かっていないのです。謙遜ではありません。精神分析がどのよう

＊1　訳注　Paul Schilder（1886–1940）．オーストリアの精神科医、精神分析家。主な著書に『身体の心理学』北條敬訳、星和書店、一九八七年。

＊2　訳注　後期にはオルゴン・ボックスの発明などで知られるライヒは、初期には性格分析についてなど、臨床に則した著作を記している。

にして成長するかについての私の考えに基づいて述べているのです。精神分析は面接室で成長します。そこでは人びとが除々に経験を積み、お互いに話し合えるようになります。臨床的素材の近くにいる間に、人びとは徐々に理解しながらお互いに話し合えるようになるのです。理論について話し始めるや否や、学派やら対立やら政治やら、本当にやれやれです。こうした態度の取り方だけが私の貢献だと思います。

デュ・リー　メルツァー博士、どうもありがとうございました。

2 クライン派解釈再考――どのような違いがあるのか

エリック・ロラン

話の用法

『セミネール』第四巻、一一二頁[*1]の素晴らしい一節で、ラカンはメラニー・クラインとアンナ・フロイトを比較し、それぞれを対照している。ラカンは当時の精神分析において、話の機能に関する考慮が欠けていると感じていた。実際当時は解釈過剰な時期であったから、それは逆説的である。その頃は、「私がかくかくと言うと、それはしかじかと翻訳される」というような翻訳的な解釈に依拠することで、精神分析が極めて多くのテクストを産出していた時期だった。それは分析が恥も慎みも失った時期であった。患者が言ったことはすべて翻訳された。この実践が基礎としていた言語観は素朴なものであり、もはやフロイトの教養を受け継ぐものではなかった。また、こうした実践は、〈無意識〉を実在するものとして扱おうとする実証主義的な言語観に満ちていた。そこでは、〈無意識〉は参照物として、つまりこうした解釈を行うための直接的な参照物として実在していると

＊1　訳注　Lacan, J., *Le Séminaire IV*, Seuil, 1994. ここは原書の頁数。以下、同じ。

されたのである。こうしたなか、ラカンはメラニー・クラインとアンナ・フロイトに欠けているところを、それぞれ異なる仕方で指摘している。

アンナ・フロイトの考えによれば、子どもは全面的に実際の契機のなかに囚われている。つまり、両親は現実における実際の両親であり、そのため、解釈することはできず、遊ぶことだけ可能なのである。分析家はそのゲームに入らなければならない。それに関してラカンは次のように言っている。「話の関係とは別の関係に分析家が参加するということになるが、それは話の領野を、もちろん展開されないままに、また、ありのままに捉えることもしないままに残すことになるが、それでも話の領野が存在するということだけは指し示しておくことになる」。これは実際、話の関係のネガとして示されているのである。アンナ・フロイトは話を拒絶することによって、話の射程を示して見せる。そうした点では、ラカンはアンナ・フロイトを評価している。それは親切なことと言ってもよいであろう。彼女の業績に注釈をつけることで、ラカンは彼女から学んでいるのだから。

メラニー・クラインの考えはまったく正反対である。ラカンは次のように言う。「メラニー・クラインは、子どもの分析は成人の分析に限りなく似ており、相当早い年齢においてさえ、子どもの無意識における問題はすでに現実の親と関係ないと言っています。これはアンナ・フロイトの言ったこととは正反対です。二歳半と三歳のあいだでもすでに、現実の関係で確認できる事柄について、状況は完全に改変されるのです」。

ここで、二歳半から解釈を行えるという認可が得られる。このことは疑いない。しかし、なによりもまず次のことが注意されねばならない。今や誰もが確信していることだが、二歳半から三歳の時点ですでに、話に出てくる両親は、もはや子どもにとって実際の両親のことではないのである。分析において明らかにされねばならないことは、単に、現実的なものとの直接の関係ではなく、象徴化のなかにすでに書き込まれた関係なのである。

話の使用に関して二人の女性の間で行われた議論を、ラカンは分析実践に結び付く実用的な視野のなかに導入した。これはセミネール第四巻の九六頁にさっそく述べられている。ここでラカンは、クリスマス休暇の間に、子どもの男根期について論じたアングロ・サクソン圏の文献をすべて読み直したことを打ち明けている。「すべての著者が次のことを認めています。発達の転回点においてエディプスに参入する際、少女は欠けているファルスの代替物として父の子どもを望むようになる、そして、それをもらえないという失望が、エディプスに参入するために通った逆説的な道を引き返させ、女性的立場の回復へ向かわせるにあたって、本質的な役割を果たす。父の望んだ子どもの剥奪が現在の影響に関わっているということを示すために、ある著者は幼い少女の例を引いています。この少女は分析を受けていたのですが、先ほどの説によって、自分の無意識で起きていたことについての多くの説明を与えられました。彼女に与えられた説明の結果、彼女は毎朝起きるなり、父親の子どもがやってきたかどうか、それがやってくるのは今日か明日かと尋ねるようになりました。彼女は毎朝それを、怒りながら、泣きながら、尋ねました」。

ラカンはここで「分析実践からの逸脱」について述べている。このような知識の機能を、解釈として伝達されたものと考えることはできない。解釈としての効果を持つどころか、子どもの不安を助長するだけにすぎず、そのため子どもはファルスの代わりに、父の子どもを要求するのである。

解釈の契機

ラカンは続ける。「解釈は子どもの発達のある段階の後にのみ効果を持ちうるということが、このことによって明らかになるでしょう」。ラカンが語りかけている相手は、段階や段階の変化といったことに、ゆるぎない信念を持っている人びとである。こうした人びとにラカンが説明しているのは、ある段階において、別の段階について話す場合にのみ解釈することができるということである。言い換えれば、メタ言語、そして対象言語が必要なのである。私には、このことは特にドルト夫人の弟子たちに向けられたものだと思われる。彼女の明白な教義というのは、口唇期を肛門期から、肛門期を男根期から解釈するというものであった。

たとえば、非常に貪欲な子どもは、模型用粘土に手で触れると、それを全身に塗りたくる。「あなたは自分をうんこで覆っているんだよ」とこの子に言いはしない。「あなたは粘土を、あなたの手のお口で貪っているんだよ」と言うのである。何故だろうか。それは、この子が実際には肛門期にいるからなのである。この子に対し、うんこで自分を覆っているのは、それがこの子の対象だからだとは解釈できない。解釈は、この子がすでに通過した段階、つまり口唇期によって行われるのである。これは馬鹿げたことではない。少なくともそれは、自分が誰に話し掛けているのかを知らなければならないと考えることなのである。落っこちたり、貯めこまれたりする対象、つまり肛門的対象の立場に子どもが囚われている場合、その子に対して「手の口」という口唇的用語で話すことは、括約筋について話すことよりも利口なことであり、このことが考慮に入れられねばならないのである。ただし、現行の段階を孤立させ、常に以前の段階の用語で子どもに話し掛けるというやり方を機械的に行うというわけではない。話し掛けるのは、子どもが応答する機会を持つ契機に向けて、つまり、自分が置かれた現実に対して子どもが応答できるようになる契機に向けてなのである。

そのようなわけで、ラカンは九九頁でこのように言う。「ファルスが作用するのは、現行の段階そのときか、その後においてでしかなく、また、主体にとって問題となる父の子どもが、主体の試してきたものに関する一連の象徴的反響の戯れのなかに入ってくる限りにおいてなのです」。

象徴界の作用

ラカンは一一二頁でメラニー・クラインにオマージュを捧げてから、すぐに距離を取っている。「メラニー・クラインの主張に私たちは賛成すべきでしょうか。こうした主張は、彼女の経験に拠って立つものです。この経験は観察のなかで私たちに伝えられるのですが、それはときに物事を奇妙な方向へと推し進めます。この魔女の壺を覗いてみましょう。その底にあるひとまとまりの想像的世界、つまり母の身体という「包むもの」では、起源から存在するあらゆる原初的な幻想が混ざり合い、あらかじめ設えられたドラマのなかで構造化されようとしています。私たちは自問せずにはいられません。いったい何を目にしているのか。遡れば遡るほど満たされていくようなこの劇的な象徴化は、いったい何を意味しているのかと。それはまるで起源に近づけば近づくほど、エディプス・コンプレクスがすでにそこにあり、分節化されて、行為に移されるのを待っていたとでも言わんばかりです。このことは少なくとも問うてみる価値があるでしょう。問うてみたなら、この問いはいたるところで湧き上がります」。

ラカンはメラニー・クラインに問い掛ける。起源を取るのか、構造を取るのか。それは起源の問題なのか、構造の問題なのか。

セミネール第四巻の全体の主張は、ファルスという特殊な概念へのクラインのアプローチに対して、完全な代わりの方法を提供することである。ファルスという概念は、彼女の著作からはすっぽり抜け落ちている。ファルスは、症例ディックにおいても、症例リチャードにおいても不在なのである。そこで代わりに提示されているのは、むしろ扱いづらい換喩的ペニスである。

ラカンが指標として挙げているような、すでに象徴化されていること、すでに起こっていること、そしてもはや主体がそうではなくなってしまったものに関しては、メラニー・クラインは自分の立場をどのように取っていくのだろうか。あるいは、主体が語っていることの反響を聞きながら主体に話し掛けるとしたら何を話せるのかということについて、メラニー・クラインの立場はどのようになるのだろうか。

ディックは精神病的な子どもである。メラニー・クラインはスキゾフレニア（統合失調症）と言っている。ラカンは、セミネール第一巻でその症例にコメントして、診断については差し控えたが、この子どもがすっかり現実性のなかにいるということを指摘している。この現実性という用語は、その頃、現実界という意味でも使われていた。ディックは現実界にいるのである。セミネール第一巻から第四巻において、現実性と現実界は二股をかけられ、重なり、ときどき区別され、別のときにはまとめられている。彼はロジーヌ・ルフォールの狼少年を、[*1]現実界にいる子どもとして話そうとした。[*2]しかし、彼が現実界にいるからといって、象徴界の作用が妨げられるわけではない。というのも、ロベールは洗礼（命名式）という、象徴界の作用に導かれているからである。

　症例ディックの場合、この作用はどのようなものであったのだろうか。最初のセッションから、メラニー・クラインは、パパ、ママ、性交という、言わば原光景を名指ししていた。ラカンは言う。これは驚くべきことだ、彼女はエディプスを設立している。これはどのような意味だろうか。なんであれ、エディプス的なドラマ作りはここでは為されていない。正確に言えば、クラインが挿入したのは、パパとママが性交しているという原光景なのである。

　ラカンの指摘によれば、このような原光景の記述が表面上設立されるときに、四つの項が機能している。つまり、パパ・ママ・ファルス・主体という四元素が機能しているのである。エディプスの導入とは、エディプス的ドラマを導入するということではなく、四つの項を導入するということなのである。

　ラカンはメラニー・クラインがエディプスを設立していると述べたが、そのとき彼が避けようとしていたのは、まさに原光景を名指すことである。それによってラカンは、次のような考えをいったん忘れさせようとしている。つまり、原光景を初めから名指しし、それによって、享楽をまったく象徴化できないために苦しんでいる

＊1　訳注　Rosine Lefort et Robert Lefort, *Les structures de la psychose : L'Enfant au loup et le Président*, Seuil, 1988.

＊2　訳注　ジャック・ラカン『フロイトの技法論』〔上〕一四六―一七二頁。

この精神病の少年を、享楽に直面させなければならないという考えである。

ここで質問してみたい。精神病の子どもとの最初のセッションにおいて、「パパとママは性交している、あなたはこれに気づいていますか」などと言うだろうか。精神病の子どもは皆、何かを穴に入れようとする。このような行動が起こらないセッションは稀である。これを利用して、「そう、それだ。パパがママにしていることは」、このように言うだろうか。精神病の症例において、程度はさまざまにしろ、F_0*1――つまりファルスの意味作用に穿たれた穴――が問題だと感じられるときに、私たちはどのように振る舞えばよいのだろうか。たとえ、その程度がさまざまであるとはいえ、精神病の核心に取り消し（annulation）［排除 foreclosure ではなく、こう呼びたい］があるということはわかる。F_0、つまりこの穴は、現実界に穴があるという意味で、トラウマ†1を生み出すものである。この穴は子どもにとっては埋めることのできないものである。

これに対し、自分を侵略する享楽を象徴化するように子どもを導くために、換喩的な連鎖を構成するという手段があるように思われる。そうすることで、後々、物事を名づけ、性を名づけるように子どもを導くのである。

症例ディックにおいてメラニー・クラインがエディプスを設立していると私たちが言うとき、そこには四元素が導入されねばならない。これによって換喩的連鎖の構成という効果が生み出されるのである。ラカンが言うように、子どもは自分の言葉を拡大させる。列車が一つある。それは続いて二つの列車となる。お互いぶつかり合う列車となり、それからドアハンドルが現われる。ある種の換喩的連鎖があり、それによって、自らの自閉的折り目に囲い込まれていた子どもはそこから出ることができるようになるのである。いずれにしろ、生み出された作用に対しては脱帽しなければならない。同様に、ロジーヌ・ルフォールの症例においても、一度こうした命

*1　訳注　ラカンのフランス語原文におけるP_0の英訳であろうと思われる（父を意味するフランス語 Père、英語 Father の頭文字に「0《ゼロ》」をつけたもの）。

†1　原注　troumatisme. 穴 trou とトラウマ traumatisme をかけたフランス語の地口。

名、洗礼が起こるや否や、それに続いて対象の換喩的連鎖を構成する効果が生まれている。この効果によって、子どもはトイレの穴に対する苦悩に満ちた魅惑から抜け出すことができたのである。

解釈のセットアップ

それではリチャードの症例で、解釈がどのような位置に置かれているか見ることにしよう。子細にみるならば、症例ディックに非常に近いということがわかる。

メラニー・クラインはこの症例を一九四〇年に分析した。彼女はそれを慎重に、きちんと整理して持っており、彼女が亡くなったときにはほとんど出版の準備が整っていた。それは遺稿という形で、何をすべきかという模範を示すものとして出版された。リチャードは十歳の子どもで、クラインが彼を診ていたのは、四カ月間であった。リチャードは、学校恐怖症、道へ出ることの恐怖、学校へ行くことの恐怖について治療を受け、その結果、単なる学校嫌いにまで治癒した。最初のセッションでは、率直に彼は学校について話し、通りの男の子について、ポーランド人やオーストリア人に酷いことをしているヒトラーについて話をしている。ちなみに、リチャードはメラニー・クラインがオーストリア人だということを知っていた。それから彼は、爆弾がそう遠くもないところに落ち、料理人を怖がらせたことについて話をする。そしてまた彼は再びヒトラーについて話し、それからこう自問している。「どうして血は流れるのだろうか。もし人が逆立ちして、すべての血が頭に行ったら、人は死ぬのではないか」と。そこでメラニー・クラインは死についての彼の不安を理解し、こう言っている。「お母さんが心配なの？」セットアップの最初のステップはママである。小さな脚注によれば、母親はクラインに、この子が母親に起こりうることに対して何にでも過剰に不安がることを告げている。彼は母親から離れることができなかったそうである。メラニー・クラインは言う。「両親によって与えられた情報には注意しなければならない。それは、素材にごく適った場合のみ、解釈に使用されるべきである。それゆえ、子どもの素材を使用するほうを私は好むが、ただしこの症例においては、この子は例外的に、自分の心配ごとについて話す準備ができていたように私は思う」。クラインは、彼が身体的な関心事に近づき、自らの死の恐怖という身体的不安を呼び起こすまで待つ。つまり、身体的不安が彼にとって意味を持つまで待つのである。

リチャードはクラインに、「夜になると怖くなり、実際、四、五年前まではひどく怯えていた」と告げた。彼は六歳までは、この悪夢のなかに住んでいたと思っている。この少年が抱いていた物語は、昨日や今日呼び起こされたものではなかった。彼は戦争によって病気になったのではなく、もっと早い年齢の頃から苦しんでいたのである。とても美しい表現を使って彼が言ったことによれば、「彼は最近一人ぼっちで見捨てられたような気持ちになっている。彼は母親の健康をとても心配している。母親は時どき、具合を悪くするのである。以前母親は事故に遭い、担架で運ばれたことがあった。それは彼が生まれる以前のことであった。彼はそのことをよく考えている。夜になると彼は、悪い男、浮浪者のような奴がやってきて母親をさらってしまうのだと考えた。それから彼は自分が彼女を助けに行くところを考える。彼は浮浪者にお湯を浴びせようと考えている」――ここで彼が中世の騎士物語を読んでいたことはお分かりだろう。「彼は浮浪者を気絶させようとするだろう。自分が殺されることはとても嫌なことだろうが、それでも彼は、母親を助けようとするのである」。

メラニー・クラインは彼に尋ねた。ここではまだ最初の解釈も現れていない。彼女はまず「お母さんのことが心配なのか」と尋ね、次に「浮浪者はどうやってママの部屋に入るのか」と尋ねる。リチャードは「窓を破って」と答える。三回目の介入は、「浮浪者はお母さんを傷つけるのか」という質問であり、リチャードは「はい」と答えた。

次のような一連の対応関係を通じて、メラニー・クラインはつぎのような最初の解釈を施す。「お母さんを傷つける浮浪者は、ヒトラーにとても似ている。彼は空襲の間、料理人を脅し、オーストリア人をひどく扱っている。夜には」――ここからが解釈である――「リチャードは怖かったのだろう」――これは仮定法であり、それゆえ様相化されている――「パパとママが一緒に寝室に行くと、性器を使って二人の間で何かが起こり、それでママが傷つくのではないかと」。

性について話す言葉なし

メラニー・クラインの小さな注。「私はリチャードの母に、リチャードが自分の性器を表わすのにどのような用語を使っているのか尋ねた。何も使っていないと彼女は答えた」。十歳の子どもが！「リチャードは決してそのことには触れなかった。彼は排尿と排便どちらに対しても名前を持っていなかった」。メラニー・クラインはさらに付け加える。「私が〈うんこ〉〈おしっこ〉、そしてその後に〈大便〉という言葉を紹介すると、彼はそれらをとても早く理解した」。故に、彼女は次のように言う。「抑圧が、環境に後押しされていっそう進行し、そのために性器や身体的機能に対して名前が存在しない場合、分析家はそれらに名前を導入しなければならない。自分が小便や大便を生み出すということを知っているように、もちろん子どもは自分が性器を持っていることを知っている。ちょうどこのケースで示されているように、導入された言葉は、この知識との連想をもたらす。同様に、性的交渉を表わす表現は、彼が実際無意識的に、夜、両親が行っていると予期しているものを記述することによって、始まるように導入されなければならない。徐々に、私は〈性関係〉という表現を使い、後に〈性交渉〉も使うようにした」。

ここには、特殊な話の仕方があり、それは次のようにして始まる。子どもは自分がおしっこやうんこをすることを知っている。もし、彼がこれを表わす言葉を使わないのならば、この子に言葉を与えなければならない。彼の背景を見てみよう。十歳の子どもが、すっかり病んだ世界――こう言うほかない――に投げ込まれているのである。この家庭のなかでは、おしっこやうんこが何を意味するのかは知られておらず、また性器を表わすような言葉もない。メラニー・クラインはその言葉が基本的な要素だと考え、少々恣意的ではあれ、直ちにそれを導入した。実際、「リチャードは驚き、恐れているようであった。彼は〈性器〉という言葉が何を意味するか分からないようだった。そのときまでは、彼は理解していたのだが」。メラニー・クラインは彼に「〈性器〉と私が言うときにどういう意味かリチャードが分かっているかどうか」と尋ねる。リチャードは「いいえ」と言ってから、それから「大丈夫、わかる」と言った。彼は自分が知っていると思っている。というのも、ママが、赤ん坊は自分のなかで成長すること、そして自分は小さな卵を持っていて、それらを育てるある液体をパパが供給するのだと、そのようなことを言ったことがあったからである。メラニー・クラインはそこですぐに次のように言っている。意識的には、リチャードはペニスを持っていることに気付いているようには思えない。しかし、彼は性の理論を持っているようだ、と。恣意的な仕方、つまりシニフィアン的な仕方で、彼女は指し示し始める言葉を導入するのである。

こうしたことはパパ列車やママ列車といった話ではないが、それによく似たものである。最初のセッションから、メラニー・クラインは早々と、パパ、ママ、そして原光景を導入している。これは、後に彼女が単なる道具として記述したもの、すなわちファルスである。もちろん、彼女は次のような一つの質問を提示するに留めてはいるけれども。「性器、あなたは私が言っているこの言葉が何のことだかわかるでしょう?」従って、それは原光景だけではなく、ここでは四元素からなる分節化でもある。パパ、ママ、ファルス、そして主体。これらがまず初めに置かれているのである。

父、ファルスの担い手

他方、メラニー・クラインは非常に早々と父親をファルスの担い手として導入している。しかし、それは話の担い手としてではない。彼はまさに害する父親なのである。

メラニー・クラインは続けて、次のような解釈を行っている。「リチャードは自分の父親について相反する考えを持っている。リチャードは自分の父親が優しい人間だと分かっている一方で、夜にパパがママに何か害を与えているのではないかと恐れているようである。浮浪者について考えたとき、彼はママと一緒に寝室にいるパパが彼女を守っていることを思いもしなかった。リチャードはママを傷つけるのはパパ自身だと感じていたのだ」。ここでメラニー・クラインが行った解釈は二つである。最初の解釈によって、パパ、ママ、性が導入されている。次いで二番目の解釈は、ファルスの担い手としての父親を持ち込んでいる。ちなみに、たいていの治療において、父親はこの機能へと吸収される。さて、彼女は、分析家は最初のセッションから転移解釈を与えるか否かで意見が分かれるのだと付け加えている。クラインはリチャードに自分のことについて話すべきなのだろうか。たしかに、最初のセッションにおいて、彼女がそうしなかったのは注目すべきことである。彼女はリチャードに〈今ここで〉について話していない。それゆえ、彼女はそれを次のように言って、正当化しなければならなかった。患者はすでに深々と父親や母親や兄弟との関係に没頭しているかもしれず、したがって、分析家について言及することは後に来なければならないと。実際、二回目のセッションにおいて彼女は自分について話している。これはさらなる一歩となるだろう。彼女は何か別のことについて述べた後に、ようやく自分のことについて話すのである。

初めに、子どもは邪悪なヒトラーによって爆撃される地球について、貴重な地球について話す。それから小さな国について、小さなポルトガル、小さなスイスなどについて話をする。メラニー・クラインはただちに彼に翻訳し、解釈を施す。「地球はママ、その上に生きる人びとは、ママの子どもたち」。解釈していると言うが、しかし実際は翻訳しているのである。エディプスは最初のセッションですでに挿入されている。二回目のセッションでは、地図が作られるのである。彼が言ったことはすべて、それぞれの用語に置き換えられる。系統だった過程が厳格になぞられている。このようにして、「とても遠い」が、実際「とても近く」、つまり両親の寝室の中を意味することになる。彼がこなごなになった惑星について話すとき、それは彼自身のことなのである。小さな国々もまた彼のことである。最後に、この大破壊はまさしく、両親がお互い出会ったときに、お互いに傷つけ合う方法なのである。リチャードは賛同するが、しかし、訂正を施す。このことは大変なことである。彼は「僕は賛成だ。〈母なる地球〉っていう表現を聞いたことがある」と言う。つまり彼はこう言っているのだ。「この解釈は正しい。それは言葉のなかに存在している」。素晴らしいではないか！　他方で彼の言うことによると、「彼には訂正したいことがある。生まれる前に担架に乗ったママを見たことを昨日彼は話したが、彼が母親に尋ねてみると、それが起こったのは二歳の時であった」。

この子は精密さと暗号化に、つまり象徴的な地図作りに関心を持っている。これはエディプスの枠組みを想像的に操作することとは対照的である。この子は二回目のセッションですでに次のようなことを言い始めているのだから。「いいや。それがあったのは僕が二歳のときだ」。彼はまさにこのように物事を正しく持っていきながら、それらを象徴的枠組みのなかで改めて位置付けているのである。

そこでの彼の役割

これに続いて、メラニー・クラインはさらに先に進む。この子はクラインが彼に言ったことについて多くを考えたと告げた。とりわけ、二歳という年齢について間違いをしていたのなら、それは罪責感のせいであろうという解釈について考えたと、クラインに告げた。ここで彼女は「罪責感」という用語を導入している。子どもは黙って、こう言う。「そう、僕はそれについてすごく考えている」。彼は、母親の愛が兄に向けられたことによっていらいらさせられたのだと言った。この兄は兵士で、前線に行っていた。休暇で兄が戻ってきたときには、この子は怒り狂った。さらに、彼は自分が時どき兄を嫌悪したことを彼女に話した。メラニー・クラインは、兄に対する母親の愛に関してリチャードが言ったことと関係付けて、彼の嫉妬を解釈してやり、この子がどのようにして攻撃的になっているのかを話した。クラインが言っていることについて、セッションノートを参照しよう。「二回目のセッションでは、不安のなかで彼自身の攻撃性が果たした役割に焦点が合わされた。これに示唆されるように、子どもの分析における私の最初の狙いは、活性化された不安の分析である。しかし、注意しなければならないことがある。それらに対して作用している防衛を認識することなしには、不安の分析は不可能だということである」。

そこで最初の防衛が出てきている。「あなたは罪責感を感じている」、これは彼の攻撃性に対する防衛である。クラインは罪責感を認識し、それから後、罪責感が果たす役割を攻撃性に引き渡している。

これら二つのセッションには、想像的な仕方でこの四元素を導入し、この四元素に名前を与えるメラニー・クラインだけでなく、リチャードに彼自身の役割は何かと尋ねるメラニー・クラインが存在している。フロイトはドラに「君は世界に大変な混乱があると私に言ったが、そこでの君の役割は何か」と尋ねたが、この問いと同じように、メラニー・クラインにとっても、それぞれの子どもが分析において果たす役割こそが、彼女の言う攻撃性の分析、つまり不安と攻撃性に狙いを定めることなのである。「それであなたは、このなかでどんな役割を演じているのか」。彼が世界の状態について話したときに、彼女は彼がそのなかで何をしているのかと問うたのである。こうしたことは、自閉症のディックの場合と同じ仕方で為されたのではない。リチャードは、全く自閉症ではなかった。

傘の周りに――最後期のセッション

それでは、最後の三つのセッションのうち、二つを取り上げよう。そこでは文脈に応じて、私が『オルニカール』[*1]で発表した仕事、「メラニー・クラインは何を知っていたか」「対象の三つの見かけ」を参照したい。そのなかで私は治療の展開についてコメントをしている。

最終セッションを紹介するにあたって、その二日前に起こったことについて思い出していただきたい。そのとき、傘の周りであらゆることが回転したのである。傘とはとてもイギリス的である。その子は傘にまつわる光景をクラインに話した。ある日、彼は母親と外出していた。風の強い日だった。彼は傘を開いたが、それはめくれ返ってしまった。母親は、こんなときに傘を開くものではないと、彼を叱り付けた。彼はこのことをクラインに告げ、それから最後の数回のセッションの間、傘で遊んでいた。メラニー・クラインが彼に言うには、「傘は良い対象である。柄はパパのペニス、開いた傘はママの乳房、良い乳房なのである」。少年は彼女にすでにこう言っていた。「これは良い傘だ。イングランド製だから」。メラニー・クラインにとって、このことは傘がこの子を脅かしていた諸外国のものではなくなったということ、それが良い対象となったということを示していた。この子は傘が彼の世界の一部であることをクラインに告げた。彼と傘が同じ世界、つまりイングランドに属しているということを彼は認めたのである。このことは重要である。クラインは彼にこう言った。以前、あなたのママは傘についてあなたを叱った。今、あなたはそれを私に見せている。傘で遊ぶこともできるようになった。

最終セッションでは、解釈が続く。彼がやってきて、自分にバスの女性車掌の友達ができたことをクラインに

＊1　訳注　ラカン派の雑誌。

告げた。この人は鍵となる人物であった。クラインは彼に、「彼は自分がどこにいても友達を作ろうとしており、それは、彼が敵対的な人びとから攻撃されるのを防ごうとする方法である」と告げる。最終セッションで、彼女は分析の始まりにあった用語を持ってきた。通りに出ることのできなかったこの子は、いまや誰にでも微笑みかける。彼女はそこから牧歌的な風景を作りはせずに、こう言ったのである。「あなたは皆があなたを攻撃しないようにと微笑んでいるのだ」。これはとても道理にかなったことである。

他方で、リチャードは蝿と遊んでいた。彼はそれらを外へと追いやった。かつての彼は分析の間、多くの蝿を殺していた。時どき、逃がしてやりもしていたが。これらの蝿を「熊さんのお庭」に行かせてやるということをクラインは次のように解釈した。つまりそれは、子どものようなこの蝿を、まったく無害なパパの元へと行かせてやることなのだと。

あなたの中に、父のペニスを

それから、この子は台所へ水を飲みに向かった。クラインはそこで彼に向かって、昔、乳房を持つことができなかったあなたは、今、自分の中に父の良いペニスを取り入れようとしているのだと言った。十歳の子どもにそのようなことを言うなどとは想像できるだろうか。最終セッション、治癒した彼が水を飲んでいる。そこであなたがこう言うのだ。「君は父の良いペニスを自分の中に取り入れようとしている」。

実際、忘れられやすさということ、つまり、子どもが自分に言われたことを理解していないという事実に頼らざるを得ない。子どもが忘れることなく記憶にこれを留めているならば、青年になったとき、セクシュアル・アイデンティティーに問題が生じるかもしれない。自分は本当に男なのか、女の子は自分を求めているだろうか、などである。この子が思い出すとすれば、それは彼に与えられた最後の解釈、自分は自分自身の中に父親のペニスを持っているという解釈である。幸運なことに、これらはすべてすっかり忘れられた。ハンス少年のように、[*1]いったんそこから離れると、子どもにとってそれは何の意味もないものとなるのである。治療の期間中、彼はメラニー・クラインの言語を話していたが、しかしその後、彼はそこから離れていったのである。

それからリチャードは時計で遊びだす。そして分析家のハンドバッグを探り、こう言う。「気にしないでしょう?」。それから彼はクラインの財布を取り出し、そのなかを見て尋ねる。これがクラインの所有しているすべてであるのか、それとも銀行にもっと持っているのか、と。クラインは帰る前に、「彼はできるだけたくさんのお乳とうんこをとりたがっており、彼が蝿を全部殺したということは、メラニー・クラインやママを、悪い赤ん坊によって危険に晒されることから守りたいということを意味している」と解釈する。また、リチャードはことあるごとにメラニー・クラインに触れようとした。今や傘だけでなく、彼女も利用しているのである。彼女は、もしあなたが私に触れるなら、それは私を抱擁したいためだけではなく、私を自分自身のなかに取り入れ、そこに留めておくためでもあると、解釈した。

ラカンがウィニコットの助けを借りながら、セミネール第四巻でその輪郭を描いたファルスの概念は、「自分のなかに留めておく」という、ファルスの体内化という概念に対置されるものである。

移行対象はウィニコットが、メラニー・クラインの欲動論をふさわしくないものと考え、その車輪にスポークを継ぎ足すために作り出した対象である。移行対象とは、それが幻覚かどうか、子どもから来たのか、外部からきたのか分からない、そのような対象である。「これは私が想像界と呼ぶものだ」とラカンは言う。この想像界

*1　訳注　フロイトは、分析後十年以上経って青年となったハンスと再会したときのことを次のように報告している。「ただ、青年はかつての自分の病歴記録を改めて読み返したあと、ここに書いてあることは全部自分とは無縁の記録ではないでしょうかと言ったのである。つまり青年は、自分のことを自分のこととして認識せず、もはや当時のことを何一つ思い出すことができなかったことになる」(「ハンス少年分析記後日談」『フロイト著作集　第九巻』人文書院、一九八三年)。

というのは、非常に独特なものである。それは幻覚のように想像的なものであり、場所を割り当てられないものの、それが現実的か象徴的かどうかわからないものである。この対象は、大文字の他者からやってくるが、しかし大文字の他者のなかにあるものではなく、象徴界に場を持たない。「ファルスとはこうしたものである」と主張するこの考え方から次のような教義が演繹される。すなわち、ファルスによって子どもの立場が構築されるのだが、一方子どもはファルスを自分のなかに持つことができない。これは、「あなたは自分のなかに良いファルスを持ちたい」で使われるファルスという用語によって解釈することを阻むものである。それは内部の関係ではないのである。つまり、トポロジーを無視して定義された、包むもの-包まれるものの関係ではないのである。ラカンはウィニコットの移行対象について、それは内部と外部の区別を無効にするものであると言うに至った。彼は、射影平面を利用し、円盤に固定されたメビウスの帯によってこれを表わした。[*1]ウィニコットの移行対象は、内と外どちらの側にあるのか分からないような対象なのである。こうして、ウィニコットが提示したものがさらに練り上げられたのである。

メラニー・クラインの分析は、「あなたはファルスを持っている」と告げることで終了した。アメリカの精神療法家のミルトン・エリクソン[*2]なら、「私の声があなたのお供をします」と言って分析を終えるだろう。手ぶらで帰すような真似はしません、あなたをいつもなだめる私の声をお持ちになってください、というわけである。メラニー・クラインの症例では、「声」ではなく、ファルスがある。「あなたは立ち去るけれども、良い乳房を携えて行くことはできない。あなたは父親のペニスを持って行きなさい。あなたはそれを飲んでおり、それはもうあなたのなかにある」。これはまるで聖体拝領、ある種の洗礼、聖餐式のようである。メラ

＊1　訳注　円盤にメビウスの帯を固定することは、通常の三次元空間では不可能。トポロジー空間でのみ可能。
＊2　訳注　Milton H. Erickson（1901-1980）. アメリカの精神療法家。催眠を用いて仕事をし、家族療法の分野に影響を与えた。

ニー・クラインもユダヤ的な伝統に属しているので、特別な神酒がある。つまり、「あなたが食べたそれを、あなたとともに携えて行きなさい」。

子どもを傘に固着させるメラニー・クラインの視点は、「あなたは傘を持って去って行きなさい」というものだったが、これは彼をファルス的対象に固着させることである。少年リチャードは大きくなってから、旅するビジネスマンになった。このことは、彼を見つけインタビューを行ったフィリス・グロスカースが書いている。[*1]彼は浮浪者の一面を持っている。町から町へと旅する、ある種の都会的な浮浪者となったのである。これは攻撃者への同一化である。そして、彼は傘を携えている。

こうした幻想への固着が由来する視点は、クリスや一般のポスト・フロイディアンに関してラカンが批判したのと同じものである。「生《なま》の脳みそ」[*2]の男は解釈を自らに携えていったが、その解釈とは貪欲（貪り食う）の幻想へ固着させるものであった。「もし剽窃を、他人の考えを盗むことを恐れるのなら、それはあなたが若い頃、食べ物を盗み、他人のものを食べてしまったからだ。食べるように急き立てられているからこそ、あなたは剽窃をおびえ、このように防衛しているのだ。だから、あなたは何が自分のものかを認識していないのだ」。食べるようにとの急き立てに対し、脳みそを食べようと思うと言うことによって彼は返答した。急き立ては固着の次元のものとなり、唯一可能な出口としてアクティング・アウトを許してしまったのである。

ラカンは分析の終わりにこだわった。分析は問いの上で終結されねばならない。このときラカンはそう言っていたが、これは後に再定式化される。さて、獲得された確信は、「あなたはこれだ」という固着の確信ではない。「精神分析における言語と話しの機能と領野」[*3]は、対話という全体的な問いによって締めくくられている。

＊1　訳注　Grosskurth, P., *Melanie Klein:Her world and her work*, Alfred A. Knopf, 1986, p. 272 を参照。

＊2　訳注　本書第二章のバゴーインの発表を参照。

＊3　訳注　Lacan, J., Fonction et champ de la parole et du langage en psychanalyse, *Écrits*, Seuil, 1966.

プラジャーパティは「ダ、ダ」と応える。これはどういう意味だろうか。わからない。プラジャーパティを囲むアスラも、彼の言ったことをはっきりとは理解しなかっただろう。しかし、プラジャーパティはアスラたちに、話の意味生成的な相において、巨大な疑問符を付けながら、完成されるべき意味作用を残しているのである。[†1]

幻想を横切ることはまた、これらの意味作用を横切ることなのである。そうすることで、それらがもはや固着しないようにし、完全に謎めいたままの原初的シニフィアンという謎にそれらを差し戻すようにするのである。どうして特にこうした意味作用が選ばれたのか。あなたの人生はどうしてこのようなのか。なぜあなたの人生は、いつも同じ現象を示すシニフィアン的一致によって規定されるのだろうか。これらのことはあなたが差し止められている大きな謎のままである。幻想を横切ること、幻想をこじ開けることは、幻想におけるこうしたシニフィアンを、連鎖のなかに置くこと、そしてそれらのシニフィアンに出会う準備をすることである。そうすることで、古い幻想ではなく、新しい愛が生じるようになる。それはまず「外部感覚」の定式化と言えるだろう。

この謎は、メラニー・クラインによって提示された転移の操作から導き出せるものではない。ウィニコットの偉大な功績は、クライン的世界を息づかせていることである。彼はクライン的世界にとっては障害物だったが、しかし、クライン的世界が英国において大きな潮流で在りつづけているのは、ウィニコットのおかげなのである。ウィニコットは大きな疑問符を導入したのだ。移行対象は謎の対象である。それを吐き出すことはできない。また、それが所属するのが大文字の他者か、現実界なのか、決めることはできない。移行対象が方向付けるそれぞれの分析は、従って、謎と問いに出くわすのである。

---

†1　原注　ジャック＝アラン・ミレールの一九九五-九六のセミネール「意味の逃れ」における終盤の議論、とりわけ一九九六年六月のセッションを見よ。

たとえば、リチャードの分析の終わりと、ピグル少年[*1]の分析の終わりを比較してみよう。あるいは、もっと別の、奇妙で、全く典型的ではない症例でも良いだろう。病院の片隅で、いつも眠りに落ちている患者とともに行われた分析の症例などどうだろう。ウィニコットは、ありそうもない症例についてたくさん記述している。彼は多くの標準的な症例も見ていたが、それらの一つとして出版していない。むしろ、彼は標準的でないものばかりを発表するよう主張した。すべては謎と不完全な結末のうえに集中しているが、これは考えられたうえでそうした仕方に至ったのである。

では、ウィニコットの疑問符をまとめいれることのないクライン主義の延長ではどのようなことが起きているのだろうか。

今日のクライン派[*2]

ＩＰＡ会長オラシオ・エチェゴシェンによって、一九九〇年に書かれた野心的で公約的テクストを慎重に検討してみよう。「最近十年間の精神分析――臨床的・理論的側面から」は野心的テクストと言える。というのも、それは解釈されるべきものに関する問いに対しての、実践的かつ認識論的な解答であるからであり、さらにその

＊1　訳注　Ｄ・Ｗ・ウィニコット『ピグル　分析医の治療ノート』猪股丈二訳、星和書店、一九八〇年。

＊2　訳注　以下の議論は次のような事情のもとに為されている。まず、コフートが南米の分析家（匿名）のケースを『自己の治癒』のなかで取り上げ論じ、それに対してウォーラーステインが学会で議論を持ちかけ、その内容を論文 "One psychoanalysis or many ?"（*International Journal of Psychoanalysis*, LXIX : 5–20, 1988）に収載し、エチェゴシェンが論文 "Psychoanalysis during the last decade : Clinical and theoretical aspect"（*Psychoanalytic enquiry*, Vol. 11, No. 1, pp. 88–106）において再び論じた。ここではさらにエリック・ロランがそれを論じている。

一方で、アメリカ的なやり方に対抗する方針を提示しているからである。そしてこのテクストは、会長公約の一部をなしている限りで、公約的である。このとき、エチェゴシェンはIPAの会長に当選しようとするところだった。

ここ十年間の精神分析の動向を見据えつつ、エチェゴシェンはこのテクストで、一九八七年のモントリオール会議の際にIPA内で始まった議論に介入している。この議論は、モントリオールの会議からローマ会議に持ち越された。このローマ会議で、ロバート・ウォーラーステインがハインツ・コフートと議論を交わしており、特に、コフートの『自己の治癒』[*1]（原題『精神分析は如何に治療するか』）の六章が議論の中心となった。

第六章でコフートは、精神分析のクライン的概念、特に、そのアルゼンチン的ヴァリアントを、「自己」の理論（特に彼自身の理論）と対照させた。解釈を定式化する二つの方法があることを示そうとしたのである。かたやクライン的（あるいはネオ・クライン的）言語による、かたや自己心理学の言語によるものである。IPAにおいて異なる解釈の言語が存在するという事実に対して、ウォーラーステインは理論的かつ認識論的に応じて、次のように言っている。これらの異なる言語を正確か不正確かということ（一九三〇年代のグローヴァーが導入した問題）や、深層か表面かということによって考察すべきではない。それらは隠喩ということによって理解されるべきである、と。

隠喩というこの考えは、主として、一九六〇年代に認識論において展開された議論から生まれたものである。これは、たしかに精神分析における議論であり、合衆国の東海岸の知識人サークルによるラカンの読解を基礎とした議論である。こうしたことが特に感じ取られたのは、精神分析の場合、雑誌『精神分析季報』（Psychoanalytical Quarterly）のなかにおいてであった。また哲学の場合には、たとえばリチャード・ローティーが議論した認

＊1　訳注　ハインツ・コフート『自己の治癒』本城秀次、笠原嘉監訳、みすず書房、一九九五年。

識論的問題と結びついている。

ウォーラースティンの立場は、〈主体や対象、目的などに関する〉高度な抽象の理論に訴える解釈の言語は、隠喩であるというものである。共通の基盤として参照されるのは、臨床的な理論、最小限の、抽象の度合いの低い臨床理論である。したがって、臨床があり、さらに臨床的な事実が異なる言語において解釈されるというわけである。こうした言語はすべて隠喩なのだ。こうしてウォーラースティンは、かなり単純化された認識論的モデルに参照点を得ることによって、問題を切り抜けようとしている。このとき隠喩は、一つのシニフィアンがあるということを意味している。そして、そうしたシニフィアンがより良く意味を示すのは、臨床という共通の地平においてなのである。エチェゴシェンが応じようとしたのは、まさにこのことであった。彼はそれを危険な立場であると見なしていたのである。

エチェゴシェンは次のような考えを手放してはならないと提案した。つまり、現実的解釈は、いくら抽象度の低い臨床理論であれ、それを参照し直す隠喩ではないと主張したのである。真の解釈は、真に現実的な何かを参照するものである。彼の言葉によれば、「解釈は患者の〈無意識〉にそのとき存在している心的現実を説明していなければならない」ということになる。

これは、ポーランドの論理学者タルスキによる、「〈雪が白い〉が真であるのは、雪が白い時、またその時に限る」(if and only if) といった真理論を支持することである。それは「文Pが真であるのは、Pの時、またその時に限る」といったタイプの陳述である。

これをエチェゴシェンの視点に適応させるならば、事態はより「現実主義的」転回を被る。なぜなら彼は、解釈が真であるのは、それが為された瞬間に主体が心に思い浮かべているものをその解釈が記述している時、またその時に限ると考えたからである。

これによって彼がどこへ導かれたかを見てみよう。実際それはラカンが、真理論の危険性として指摘したことであった。真理論とは、自我と現実性の一致の理論である。つまりそれは、現実に物事が起こる場所として自我を構成することなのである。すると、誰かが何かを思い浮かべるような場があるということになる。そのことは、それだけですでにたいしたことである。なぜなら、欲動が無頭的であるということは、欲動が何を考えているのかを人は知らない、あるいは欲動が考えているのかどうかすら知らないという意味だなどと言われているからだ。しかし、心的現実を、そこに何があるか知ることができるような場があるという観点から考えることは甚だ困難である。それは厳密な境界を持つ内-外のトポロジーであり、人が心的現実の内に何があるかを知っているような場である。ラカンはこうしたことを、自分が伝えようと望んだ理論からは排除した。

したがって、一九五〇年代や六〇年代という時代が、認識論的な豊かさを加えて一九九〇年代に再現されたことは興味深い。エチェゴシェンは教養人であり、ラカン的な思潮にも開かれていた。彼は理論の現状を弁えていたのである。このためいっそう、自我と現実性の一致の必要性を支持するという彼の選択は興味深いのである。

彼は三部からなる論文で議論に参加した。第一部で彼は過去の議論を振り返り、論点を想起している。第二部において、彼はウォーラーステインと自分との相違を指摘し、問題を再定式する。さらに彼はウォーラーステインが何をしたのかを、十分理屈にあう仕方で説明した。第三部において、彼は自分自身の実践から取り出された臨床スケッチを提示し、分析の終了時に彼が行った解釈を示している。しかし、その箇所では物事がもはや理屈に合うとは私には思われなかった。私は、実際に何が問題なのかについて、そして分析の終わりに関するこうした視点の帰結について、同意しかねる点を丁寧に、理屈に合う仕方で、示したいと思う。

「あなたは大変動揺していますね……」

理屈に合ったと述べたが、それは以下の箇所のことである。コフートは先述の本の第六章のなかで自分がスーパービジョンを行ったセッションについて語っているが、このセッションを行った分析家は南米のクライン派の方針に従っていると紹介された。「分析家はあるセッションの終了時に患者に向って、しばらく先のアポイントメントを取り消さなければならなくなった、と伝えた。この患者が次のセッションに来たとき、彼女は沈黙し引きこもり、経験していることを話すようにという分析家の促しに反応しなかった。そして分析家は最後に、離れ離れになるという予告のせいで、私を知覚する仕方が決定的に変化したとあなたは感じている、と温かく思いやりのある語調で患者に述べたのだった。そして分析家はこう述べた。以前には自分は良い、温かい、栄養を与える乳房であったが、しかし今や悪い、冷たい、栄養を与えない乳房となったのだ、と。そして最後に次のように付け加えた。あなたは悪い乳房としての私に強烈なサディスティックな激怒を感じるにいたった。そして、あなたは私を引き裂きたがっている。さらには、全般に自分の行動を制止することによって、しかしとりわけ口唇的活動（たとえば、言葉を「噛む」ことを通して喋ること）を制止することによって、噛みついて裂くという自分の衝動に対して防衛しているのだ、と」。

ここにあるのは口唇欲動と制止である。ここでは、「生《なま》の脳みそ」の男性の症例でメリッタ・シュミーデバーグを導いたのと同じ解釈の原則を見て取ることができる。[*1] この男性は食べたいという欲動を持っていて、その幼児期には冷蔵庫から食べ物を盗んでいた。これに続いて制止が生じた。つまり知的な制止に転換されたのである。

コフートはこれとは逆に、自己心理学ないしは自我心理学の側から事態をよりよく定式化できると考えていた。自我心理学ではエディプス的な葛藤を通過せずに直接対象に向かうことはない。患者にこう告げるのである。「あなたは昨日私が予告したことを、あなたの母親が父親と寝るために寝室のドアを閉めたのと同じように

＊1　訳注　本書第二章、バゴーインの発表を参照。

ることに怒り狂っているのである。

あるいは自己心理学が自己愛的な患者に対して用いる語で述べるならば、自己に中心を置いた解釈、たとえば「あなたの自尊心は」といった解釈によって事態を再定式化するということになる〈英語の自尊心〈self esteem〉はフランスのモラリストの「自己愛」〈amour-propre〉の最も密接な等価物である。自己愛的な患者について言えば、彼らは葛藤に堪えられない人びとである。彼らは正常にエディプス的葛藤を洗練化することができないのであり、ナルシシズムに閉じ込められているので、独りで世界を彷徨い、正当に評価されていないと言って不平を訴える。それゆえに、彼らはいくばくかの誇大妄想的な性質を持つのである。ここには自己愛的な患者というカテゴリーがあり、常に扱いがたいものである〉。おそらくこう定式化することになろう。「あなたの自尊心は私が昨日あなたに告げたことによって毟り取られました。それはまさに、冷たくてよそよそしいあなたの母親がかつて、あなたが手伝いをするのを温かく認めてくれ、褒めてくれた料理婦を解雇したときと同様の仕方で行われたのです」。

分析家はその後の状況を報告し、解釈を施した後に患者はよりリラックスしたと述べている。患者はもっと自由に話すようになったのである。しかしコフートは次のようにコメントしている。解釈の積極的な効果がどのようなものであれ、問題はメッセージが正しいにもかかわらず、理論が足りないということにある、と。中心的なメッセージは何であろうか。「セッションのうちの一つがキャンセルされているという事実にあなたは大変動揺していますね」。銘記しておこう。このように言うべきだったのだ。

コフートの考えでは、この患者にはこう言うべきであった。「ええ、いいのですよ、あなたにはあらゆる権利があります。そうする理由があったのです」。コフートの偉大な理論、彼の基本的なメッセージは、他者に向けられるべき共感である。精神分析はいかに治療するか[*1]。母親の微笑をもってして、である。冷たく、よそよそしく、他人を追い出し、それは良くないとか悪いとか言い、しかりつけ、叱責すること、こういったことはどれもよろしくない。他者を受け入れなければならず、神経症者を叱責したところでどうにもならない。もちろんこの主張は間違っているわけではないし、こうして理解できることもあろう。ゆえに、こうした考え方は、患者に「ＯＫ」と言うことである。コフートはこの根本的な「イエス」をこそ、精神分析の本質的な働きとして考えたのである。

他方でエチェゴシェンは、それはまったく正反対だと考えている。彼はクライン派の旗手であるので、先の分析家の理論（良い乳房や悪い乳房などの理論）については正しいと考えている。けれども定式化の仕方は正しくない、と考えているのである。こうして彼は何をするべきであったかを示すことになる。

まず最初に、「正当である」（患者のせいでセッションがキャンセルされたのではなかった）と言うのではなく、（言葉をのみ込んで）端的に「何か困ったことがあって、あなたはそれを表現することができないのですね」と言うべきであった、と指摘している。そしてそこで、「もし前のセッションから顎がこわばっていたので黙っていたのだと患者が言い、そして分析家に向けて嚙み付く言葉を付け加えたなら、確認をとることができたであろう」。もし顎が問題であるのなら、口唇的対象が心の中に現前しているのはたしかだ。顎を緩めたのがその証拠である。そうしてようやく、こう述べることができるであろう。「あなたは昨日の予告を聞いて、あたかも乳房があなたから引きこもろうとしていたと感じたのだろう。そしてあなたは恐れと嚙みつきたい願望によって反応し、歯をくいしばり、また嚙みつくようなことを言ったのである」。

エチェゴシェンはこう続ける。

「患者がこう言ったとしよう。沈黙しながら以前の晩に起こった不快な出来事、つまり自分の部屋ではなく両

＊1　訳注　コフートの著作のタイトル *How does psychoanalysis cure ?* を念頭に置いている。

親の部屋で眠りたいと思っていた五歳の娘のことを考え、そしてしまいには怒って娘を無理矢理彼女のベッドに連れて行ったことを考えていたと。そして、もし彼女が、タクシーの運転手にお釣りを拒否されて口論をしたからすでに怒っていたことを付け加えたならば、私はためらいなくこう言っただろう。娘との関係であなたがおっしゃった怒りは、私があなたに与えたニュースに対する反応をあなたなりの仕方で私に伝えたものだ、と。彼女がタクシーの運転手と口論したのは、この運転手が彼女に何かを与えたくなかったからである。患者の娘について言うならば、この娘は彼女自身の幼児期の反応を表現していた。患者は私が母親であると感じており、父親と寝たいがために娘を追い払おうとしていると思っていた」。

最後に、もし患者が夢の話をし、母親が良い料理婦を解雇したというトラウマ的な幼児期の状況を再生させたならば、「実に、あなたの母親のようですね」（と言ったであろう）。

しかし、エチェゴシェンは付け加える。「私は〈あなたの冷たくてよそよそしい母親〉と言うような大胆さは持ち合わせていなかったであろう。というのも、解釈は主体に依拠すべきなのであって、周囲にいる人びとに依拠するものではないからである。この点で私の見解との違いは明らかだ」。それはいいことだ、しかしやはり、怪物的な両親もいるのだよ！　いずれにしても、彼はそう言わねばならない。「実際私がそうだったのか。それとも私の母親がそうだったのか」という話題になったとき、分析家は主体をその方向へと導かなければならないだろう。それは患者から到来すべきものであるけれども、ときには分析家がそのような立場をとらなければならないい。これはコフートとはきわめて異なる。エチェゴシェンは言葉ではなく、その点を絶対に尊重しなければなるまいと考えている。この点で、彼が解釈の言語のうちのいくつかの方向性とその帰結を切り捨てていることを見て取ることができるだろう。

それゆえ、彼は「三つの仮説的な解釈は高度な抽象の理論の断片を含んでいる。しかし、想定されたセッションの素材にそれらが厳密に対応しているならば、隠喩ではない」と注意する。それゆえ、彼によれば、問題はこれらの解釈の深さや有効性を議論することにあるのではない。ひとたびそうした解釈が発せられるか、あるいはそれが異なった形で表現された際に、患者の心的現実のなかで定式化された心の状態をそれらが現実に指し示していると分析家が考えているかどうかが問題なのである。これこそが維持しておかなければならないことであるとエチェゴシェンは考えており、彼はその例を提示しようとする。彼が今回取り上げるのはスコラ的な症例ではない。スコラ的な例というのも、コフートは他の分析家の解釈を取り上げ、それを今度はウォーラースタインが講演のなかで取り上げ、さらに今度はエチェゴシェン自身が取り上げているからである。これは入れ子構造である。しかしエチェゴシェンは自分の実践から例を挙げ、論文の第三部に当てている。

「では続けましょう……」

彼曰く、第三部は分析を終了する際の患者を取り扱っており、教育分析ではないが、患者が分析の終了時にいるという点で私たちの関心を引くものである。患者は曲線の壁に覆われた監獄の中にいるという夢を見た。

文脈は以下の通りである。患者は仕事をしている。監獄という考えはある事実とリンクしている。それは、彼が締めくくらなければならない業務は全く合法的であるにもかかわらず、そのために処罰されることがあるという事実である。実際、成功すれば、彼はもっと金持ちになり、そして分析家よりもずっと多く稼ぐことになるだろう。しかし、そのために彼は罪深き者になるのである。それゆえ、彼は何故この夢を見たかについて、思い当たる節があるのである。しかし同時に彼は驚いてもいた。というのも、いつもよりずっとリラックスした状態で金銭的な投機を行おうとしていたことは、分析が終了しつつあるしるしの一つであると考えていたからである。彼は興奮していなかったし、自分を宇宙の主人だと考えることもなかった。エチェゴシェンは言う。「彼は内的な平穏状態にあり、キプリングの詩〈もし〉[*1]を思い起こした」。

まもなく、分析の終了に関する考えを中心に置いた重大な不安が現われる。「彼は自分と私を騙したことに恐れており、私ができるだけ早く彼を追い払いたがっている、と思っていた。そしてこの不安のなかで彼は出産する人の夢を見た」。その人の詳細も名前も不明である。

「私は彼に解釈した。あなたは分析の終了を、あたかも私があなたを出産するかのように感じている、と。彼は解釈を終了の隠喩として受け入れたが、これこそ私が解釈を提示する際に言わんとしていたことである」。

この最初の解釈は、著者の言う意味での隠喩的な解釈である。誕生の観念は「それは分析の終了である」に置き換えられる。

「このセッションの後、彼は再び急性の不安を感じ、胸部の圧迫感と呼吸困難を訴えた」。胸部の圧迫感と窒息である。「彼はまたここから分析の終了の観念を連想した」。そしてここで深遠な解釈がやってくる。「私は彼に言った、あなたは分析の終了の恐怖に直面したため、恐るべき誕生を取り消すために私の中に戻らなければならなかった。しかしそうすることで、あなたは囚人になり、呼吸ができなくなったのだ、と」。

なんともっともらしい！　ここでエチェゴシェンが使った文章は「あなたは私の中に戻らなければならない」である。エチェゴシェンは続ける、「明らかにこの解釈は隠喩としてではなく、その点で実際に起こったことの説明として提示された」。ここでは解釈ではなく説明となっている。この術語は、たとえば自然科学に見られるような、強い認識論的な意味で使われている。彼は続ける。「私は彼に、実際に起こっていることを説明した。理論的なレベルでこのことは投射同一化に基づいていた（Melanie Klein 1946）。そのように言うことで、私は他の枠組み（子宮回帰、出産外傷、分離・個体化期など）[*2]に関する説明に異論を差し挟むつもりはなかった。これ

＊1　訳注　『キップリング詩集』中村爲治選訳、岩波文庫、一九三六年。
＊2　訳注　マーガレット・マーラー（一八九七－一九八五）の概念。生後五カ月から三六カ月まで。

らの理論はすべて素材を説明することはできるが、どの理論がこの症例に最も合致していたかを証明するためには、もっと臨床の素材を必要とするだろう。私が解釈を下した後、患者は笑い、一週間前の、彼が囚人になった夢を私が引き合いに出しているかどうかを遠慮がちに訊ねた。私はすぐには答えなかった、それは純粋に修辞的な問題だったからである。しかしここで言うべきことがある。それは、このような解釈を下したとき、私はこの夢のことを思い出さず、言ってみれば、抑圧していたということである。私はただ次のように答えた。あなたの夢への連想は大変適切である、というのもそれは私の内に幽閉され続けるという恐怖（閉所恐怖症）を納得のいくかたちで説明しているからである。

――分析主体は言う。しかしこの夢はあなたの体とは何の関係もありません。それは一つの部屋、地下牢であり、壁が湾曲した特別な独房だったと思います。たとえば監視塔のように。

――ええ、この小塔のようにですね。そして私は十二年間の分析のなかで彼が横たわっていた寝椅子に面している壁を指差した。

分析主体は大変驚いた。そんなことは考えたことはなかったと彼は言った。そして夢のなかの壁はたしかにこの診察室の壁とよく似ていることを確認した。まもなく、彼は圧迫感が取り除かれたことを穏やかに述べた。

このような例はどのような分析家の実践にも見られることだが（これは分析家なりの謙遜だが）、興味深いものである。というのも、それらの例は私たちの技法が深い無意識のレベルに到達することができることを示しているからである。それらの様子が自発的かつ予想もしない形で素材のなかに現われた際、私たちの高度に抽象的な諸理論によって描写されることになる。証明されるべき最も重要な点は、ここでの私の解釈が単なる隠喩以上のものとして受けとられなければならないということである。このことは分析主体の連想によって正当化される。それゆえ、分析家としての私たちの仕事は、患者が問題を解決するための発見的なモデルを提供するだけではなく、また私たちのお気に入りの隠喩を素材に当てはめるだけでもない。それ以上のものがあるのだ。私たちの仕事は分析主体が自らの抵抗を克服するよう促すことにある。そうしてこそ、分析主体は自分が現実に考えていることに到達することができるのだ」。

こうして対応関係が操作された。分析主体が現実に考えていることを定式化すると、首尾よくいくのである。エチェゴシェンが言うように、「まさにその瞬間に、〈分析作業〉は心的現実の真理条件を確立する」。これは大変微妙である。もし心的現実があるのなら、それに真理表を提供しなければならない。分析作業は――呪術的に？――真理表の創造に影響を与えなければならない。「その瞬間、解釈は修辞表現であることをやめ、正確な意味作用を引き受ける。この意味は、それを受けとる者の心のなかで（現実に）起こっていることと同型なものである」。

一切がこの文章に与えられている。まず、「真理表が現実に導入される」。どのようにして真理表は現実に導入されるのか。それはいささか困難であるように思われる。第二に、「同型の意味作用」である。完璧だ。この現象の形態論はどのようなものであるか。いったいどのようにして、同型的な意味作用を、言語を前提とする真理表へと転換させるのか。「同型的」と「真理条件」という術語を用いることによって、エチェゴシェンは真理の指示理論にしがみついているわけだ。

彼の論文は以下のように続く。「このテーゼは納得のいく形で確認することができる。というのも、分析主体は、私の部屋のある小塔のような、湾曲した壁の独房にいる夢を見たからだ。あなたは私の胃袋に戻り、生誕として体験される分析の終了を取り消したがっている、と解釈した際、私は彼の夢のことを思い出さなかった。逆説的な話だが、私の解釈を否定するためにこの夢を呼び起こしたのは彼なのだ。彼は言ったのだ、いえ、それはあなたの体とはまったく関係ありません。それは湾曲した壁の独房でした」。

こうして、診察室にまで延長した分析家の身体をめぐる解釈は、正しいものであったと患者は納得した。

私もまたデュパン[*1]の緑の色眼鏡をかけるというゲームをすることにしよう。こう問いたい。「ここで何が働いていないのか」。

何よりもまず私が言わなければならないことは、この人物の分析が終了したとはまったく思えないということだ。たとえ教育分析でなかったとしても、である。私としてはラカン博士が『転移』のセミネールのなかで用いた方法を適用しようと思う。つまり、誰かが笑っているとしたら、それがどこからであるのかを知らなければならない、ということである。これはコジェーヴの方法だった。ラカンはプラトンの『饗宴』についてコジェーヴの口を借り、ただこう述べた。「このテクストの鍵はしゃっくりに転換されたアリストファネスの笑いのなかにある」。そう、患者は笑ったのである。笑いは圧迫からの解放の効果を持つと言える。フロイトの手頃な理論によれば、笑いのなかには意味作用の連鎖からの解放があり、患者は自分を閉じ込めていたものから解放されるのである。

しかし、患者が何の中に閉じ込められていたかについて、私は著者とは同じ見解を有しない。単刀直入に言ってしまえば、私の考えでは、おそらくこの患者の中心的な葛藤は父親との関係にある。

実際、患者の方は他の何にもましてキプリングの詩〈もし〉の話をしていたが、この詩は英語圏では父子関係のプロトタイプであった。この詩は次のように終わる、「もしまったく見込みの無いことすべてを行うことができるなら、おまえは男になれるだろう、息子よ」。この詩に挙げられているリストは部分的に矛盾しているところがあり一貫性がない。そのようなものを背負うところを想像してみたまえ！　特にこのリストでは、勝ち、かつ負けなければならないと言われている。これはビジネスマンの信仰箇条である。「もし何の気兼ねもなく勝ち、かつ負けることができるのならば」。これはカジノにも当てはまる。すべてを失ったときに条件文「～であるとき、またそのときに限る」が実現することを証明することで、父親との結びつきを再発見しようとする人び

＊1　訳注　エドガー・アラン・ポーの小説の主人公の探偵。

ともいるからである。ここでの正しい用法は明らかである。勝つか、あるいは負けるかのどちらかなのである。

証明という点でいえば、（思うに、この点はこの症例を選択する際にある種の役割を果たしている）、このストーリーには「もし～なら、……である」という要素が存在する。患者の構築物には、まさに「もし～なら、……である」、つまり演繹が存在するのである。そしてもし分析家が結論に、つまり分析の終了に達していると いう感じがするならば、それは彼がこの「もし～なら、……である」という条件を定式化しているからである。患者は息子になりたいと思い、この特別の条件を素描しているのである。つまり「～であるとき、またそのときに限る」であり、患者は、ゆえに自分は息子であるという命題を演繹したのである。この観点では、対象が働いているように思える。その対象は口唇的対象（クライン理論の基礎）であるのみならず、肛門的対象でもある。実際この欲動の回路、この牢獄には、肛門的貯め込みの約束手形、何か買い占められたものの手形があるのである。おそらく、これこそが「彼は私の内に入りたがっている」という説明が指している口唇的性格、母の乳房、などに当てはまるのであろう。

それゆえ、この患者は残酷な大文字の他者と関わらなければならなかったのだと思われる。患者はこの大文字の他者から「もし～なら、……である」を、つまりキプリングの詩における禁止や規範や推奨のリストの形をとる「もし」を期待しているのである。彼は「そのとき私は……である」という神託を待っているのである。

問題は、苦痛であるに違いないが、患者は自分がこの大文字の他者を騙すために時間を費やしたと感じているということである。そのようなわけで彼は罪深いのである。彼が分析家以上に金を稼ごうとしていたからというだけではない。実際、わずかばかりの余剰利潤という肛門的な約束手形がある。この余剰利潤はわずかばかりであるため、分析家は徴収されていると感じることはなかったし、この患者が自分よりも金持ちであることに配慮しなくても済んだ。しかしこの感情が現われるには十分であった。もちろん、そのようなことは罪責感とは関係ないし、分析家はそのことに心を奪われているようには見えない。彼は主観的な罪責感がそこから生じていると注記している。

これに「彼は私の内に入りたかった」を使って答えることは、相変わらず何ら言葉が存在しないのだが、彼を肛門的に貫通することである。それは正当化された幻想である。この点が問題であるという点で私は分析家に同意するが、それは分析家の身体の内側に入り、幽閉されようとしてのことではない。患者は自分が分析家を騙すのに躍起になっているから、不安になっているのである。彼と大文字の他者との関係とは、騙すことであり、ここで患者はそうしているのである。患者が苦痛を感じているのは、もう一度述べるならば、大文字の他者との関係がそのような形で終了しようとしているので、「もし～ならば」を結論づけることができないということである。本質的なことを言うならば、彼の結論は、「もし私がそうするなら、もう一度あなたを騙すことになるでしょう。私はそこから逃げ出しました。私はあなた以上に稼いだのであり、平和裏のうちに発つことができるのです。あなたは何も理解できなかった」、ということである。だからこそ、分析家が大変正確に、彼がしていることを指摘し、胸の圧迫感が緩和した際に、患者は笑ったのである。相手が何も分かっていないことが分かったからである。

その瞬間では、出口でセッションのコストを釣り上げて「続けましょう」と言うのと、「もちろん、あなたは立ち去りたくないのですから、当然家にいるよう感じられるでしょう」と意見を述べるのでは、まったく異なる。

私が同意できないのは、ある事実と関係している。その事実とは、解釈と「現実に」心の中で起こっていることとの間に対応関係があるという理論では、欲動を標的とする際に、ラカンがクリスの症例について指摘したのと同様のアポリアに陥らざるを得ないということである。ここでもまた「分析主体に理解させるべきであったこと」というくだりを見て取ることができる。ラカンが述べたこと（「相手に、何も盗んでいないこと〔無を盗んでいたこと stealing nothing〕を理解させるべきであった」）を取り上げるならば、この症例においては、彼が父親以上に持っていると考えていたすべてのもの、そして彼が父親すなわち彼が相手にしている大文字の他者を騙していたこと、そんなことは何でもないのだ〔まさしく無であるのだ that is nothing at all〕ということを理解させてやる必要があったであろう。そして何でもないのである〔無なのである〕のだから、それに対して高い代償を支払わなければならないだろう。そのようなわけで、せっせと分析から盗んでいた無に対して、彼はいささか高い代償を支払っていたということになるだろう。

明らかに、ここでは私は賢い。というのも、言ってみれば、私は背後からやって来ているからである。ラカンが述べたように、人が地面を見ているとき、その背中から羽根をむしり取ることのできる誰かが常にいるということである。私はこの分析の内情は知らない。したがって、コフートの症例やウォーラーステインの所見においてなされたようなスコラ的精神でもって註釈したのである。私が見るところでは、この症例の論理は、以上の視座から見てみることで豊かになるであろう。

この症例の認識論的な関心は、その再検討、言わば私が議論に持ち出した追加の賭け金に加えて、どういう意味で「心的現実において起こっていること」と言われているのかを知ることである。何を心的現実と呼ぶのであろうか。何故「彼は私の内に入りたかった」という文は、投射同一化の理論によると、この分析家にとって心的現実を説明することになるのだろうか。

「現実に」心の内にあるものは何か

現実的と考えられなければならないのは何か、そしてある一つの理論が現実の世界とどのようにして一致するか。このような問いは新しいものではない。私はこの点について、十四世紀における空虚で無限な空間とは何かを問うたアレクサンドル・コイレの著作を読んでみた。

一九四九年のこの論文は、『閉じた世界から無限の宇宙へ』[*1]というガリレイの切断を説明した重要な著作よりも先に発表されている。このなかでコイレ――彼はコジェーヴと同様にラカンの師なのであるが――は、フランスの大学で活動していた認識論者であり、科学の誕生について厖大できわめて重大な著作の著者であるもう一人の人物、ピエール・デュエム[*2]という敵対者に直面する。エチェゴシェンが立派でかつ尊敬されている議長なのであるのと同様、デュエムもまたコイレにとって高貴で尊敬に値する敵対者なのである。

デュエムは以下のように述べている。「もし科学が誕生した正確な日付を与えるのなら、間違いなく一二七七年を選ぶことになるだろう。その年にパリ大司教が、いくつかの異なる世界が存在することが可能であり、また天体群は矛盾なく直進運動によって生気づけられている、と厳かに宣言した」。

コイレはこう書いている。「科学の起源に二つの背理を持ったパリ大司教の布告を置くとは興味深い主張である」。語気を読み取って欲しい。これはデュエムに対して、最も真剣な認識論者コイレが言ったことなのである。二つの背理を科学の出発点に置いているからこそ、興味深いと言うのである。それゆえジルソン（エティエンヌ・ジルソン[*3]、中世哲学の偉大な研究者で科学哲学者でもある）が物事を整理し、私たちに次のことを思い起こさせてくれたのは良かった。「パリの大司教は科学に頓着していない。彼はただ、ギリシャ世界において必然的とされていたことが、当時現実的と見なされていたからといって、神が異なった構造を持つ一つ以上の世界を創造することを妨げることはできない、と宣言しただけである。彼は神の全能性の名のもと、神学者としてそのように述べたのだ」。

＊1　訳注　アレクサンドル・コイレ『閉じた世界から無限宇宙へ』横山雅彦訳、みすず書房、一九七三年。

＊2　訳注　Pierre Duhem（1861-1916）. フランスの物理学者、哲学者。

＊3　訳注　Etienne Gilson（1884-1978）. フランス、パリ生まれの哲学者、歴史学者。一八八四－一九七八。特に中世キリスト教哲学の研究で著名。

主張としては以下のとおりである。中世においては、アレクサンドリアにおいて三世紀頃に成立した複雑な天球モデルのおかげで、プトレマイオスの天文学こそが完璧に星の運動を説明していたと誰もが信じていた。このように、星々を統制する完璧で複雑な天球（私たちの上に存在する天球、星々、固定した星）があった一方、他方で以下のように定式化できる重大な神学論争があった。つまり、「神は世界を動かすことができるのか。世界の位置を変えることができるのか」。

私たちはこの論争の争点を十分に把握することはできない。というのも、現在では空間の概念は宇宙と同じものとして存在しているからだ。しかし、ここでの問いは「世界を動かすことはできるか」というものであった。アリストテレスにとっては、宇宙の外には何ら場所も点も存在しなかった。しかし運動が存在するからには宇宙の外に点がなければならず、出発の場所と到着の場所がなければならなかった。それゆえ、宇宙を動かすには、宇宙の外に場所がなければならなかった。このような場所は存在しないので、必然的に、神が宇宙を動かせないことを証明することになった。このことにキリスト教神学者たちは反対し、神は望み通りのことをすることができると言った。神はその気になれば世界の秩序を絶対的に揺るがすことができる。それゆえ、現実的とされたこのギリシア的世界以外の世界を神が創造できない理由など無いのである。

この論争のなかでパリ大司教は何と言ったのか。彼は、こう言って良ければ、神はいくつかの解釈の言語を創造することができる、と述べたのである。神はいくつかの可能世界を創造することができるのだ。ある世界では自己心理学の言語が話され、ある世界ではラカン派の言語が話される、などである。神は可能世界を創造することができるのであり、準拠点、すなわち現実的とされるものにおいて運動を司る。そして対応関係を証明することもできる。可能言語が存在し、そして対応関係が存在する。一切は何が現実的ととられるかに拠るのだ。大司教タンピエの宣言は重要である。というのも現実的と呼ばれるものがギリシアの理論、プトレマイオスの理論、などの理論になることを示したからだ。そうしたことによって現実的なものの概念構成は粉々にされてしまう。

キリスト教徒であるジルソンはこう言おうとした。「近代科学が一二七七年に誕生したのでなかったとしても、この年にこそ近代の宇宙観がキリスト教世界のなかで可能となったのだ」。この年はそれらすべての可能性の幕開けである。コイレはこういったジルソンたちの理論構築を取り壊し、そんなことはすべて空しい、誰も何ら発明することはなかった、この問いについて考えられるようになるには二世紀待たなければならない、ということを示したのであった。こうしてコイレは、ジルソンによって提示された解放的なキリスト教の理論に反対した。彼の反論に注目していただきたい。それはとても楽しいものである。面白くてしっかりした知的論争である。しかし重要な点は、実際には何が現実的と考えられるかということである。

ラカンが私たちを解放したのは、この心的現実との対応関係という考えからであるが、彼は、心的現実という地平では、対応関係の構造は存在しないという根本的な概念を持っていた。

見失われているシニフィアンがあり、問題の現実的なものはこの見失われたシニフィアンが書き込もうとしているものである、という考えがある。つまり、性関係はないということである。もちろん、性関係の隠喩は存在すると言えるが、しかし、これらの隠喩は最終的には象徴的な場（これはラカンが最初に支持したものである。つまり分離という可能な隠喩を保証する原理としての〈父の名〉のことである）か、より根本的には（彼の第二の理論では）一貫性のない大文字の他者に準拠する。一貫性のないと言ったが、それは書き込まれることのない点、つまり性の無-関係によって支えられているからである。明示的意味を指し示すことはできない。それは書き込まれていないからである。そのような形で利用することはできないし、「はい」か「いいえ」という形で確かめることもできない。一つの様相が現われることになる。その様相とは、不可能なものの様相であり、不可能なものの様相こそがこの非在に、この「存在しない」に対応するのである。心のなかに「現実に」存在するものは「無」であり、欲動と「同型である」対象 a の論理的な一貫性なのである。

時計のネジを巻く

さらに、人間の心のなかに「何が存在」し「何が存在しない」かという問いを述べている注目すべき本が存在する。それはトーマス・スターンの『トリストラム・シャンディーの生涯と意見』である。この本は魅力的だと思われる。これは『運命論者ジャック』と同様、十八世紀が生み出したもののなかでも、陽気な、もっとも美しい本である。滑稽すぎて言葉が出ないものである。

この本を味わっていただくために、最初のページを読み上げようと思う。このページにはまさに心のなかに現実にあるものは何かという問いが挙げられている。

「私めの切な願いは、今さらかなわぬことながら、私の父か母かどちらかが、と申すよりもこの場合は両方とも等しくそういう義務があったはずですから（すでにこの少年の心の論理的な転回を見ることができる）、なろうことなら父と母の双方が、この私というものをしこむときに、もっと自分たちのしていることに気を配ってくれたらなあ、ということなのです。あのときの自分たちの営みがどれだけ大きな影響を持つことだったかを、二人が正当に考慮していたとしたら――それが単に、理性を備えた生物一匹を生産するという仕事であっただけでなく、ことによるとその生物の肉体のめでたい体質や体温も、あるいはまたその生き物の天分とか、いや、その気だてなどさえも（これらすべてが分析的な註釈とどのように関係しているか、お分かりいただけるであろう）――いやいや、ご本人たちが知ろうと知るまいとにかかわりなく、その生物の一家全体の将来の運命までもが、その二人の営みのときに一番支配的だった体液なり気分なりによって方向を決められるかもしれないのだということまでを含めて、こういうすべてを二人が正当に考慮し計算して、それに基づいてことを進めていてさえくれたならば、この私という人間が、これから読者諸賢がだんだんとご覧になるであろう姿とは、まるでちがった姿をこの世にお示しすることになったろうと、私は信じて疑わないものです。——よろしいですか、善良なお方々、これは皆さんの多くが考えになっておられるほどそれほど下らない問題ではありませんぞ——あなた方はむろん動物精気のことをお聞きになっておられると思う——その精気が父から子、子からまたその子という風に伝えられてゆくことやら、その他そういう類のことをいろいろご存じにちがいない（生命〔動物〕精気は父から息子へと伝わるが、このような考え方は十八世紀において支配的な伝達の理論であった。今日の私たちは新しい理論を採用している。おそらくはエディプス・コンプレクスの話をお聞きになったことがあるであろう）。——そこで、これだけは信用していただきたいのですが、人間の分別も無分別も、人間がこの世で成功するのもやりそこないをするのも、その十中九までは、もとはといえばこの動物精気の動きやはたらき、精気がどういう通り道を与えられるかによって決まるのですぞ。したがって、正しい通り道にせよまちがった通り道にせよ、いったんこの動物精気というやつがある道を通って動き出したとなったら、これは決してどうでもよい問題ではありません——そいつらはまるで狂ったみたいになってガタガタまっしぐらに進んでゆきます。そして同じところを後から後から進んでゆくうちに、やがてそこを、庭の通路のような平々坦々な道路にしてしまいます。そうなってしまってからでは、たとえ悪魔の力をもってしても、やつらをそこから追い払うことはときにまったく不可能なのです。〈ねえ、あなた〉私の母が申したのです。〈あなた時計のネジを巻くのをお忘れになったのじゃなくて?〉——〈いやはや呆れたもんだ!〉父は叫びました。叫び声はあげながらも、同時にその声をあまりに大きくしないように気をつけてはいました——〈天地創造のときこのかた、かりにもこんな馬鹿な質問で男の腰を折った女があったろうか〉え? 何だって? 君のおやじさんは何て言ったんだって? ——いえ、それだけです、ほかには別に何とも[*1]」。

　これでこの章は終わりである! そしてこのような文章があと五八〇ページも続くのである。あとはみなさんでトビーおじさんによるナミュール要塞の図面を発見されたし。

この最初の章が描写しているのはまさに両親の性関係であり、そこで母親はトリストラム・シャンディーが出来たまさにその瞬間に、父親に対して「時計のネジをお巻きになって?」と言ったのである。何と驚くべきことか、一切の事物を、生殖の時刻を含めた精確さ（精確さは実際のところ、十八世紀のものの見方である）の印のもとに置くという機能といい、自分たちに伝達される生命精気を人間機械に産出させるというこの滑稽な一節といい。彼にこうした決定が負わされているのは恐ろしくもある。

十八世紀の恐怖とは、自らを完全に決定された巨大な機械として見ることにあった。どうやってそこから抜け出すのか。これこそがディドロに取り憑いた主題であり、十八世紀の小説に取り憑いた主題である。これらの著作はこうした決定から逃れようと試み、またそれと同時に重大な道徳的危機を引き起こすことになる自然主義によって、新しい世界を発明しようとしていたのである。

賞賛に値するのは、スターンがこの自然主義を、すなわちこの決定論を母へと関連づけたということである。母は父をさえぎり、世界秩序を揺るがす。さらに世界秩序の名のもとに、ファルス的享楽に浸る父を妨害する。女性を、時計のネジを巻くという役割のもとに見るのはおかしなことである。自分で巻くのではなく、ただ「ネジを巻いた?」と男に言うのである。言ってみれば、男性が他のことを考えているまさにその瞬間に、彼は自分の肩に一つの命法が負わされていることに気づくのである。母は「時計のネジを巻いたの?」と言い、男性の肩に穏やかに命法を負わせるのである。

そう、おそらく常に心にとどめておいた方が良いことがある。それは、自分自身に対して、現実に心のなかにあるのは何かと問いを発するときはいつでも、一つの命法を見出すことになるということである。この命法が意

＊1　訳注　ロレンス・スターン『トリストラム・シャンディ』（全三巻）朱牟田夏雄訳、岩波文庫、一九六九年。本文で作者スターンの名前がトーマスとなっているのは誤りか。

味するのは、性関係という契機において、時計のネジを巻くことを現実に心のなかに持っているのは女性であるということなのである。

寄稿者一覧

（所属や肩書きなどは原著が出版された一九九七年のもの。なお、ドナルド・メルツァーは二〇〇四年に亡くなっている）

ロビン・アンダーソン（Robin Anderson）は、児童および成人分析家であり、ロンドンにある精神分析学会の教育分析家である。彼はタヴィストック・クリニックの青年科長でもある。

カタリーナ・ブロンシュタイン（Catalina Bronstein）は、英国精神分析協会正会員であり、児童精神療法家協会会員である。ここ十年にかけて、彼女はブレント青年センターで青年らと分析作業をしている。ロンドン大学の精神分析理論の名誉主任講師であり、またタヴィストック・クリニックや、その他の精神療法の組織、さらには海外などでも講師をしている。

ビーチェ・ベンヴェヌート（Bice Benvenuto）は、精神分析家であり、フロイト派分析研究センターの創設メンバーであり、精神分析ヨーロッパ学派（l'École Européenne de Psychanalyse）の会員である。

バーナード・バゴーイン（Bernard Burgoyne）は、精神分析の講師であり、ミドルセックス大学精神分析センター長である。彼はフロイト派分析研究センターの創設メンバーであり、精神分析ヨーロッパ学派の会員である。

マルク・デュ・リー（Marc Du Ry）は、ロンドンで開業している精神分析家であり、精神分析ヨーロッパ学派、およびフロイト派分析研究センターの会員である。

フィリップ・ジェラルディン（Filip Geerardyn）は、ベルギーのゲント大学の「精神分析と臨床面接」学部の助手である。精神分析ヨーロッパ学派、精神分析史国際協会の会員であり、「精神療法における精神分析」協会

（Gezelschap voor Psychoanalyse en Psychotherapie）の副ディレクターである。

ガイ・ホール（Guy Hall）は、個人開業している精神分析的精神療法家である。また、彼はラビである。彼は、独立精神療法家フォーラムの会員である。

ロバート・ヒンシェルウッド（Robert Hinshelwood）は、精神分析学会の会員である。彼は『英国精神療法雑誌』（British Journal of Psychotherapy）を創刊した。カッセル病院の臨床ディレクターであり、エセックス大学の精神分析学センターの教授である。

エリック・ロラン（Eric Laurent）は、精神分析家であり、パリのサンタンヌ病院の心理学者である。彼は、精神分析ヨーロッパ学派の会長であり、世界精神分析協会の会員である。

ダリアン・リーダー（Darian Leader）は、ロンドンとリーズで開業している精神分析家であり、フロイト派分析研究センターの創設メンバーである。

ドナルド・メルツァー（Donald Meltzer）は、米国で医学と児童精神医学の教育を受けたが、一九五四年にロンドンへ、とりわけメラニー・クラインに精神分析の教育を受けるためにやって来た。一九六〇年にメラニー・クラインが亡くなるまで、彼は彼女と分析を続けた。

ダニー・ノブスは（Dany Nobus）、ブルーネル大学の心理学と精神分析学の講師である。彼は精神分析学大学連合と、ヨーロッパ精神医学史協会の会員である。

ヴィーチェンテ・パロメラ（Vicente Palomera）は、精神分析家であり、心理学者である。彼は精神分析ヨーロッパ学派と、世界精神分析協会の会員である。

リズ・リード（Liz Reid）は、ＴＨＥＲＩＰ会長であり、フロイト派分析研究センターの会員であり、ロンドンで個人開業しているラカン派分析家である。

マーガレット・ラスティン（Margaret Rustin）は、ロンドン、タヴィストック・クリニックの主任児童精神療法家である。彼女はタヴィストック児童精神療法教育の主任指導員である。

E・メアリー・サリヴァン（E. Mary Sullivan）は、リージェンツ大学、「精神療法とカウンセリング」学部の講師である。彼女はヨーロッパ・コミュニケーション精神療法協会の書記であり、精神病と診断された患者とのコミュニケーション精神療法に特化した、個人開業を営んでいる。

ジェーン・テンパリー（Jane Temperley）は、英国精神分析協会の会員である。彼女はクライン派の精神分析家として個人開業している。

ロバート・M・ヤング（Robert M. Young）は、シェフィールド大学の精神療法と精神分析学の教授である。彼はリンカーン・センター、精神療法学会、そして「精神療法と社会学」会の会員である。

監訳者あとがき

本書を訳すことになったきっかけは、訳者の一人である徳永健介氏が、本書の編者の一人であるバゴーイン教授のもとで研鑽を積んで帰国し、本書を訳したいという強い希望を持って、他の二人の訳者との間に全面的な協力関係を築いたことにある。三人の属する研究室を主宰する筆者が翻訳の監修を引き受けることになった。翻訳には英語版（*The Klein–Lacan Dialogues*, edited by Bernard Burgoyne & Mary Sullivan, Rebus Press, 1997）を底本として用いた。なお本書にはフランス語版もある。翻訳作業は以下のように分担して進めた（一部共同分担）。

上尾＝序／児童分析1・2／解釈と技法3／幻想2／セクシュアリティー3／無意識2／今日のクラインとラカン1・2／索引。

宇梶＝はじめに／児童分析3／解釈と技法2／セクシュアリティー2／逆転移2／無意識1／今日のクラインとラカン1・2。

徳永＝解釈と技法1／幻想1／セクシュアリティー1／逆転移1／無意識3。

分担訳の作成の後、三人の訳者と監訳者とで読み合わせを行い、訳語の統一を四人の合議によって行った。訳語選択の最終責任は監訳者にある。メラニー・クライン全集の翻訳を出版されている誠信書房から本書を出版することも徳永氏の希望であったが、その希望を容れて実現にまでもたらしてくださった編集部の松山由理子氏に、心よりの御礼を申し上げたい。

二〇〇六年三月　京都にて

新宮一成

Lacan, J.（1981）［1993］ラカン『精神病』［上・下］岩波書店，1987 年
Plutarch［1941］プルタルコス『プルタルコス英雄伝』［上・中・下］ちくま学芸文庫，1996 年
Rousseau, J-J.（1762）ルソー『エミール』［上・中・下］岩波文庫，1962 年
Schopenhauer, A.（1819）［1995］ショーペンハウアー『意志と表象としての世界』［上・中・下］中公クラシックス，2003-2004 年
Segal, H.（1973）シーガル『メラニー・クライン入門』岩崎学術出版社，2000 年
Spitz, R.（1957）スピッツ『ノー・アンド・イエス：母-子通じ合いの発生』同文書院，1968 年
Sterne, L.（1759-67）［1983］スターン『トリストラム・シャンディ』［上・中・下］，岩波文庫，1969 年
Winnicott, D.（1971）ウィニコット「小児発達における母親と家族の鏡としての役割」『遊ぶことと現実』岩崎学術出版社，1979 年 3 月，156-166 頁
Wittgenstein, L.（1953）ウィトゲンシュタイン『哲学探究』大修館書院，1976 年
Xenophon,［1990］クセノフォーン『ソークラテースの思い出』岩波文庫，1974 年

ックス」『メラニー・クライン著作集3：愛，罪そして償い』誠信書房，1983年，157–218頁
Klein, M.（1946）［1975］クライン「分裂的機制についての覚書」『メラニー・クライン著作集4：妄想的・分裂的世界』誠信書房，1985年，3–32頁
Klein, M.（1952）［1975］クライン「転移の起源」『メラニー・クライン著作集4：妄想的・分裂的世界』誠信書房，1985年，61–72頁
Klein, M.（1955）［1975］クライン「同一視について」『メラニー・クライン著作集4：妄想的・分裂的世界』誠信書房，1985年，183–226頁
Klein, M.（1961）［1975］クライン『メラニー・クライン著作集6，7：児童分析の記録』（Ⅰ，Ⅱ），誠信書房，1987–1988年
Kohut, H.（1984）コフート『自己の治癒』みすず書房，1995年
Koyré, A.（1971）コイレ『閉じた世界から無限宇宙へ』みすず書房，1973年
Lacan, J.（1948）［1977］ラカン「精神分析における攻撃性」『エクリⅠ』弘文堂，1972年，135–167頁
Lacan, J.（1949）［1994］ラカン「〈わたし〉の機能を形成するものとしての鏡像段階」『エクリⅠ』弘文堂，1972年，123–133頁
Lacan, J.（1951）［1982］ラカン「転移に関する私見」『エクリⅠ』弘文堂，1972年，287–303頁
Lacan, J.（1953）［1977］ラカン「精神分析における言葉と言語活動の機能と領野」『エクリⅠ』弘文堂，1972年，321–466頁
Lacan, J.（1955）［1966］ラカン「治療＝型の異型について」『エクリⅡ』弘文堂，1977年，1–53頁
Lacan, J.（1957–1958）［1977］ラカン「精神病のあらゆる可能な治療に対する前提的な問題について」『エクリⅡ』弘文堂，1977年，289–358頁
Lacan, J.（1958）［1977］ラカン「治療の指導とその能力の諸原則」『エクリⅢ』弘文堂，1981年，1–89頁
Lacan, J.（1958）［1982］ラカン「ファルスの意味作用」『エクリⅢ』弘文堂，1981年，145–162頁
Lacan, J.（1960）［1977］ラカン「フロイトの無意識における主体の壊乱と欲求の弁証法」『エクリⅢ』弘文堂，1981年，297–345頁
Lacan, J.（1964）［1995］ラカン「無意識の位置」『エクリⅢ』弘文堂，1981年，347–378頁
Lacan, J.（1966）ラカン『エクリ』［Ⅰ. Ⅱ. Ⅲ］弘文堂，1972–1981年
Lacan, J.（1973）［1979］ラカン『精神分析の四基本概念』岩波書店，2000年
Lacan, J.（1974）［1990］ラカン『テレヴィジオン』青土社，1992年
Lacan, J.（1975）［1988］ラカン『フロイトの技法論』［上・下］岩波書店，1991年
Lacan, J.（1978）［1988］ラカン『フロイト理論と精神分析技法における自我』［上・下］岩波書店，1998年

巻：文学・思想篇Ⅰ』人文書院，1983 年，325–332 頁
Freud, S.（1918）フロイト「ある幼児期神経症の病歴より」『フロイト著作集　第九巻：技法・症例篇』人文書院，1983 年，348–454 頁
Freud, S.（1919）フロイト「子供が叩かれる」『フロイト著作集　第十一巻：文学・思想篇Ⅱ』1984 年，7–29 頁
Freud. S.（1920）フロイト「快感原則の彼岸」『フロイト著作集　第六巻：自我論・不安本能論』人文書院，1970 年，150–194 頁
Freud, S.（1920）フロイト「性欲論三篇」『フロイト著作集　第五巻：性欲論・症例研究』人文書院，1969 年，7–94 頁
Freud, S.（1923）フロイト「幼児期の性器体制」『フロイト著作集　第十一巻：文学・思想篇Ⅱ』1984 年，98–101 頁
Freud, S.（1925）フロイト「否定」『フロイト著作集　第三巻：文化・芸術論』人文書院，1969 年，358–361 頁
Freud, S.（1926/27）フロイト「素人による精神分析の問題」『フロイト著作集　第十一巻：文学・思想篇Ⅱ』1984 年，159–227 頁
Freud, S.（1930）フロイト「文化への不満」『フロイト著作集　第三巻：文化・芸術論』人文書院，1969 年，431–496 頁
Freud, S.（1931）フロイト「女性の性愛について」『フロイト著作集　第五巻：性欲論・症例研究』人文書院，1969 年，139–156 頁
Freud, S.（1932）フロイト「火の支配」『フロイト著作集　第三巻：文化・芸術論』人文書院，1969 年，497–501 頁
Freud, S.（1933）フロイト『フロイト著作集　第一巻：精神分析入門』（正・続）人文書院，1971 年
Freud, S.（1937）フロイト「分析技法における構成の仕事」『フロイト著作集　第九巻：技法・症例篇』人文書院，1983 年，140–151 頁
Gorgias,（1995）ゴルギアス『ソクラテス以前哲学者断片集　第Ⅴ分冊』岩波書店，1997 年
Hinshelwood, R.（1994）ヒンシェルウッド『クリニカル・クライン』誠信書房，1999 年
Klein, M.（1927）［1975］クライン「発達早期の分析における言葉の重要性」『メラニー・クライン著作集 5：羨望と感謝』誠信書房，1996 年，195–196 頁
Klein, M.（1928）［1975］クライン「エディプス葛藤の早期段階」『メラニー・クライン著作集 1：子どもの心的発達』誠信書房，1983 年，225–238 頁
Klein, M.（1930）クライン「自我の発達における象徴形成の重要性」『メラニー・クライン著作集 1：子どもの心的発達』誠信書房，1983 年，265–281 頁
Klein, M.（1932/1932）［1975］クライン『メラニー・クライン著作集 2：児童の精神分析』誠信書房，1997 年
Klein, M.（1945）［1975］クライン「早期不安に照らしてみたエディプス・コンプレ

邦訳文献*

Ariès, P.（1979）アリエス『「子供」の誕生――アンシァン・レジーム期の子供と家族生活』みすず書房，1980 年

Benvenuto, B. ベンベヌート『ラカンの仕事』青土社，1994 年

Bion, W.（1961）ビオン『集団精神療法の基礎』岩崎学術出版社，1973 年

Blanton, S.（1975）ブラントン『フロイトとの日々――教育分析の記録』日本教文社，1972 年

Breuer, J. and Freud, S.（1895）ブロイアー＆フロイト「ヒステリー研究」『フロイト著作集　第七巻：ヒステリー研究　他』人文書院，1974 年，5–177 頁

Cooper, D.（1972）クーパー『家族の死』みすず書房，1978 年

Copjec, J.（1994）コプチェク「性と理性の安楽死」『わたしの欲望を読みなさい』青土社，1998 年，242–292 頁

Diderot, D.（1796）ディドロ「運命論者ジャックとその主人」『モンテスキュー；ヴォルテール；ディドロ』筑摩書房，1960 年

Fairbairn, W.（1952）フェアバーン『人格の精神分析学』講談社学術文庫，1995 年

Foucault, M.（1967）フーコー『狂気の歴史――古典主義時代における』新潮社，1975 年

Freud, S.（1891）［1953］フロイト『失語論――批判的研究』平凡社，1995 年

Freud, S.（1905）フロイト「あるヒステリー患者の分析の断片」『フロイト著作集　第五巻：性欲論，症例研究』人文書院，1969 年，276–366 頁

Freud, S.（1909）フロイト「ある五歳男児の恐怖症分析」『フロイト著作集　第五巻　性欲論，症例研究』人文書院，1969 年，173–275 頁

Freud, S.（1914）フロイト「ナルシシズム入門」『フロイト著作集　第五巻：性欲論，症例研究』人文書院，1969 年，109–132 頁

Freud, S.（1915）フロイト「無意識について」『フロイト著作集　第六巻：自我論・不安本能論』人文書院，1970 年，87–113 頁

Freud, S.（1915）フロイト「本能とその運命」『フロイト著作集　第六巻：自我論・不安本能論』人文書院，1970 年，59–77 頁

Freud, S.（1916–1917）フロイト「リビドーの発達と性愛の組織」『フロイト著作集　第一巻：精神分析入門（正・続）』人文書院，1971 年，263–278 頁

Freud, S.（1917）フロイト「精神分析に関わるある困難」『フロイト著作集　第十

＊　年号について：（　）内は論文等の初出の年号。〔　〕内は本書で実際に参照されている主に英語圏の文献の出版年。

trans. as *The World as Will and Representation*, New York:Dover.
Segal, H. (1973), *Introduction to the Work of Melanie Klein*, London: Hogarth.
Segal, H. (1975), 'A Psycho-Analytic Approach to the Treatment of Schizophrenia', in (Ed.) Lader, M., *Studies of Schizophrenia*, pp.94-7, Ashford: Headley Bros.
Silverman, K. (1992), 'The Lacanian Phallus', *Differences: A Journal of Feminist Cultural Studies*, IV, no. 1, pp.84-115.
Soler, C. (1994), 'Qu'est-ce que l'inconscient sait des femmes?', *Psychoanalytische Perspektieven*, no.23, pp.25 - 35.
Spitz, R. (1957), *No and Yes, On the Genesis of Human Communication*, New York: International Universities Press.
Sterne, L., (1759-67)[1983], *The Life and Times of Tristram Shandy, Gentleman*, Oxford: Oxford University Press
Strachey, J. (1958), 'Introduction' in Freud S., *Papers on Technique (1911-1915)*, S.E. Vol XII, London: Hogarth.
Turquet, P. (1975), 'Threats to Identity in the Large Group', in (Ed.) Kreeger, L., *The Large Group: Dynamics and Therapy*, London: Constable.
Tustin, F. (1986), *Autistic Barriers in Neurotic Patients*, London: Karnac.
Wallerstein, R., (1988), 'One Psychoanalysis or Many?' *Int. J. Psycho-Analysis*, vol. 69, pp.5-21.
Wallerstein, R., (1986), *Forty-Two Lives in Treatment: A Study of Psychoanalysis and Psychotherapy*, London-New York: Guilford.
Winnicott, D. (1971), 'Mirror Role of Mother and Family in Child Development'. *Playing and Reality*, London: Tavistock.
Wittgenstein, L. (1953), *Philosophical Investigations*, Oxford: Blackwell.
Xenophon, [1990], *Memoirs of Socrates*, (trans. by H. Tredennick & R. Waterfield), in *Conversations of Socrates*, London: Penguin Classics.
Young, R. (1994), *Mental Space*, London: Process Press.

1: *The Socio-Psychological Perspective*, London: Free Association Books.
Miller, J.-A. (1984), 'D'un autre Lacan', *Ornicar?*, no 28, pp.49-57, Paris.
Miller, J.-A. (1994-5), *Silet*, from the Seminar Series of Jacques-Alain Miller, (Unpublished).
Miller, J.-A. (1995-6), *La Fuite du Sens*, from the Seminar Series of Jacques-Alain Miller, (Unpublished).
Miller, J.-A. (1996), 'L'Interprétation à l'Envers', *La Cause Freudienne*, No. 32, pp.9-13, Paris,
Money-Kyrle, R. (1956) 'Normal Counter-Transference and some of its Deviations', *Int. J. Psycho-Analysis*, Vol. 37.
Morel, G. (1993), 'Conditions Féminines de Jouissance', *La Cause Freudienne, Revue de psychanalyse*, no.24, pp.96-106, Paris.
Nobus, D. (1993), 'El pudor - Un afecto feminino?', *Uno por Uno, Revista Mundial de Psicoanálisis*, No.37, pp.5-10, Barcelona.
Pfeiffer, E. [Ed.] (1966)[1972], *Sigmund Freud and Lou Andreas-Salome: Letters*, (trans. Robson-Scott, W. and E.), London: Hogarth and Institute of Psycho-Analysis.
Plutarch [1941], *Life of Alcibiades*, Oxford: Loeb Classical Library.
Ragland, E. (1995), *Essays on the Pleasures of Death. From Freud to Lacan*, New York - London: Routledge.
Rapaport, D. (1960), *The Structure of Psychoanalytic theory: A Systematizing Attempt*, Psychological Issues 2/2, Monograph 6. New York: International University Press.
Riviere, J. (1952), 'General Introduction' in (Eds.) M. Klein et al, *Developments in Psycho-Analysis*, pp.1-36, London: Hogarth.
Riviere, J. (1952), 'On the Genesis of Psychical Conflict in Earliest Infancy', in M. Klein et al, *Developments in Psycho-Analysis*, pp.37-66, London: Hogarth.
Rousseau, J-J. (1762) *Emile ou de L'Education*, Paris: Flammarion
Schmideberg, M. (1934) [1993], 'Intellectual Inhibition and Eating Disorders' in Rose, J., *Why War?*, London: Blackwell
Schmideberg , M. (1938) 'Intellectual Inhibition and Disturbances in Eating', *Int. J. Psycho-Analysis*, Vol. 19.
Schneiderman, S. (1993), *How Lacan's Ideas are Used in Clinical Practice*, New York: Aronson.
Schnurmann, A. (1949), 'Observation of a Phobia', *The Psychoanalytic Study of the Child*, Vol.5 pp.3-4.
Scilicet/Anon (1976), 'D'un discours à l'autre, l'institution dite du contrôle ', in *Scilicet*, 6/7, Paris: Seuil.
Schopenhauer A. (1819) [1995], *Die Welt als Wille und Vorstellung*

1969-70, Paris: Seuil.
Lacan, J. (1993), *The Psychoses: The Seminar of Jacques Lacan, Book III, 1955-1956,* (Ed.) Miller, J.-A., trans. with notes by Grigg, R., New York-London: Norton.
Lacan, J. (1994), *Le Séminaire, Livre IV: La Relation d'Objet, 1956-57,* Paris: Seuil.
Laing, R. (1970), *The Divided Self*, London: Penguin.
Laplanche, J. And Pontalis, J.-B., (1973), *The Language of Psychoanalysis*, London: Hogarth.
Laurent, E. (1978), 'Le Comité Castration', *Ornicar?*, No.16, pp.38-46, Paris.
Laurent, E. (1981), 'Lire Gabrielle et Richard à partir du Petit Hans', *Quarto* no 1., pp.3-23, Brussels.
Laurent, E. (1981), 'Ce que savait Mélanie', *Ornicar?*, No.24, pp.143-150, Paris.
Laurent, E. (1983), 'Trois Guises de l'Object', *Ornicar?*, No.26/27, pp. 78-87, Paris.
Laurent, E. (1993-94), *Les Paradoxes de l'Identification,* seminars presented to the Clinical Section of the Department of Psychoanalysis at the University of Paris VIII.
Laurent, E. (1995), 'Phantasy in Klein and Lacan' in (Ed. E. M. Sullivan) *Psychoanalytic Seminars 1991-1994,* London: THERIP.
Lefort, R. (1980), *Naissance de l'Autre*. Paris: Seuil.
Lefort, R. (1988), *Les Structures de la Psychose*, Paris: Seuil.
Lemoine, G. (1987), *The Dividing of Women or Women's Lot*, London: Free Association Books.
Meltzer, D. et al (1975), *Explorations in Autism: A Psycho-Analytic Study*, Strath Tay: Clunie.
Meltzer, D. (1978), *The Kleinian Development. Parts 1-3,* Strath Tay: Clunie.
Meltzer, D. (1988), 'The Relation of Anal Masturbation to Projective Identification', in (Ed.) Bott Spillius, E., *Melanie Klein Today,* Vol.1, pp.102-16, London: Routledge.
Meltzer, D. (1991), Lecture on Projective Identification and the Claustrum (tape).
Meltzer, D. (1992), *The Claustrum*, Strath Tay: Clunie.
Menzies Lyth, I. (1951)[1988], 'The Functioning of Social Systems as a Defence against Anxiety' in *Containing Anxiety in Institutions: Selected Essays*, Vol.1., London: Free Association Books.
Miller, E. (1990), 'Experiential Learning Groups 1: The Development of the Leicester Model', in (Eds.) Trist E. and Murray H., *The Social Engagement of Social Science: A Tavistock Anthology. Vol.*

pp.742-43; Vol X, No 14 (June 1957) pp.851-54; Vol.XI, No.1 (Sept. 1957) pp.31-4.
Lacan, J. (1957-1958) [1977], 'On a Question Preliminary to any Possible Treatment of Psychosis' in *Ecrits: A Selection*, London: Routledge.
Lacan, J. (1958) [1977], 'The Direction of the Treatment and the Principles of its Power', in *Ecrits: A Selection*, London: Routledge .
Lacan, J. (1958)[1982] 'The Meaning of the Phallus' in (Eds.) Mitchell J. & Rose J., *Feminine Sexuality: Jacques Lacan and the Ecole Freudienne*, London: McMillan.
Lacan, J. (1960)[1977], 'Subversion of the Subject and Dialectic of Desire', in *Ecrits: A Selection*, (trans. Sheridan, A.), London-New York: Routledge.
Lacan, J. (1964)[1995], 'Position of the Unconscious', (trans. Fink, B. in (Eds.) Feldstein, R., Fink, B. & Jaanus M.), *Reading Seminar XI: Lacan's Four Fundamental Concepts of Psychoanalysis*, New York: State University of New York Press.
Lacan, J. (1966), *Ecrits*, Paris: Seuil.
Lacan, J. (1966-67), *Le Séminaire, Livre XIV: La Logique du Fantasme*, (Unpublished).
Lacan, J. (1968), 'De Rome '53 à Rome '67: La Psychanalyse - Raison d'un Echec' in *Scilicet*, 1, Paris: Seuil.
Lacan, J. (1973), 'L'Etourdit' in *Scilicet*, 4, Paris: Seuil.
Lacan, J. (1973) [1979], *The Seminar, Book XI: The Four Fundamental Concepts of Psychoanalysis*, (Ed.) Miller, J.-A., trans. Sheridan, A., London: Penguin.
Lacan, J. (1974) [1990], *Television, A Challenge to the Psychoanalytic Establishment* (Ed.) Copjec, J., (trans. Hollier, D., Krauss R. and Michelson A.), New York-London: Norton.
Lacan, J. (1975) *Le Séminaire, Livre XX: Encore 1972-73*, Paris: Seuil.
Lacan, J. (1977), *Ecrits: A Selection* , (trans. Sheridan, A.), London: Tavistock/Routledge.
Lacan, J. (1979), 'The Neurotic's Individual Myth' (trans. Evans, M.), in *The Psychoanalytic Quarterly*, vol. XLVIII, no.3, pp.405-425.
Lacan, J. (1988), *The Seminar of Jacques Lacan, Book I: Freud's Papers on Technique 1953-1954*. Cambridge: Cambridge University Press.
Lacan, J. (1988), *The Seminar of Jacques Lacan, Book II: The Ego in Freud's Theory and in the Technique of Psychoanalysis, 1954 - 55*, Cambridge: Cambridge University Press.
Lacan, J. (1991), *Le Séminaire, Livre VIII: Le Transfert, 1960-61*, Paris: Seuil.
Lacan, J. (1991), *Le Séminaire, Livre XVII: L'Envers de la Psychanalyse*,

Envy and Gratitude and other works 1921-1945, London: Hogarth.
Klein, M. (1952) [1975], 'The Origins of Transference', in *Envy and Gratitude and other works 1921-1945*, London: Hogarth.
Klein, M. (1955) [1975],'On Identification', in *Envy and Gratitude and other works 1921-1945*, London: Hogarth.
Klein, M. et al. (1952) [1989], *Developments in Psycho-Analysis*, London: Hogarth.
Klein, M. et al. (Eds.) (1955) [1977] , *New Directions in Psycho-Analysis*, London: Tavistock.
Klein, M. (1961)[1975], *Narrative of a Child Analysis*, London: Hogarth.
Klein, M. (1975), *The Writings of Melanie Klein*, 4 vols., London: Hogarth.
Klein, S. (1980), 'Autistic Phenomena in Neurotic Patients', *Int. J. Psycho-Analysis*, vol.61, pp.395-402.
Kohut, H. (1984), *How Does Psychoanalysis Cure?*, Chicago: Chicago University Press.
Koyré, A. (1971) 'Le Vide et l'Espace Infini au XIVe Siècle', in *Etudes d'Histoire de la Pensée Philosophique*, Paris: Gallimard.
Kris , E. and Loewenstein, R. (1946), 'Comments on the Formation of Psychic Structure', *The Psychoanalytic Study of the Child*, 2, pp.11-38.
Kris, E. (1951), 'Ego Psychology and Interpretation in Psychoanalytic Therapy', in *The Psychoanalytic Quarterly*, Vol. XX.
Lacan, J. (1948)[1977], 'Aggressivity in Psychoanalysis', in *Ecrits: A Selection*, (trans. Sheridan A.), London: Routledge.
Lacan, J. (1949) [1994], 'The Mirror-phase as Formative of the Function of the I', translated by Roussel, J. in (Ed.) Zizek, S. *Mapping Ideology*, London: Verso.
Lacan, J. (1949) [1977], 'The Mirror Stage as Formative of the Function of the 'I' as revealed in Psychoanalytic Experience' in *Ecrits: A Selection*, (trans. Sheridan, A.), London: Routledge.
Lacan, J. (1951) [1982], 'Intervention on the Transference', in (Eds.) Mitchell J. & Rose J., *Feminine Sexuality: Jacques Lacan and the Ecole Freudienne*, London: McMillan.
Lacan, J. (1953)[1977], 'Function and Field of Speech and Language in Psychoanalysis' in *Ecrits: A Selection*, London: Routledge.
Lacan, J. (1955) [1966], 'Variantes de la cure-type' in *Ecrits*, Paris: Seuil.
Lacan, J. (1956-57) [1957], 'La relation d'objet'. Report by J.B. Pontalis in the *Bulletin de Psychologie.*, Vol.X, No.7 (April 1957), pp. 426-30; Vol.X, No.10 (April 1957), pp.602-5; Vol.X, No. 12 (May 1957)

Hinshelwood, R. (1994), *Clinical Klein*, London: Free Association Books.
Hoffmann, C. (1991), 'Mystérion, les deux jouissances', *Apertura*, V, pp.33-36.
Isaacs, S. (1943) [1991], Discussion of "The Nature and Function of Phantasy", read at a Scientific Meeting of the British Psycho-Analytic Society, January 27th 1943, in (Eds.) King, P. and Steiner, R.,*The Freud-Klein Controversies 1941-45*, London: Tavistock/Routledge.
Isaacs, S. (1948), 'The Nature and Function of Phantasy', *Int. J. Psycho-Analysis* 29: pp.73-97.
Isaacs, S. (1952)[1989], 'The Nature and Function of Phantasy', in *Developments in Psycho-Analysis,* Klein M., Heimann P., Isaacs S. and Riviere J., London: Hogarth.
Jaques, E. (1955)[1977], 'Social Systems as Defence against Persecutory and Depressive Anxiety', in Eds. Klein et al *New Directions in Psycho-Analysis* pp.478-98.
Joseph, B. (1978)[1989], 'Different Types of Anxiety and their Handling in the Analytic Situation', in Joseph *Psychic Equilibrium and Psychic Change,* London: Routledge.
Joseph, B. (1985) [1989], 'Transference: The Total Situation', in Joseph *Psychic Equilibrum and Psychic Change,* London: Routledge.
King, P. and Steiner, R. (1991) (Eds.), *The Freud-Klein Controversies 1941-45.* London: Tavistock/Routledge.
Klein, M. (1927) [1975], 'The Importance of Words in Early Analysis', in *Envy and Gratitude and other works 1946 - 1963,* London: Hogarth.
Klein, M. (1928) [1975], 'Early Stages of the Oedipus Complex', in *Love, Guilt and Reparation and other works 1921-1945,* London: Hogarth.
Klein, M. (1930) [1975], 'The Importance of Symbol-Formation in the Development of the Ego' in *Love, Guilt and Reparation and other works 1921-1945,* London: Hogarth.
Klein, M. (1932/1932) [1975], *Die Psychoanalyse des Kindes,* Vienna/*The Psycho-Analysis of Children*, London: Hogarth.
Klein, M. (1943) [1991], 'Memorandum on Technique', in (Eds.), King, P. and Steiner, R. *The Freud-Klein Controversies 1941-45,* pp.635-638. London: Tavistock/Routledge.
Klein, M. (1945) [1975], 'The Oedipus Complex in the Light of Early Activities' in *Love, Guilt and Reparation and other works 1921-1945 ,* London: Hogarth
Klein, M. (1946) [1975], 'Notes on Some Schizoid Mechanisms' in

Freud, S. (1920), 'Beyond the Pleasure Principle', S.E. XVIII, London: Hogarth.
Freud S. (1920), 'Three Essays on the Theory of Sexuality', (4th Edition) S.E. VII, London: Hogarth.
Freud, S. (1923), 'The Infantile Genital Organisation: an Interpolation into the Theory of Sexuality', S.E. XXI, London: Hogarth.
Freud, S. (1925), 'Negation', S.E. XIX, London: Hogarth.
Freud, S. (1926/27), 'The Question of Lay Analysis', S.E. XX, London: Hogarth.
Freud, S. (1930), 'Civilisation and Its Discontents', S.E. XXI, London: Hogarth.
Freud, S. (1931), 'Female Sexuality', S.E. Vol. XXI, London: Hogarth.
Freud, S. (1932), 'The Acquisition and Control of Fire', S.E. XXII, London: Hogarth.
Freud, S. (1933), 'New Introductory Lectures on Psychoanalysis', S.E. XXII, London: Hogarth.
Freud, S. (1937), 'Constructions in Analysis', S.E. XXIII, London: Hogarth.
Freud, S. (1953-73), *The Standard Edition of the Complete Psychological Works of Sigmund Freud*, 24 Vols., London: Hogarth.
Freud, S. & Binswanger, L. (1992), *Briefwechsel 1908-1938,* Berlin: Fischer.
Gedo, J. (1986), *Conceptual Issues in Psychoanalysis: Essays in History and Method,* New York: Analytic Press.
Glover, E. (1931), 'The Therapeutic Effect of Inexact Interpretation: A Contribution to the Theory of Suggestion', *Int. J. Psycho-Analysis,* Vol. 12, pp.397-411.
Gordon, C. (1990), 'Histoire de la Folie: An Unknown Book by Michel Foucault', *History of the Human Sciences*, 3, pp.3-26 (with several responses, pp.27-67).
Gorgias, [1995] 'Encomium of Helen', in (Eds.) Gagarin and Woodruff *Early Greek Political Thought from Homer to the Sophists,* Cambridge: Cambridge University Press.
Hartmann, H. (1939), *Ego Psychology and the Problem of Adaptation,* New York: International University Press.
Heimann P. (1950), 'On Counter-transference', *Int. J. Psycho-Analysis*, Vol. 31.
Hinshelwood, R. (1987), *What Happens in Groups: Psychoanalysis, the Individual and the Community*, London: Free Association Books.
Hinshelwood, R. (1991), *A Dictionary of Kleinian Thought*, London: Free Association Books.

London:Hogarth.
Britton, R. (1989), 'The Missing Link: parental sexuality in the Oedipus Complex' - in *The Oedipus Complex Today*, London: Karnac Books.
Chasseguet-Smirgel, J. (1976),'Freud and Female Sexuality: Blind Spots in the Dark Continent', *Int. J. Psycho-Analysis*, Vol. 57, pp. 275-286.
Cooper, D. (1972), *The Death of the Family*. London: Penguin.
Copjec, J. (1994), 'Sex and the Euthanasia of Reason' in *Read my Desire: Lacan against the Historicists*. Cambridge Mass. -London, MIT .
Diderot, D. (1796) *Jacques le Fataliste et sa Maître*, Paris: Flammarion.
Duhem, P. (1913-59) *Le Système du Monde*, 10 Vols., Paris: Hermann.
Etchegoyen, H. (1991), 'Psychoanalysis During the Last Decade: Clinical and Theoretical Aspects', Psychoanalytic Enquiry, Vol.11, No.1, pp.88-106.
Etchegoyen, H. (1991), *The Fundamentals of Psycho-Analytic Technique*, London: Karnac.
Fairbairn, W. (1952), *Psychoanalytic Studies of the Personality*, London: Tavistock.
Foucault, M. (1967), *Madness and Civilisation: A History of Insanity in the Age of Reason*, London: Tavistock.
Freud, S. (1891) [1953], *On Aphasia, A Critical Study*, New York: International University Press.
Freud, S. (1905), 'Fragment of an Analysis of a Case of Hysteria', S.E. VII, London: Hogarth.
Freud, S. (1909), 'Analysis of a Phobia in a Five-year-old Boy', S.E. IX, London: Hogarth.
Freud, S. (1914), 'On Narcissism: an Introduction', S.E. XIV, London: Hogarth.
Freud, S. (1915), 'The Unconscious', S.E. XIV, London: Hogarth.
Freud, S. (1915), 'Instincts and their Viscissitudes', S.E. XIV, London: Hogarth.
Freud, S. (1916-1917), Lecture 21, 'The Development of the Libido', in *Introductory Lectures on Psychoanalysis*, S.E. XV and XVI, London: Hogarth.
Freud, S. (1917), 'A Difficulty in the Path of Psychoanalysis' S.E. XVII London: Hogarth.
Freud, S. (1918), 'From the History of an Infantile Neurosis', S.E. XVII, London: Hogarth.
Freud, S. (1919), 'A Child is Being Beaten', S.E. XVII, London: Hogarth.

文　献

Adams, P. (1992), 'Waiving the Phallus', *Differences: A Journal of Feminist Cultural Studies*, IV, no 1, pp.76-83.
Ariès, P. (1979), *Centuries of Childhood*, London: Penguin.
Armstrong-Perlman, E. (1987), 'The Child's Psyche and the Nature of its Experience', *British Journal of Psychotherapy,* Vol 4, No. 2.
Assoun, P-L. (1995), *Freud, la philosophie, et les philosophes,* Paris: Presses Universitaires de France.
Benvenuto, B. (1985), 'Oedipus, a myth in development: the case of Little Hans'. *Syngraphia* no 1: London.
Benvenuto, B. (1994), *Concerning the Rites of Psychoanalysis or the Villa of the Mysteries*, Cambridge: Polity.
Benvenuto, B. and Kennedy, R. (1986), *The Works of Jacques Lacan: An Introduction*, London: Free Association Books.
Bion, W. (1955)[1977], 'Group Dynamics - a Re-view' in (Eds.) Klein et al. *New Directions in Psycho-Analysis,* London: Karnac.
Bion, W. (1961), *Experiences in Groups and Other Papers,* London: Tavistock.
Bion, W. (1967) [1984], *Second Thoughts: Selected Papers on Psycho-Analysis*, London: Heinemann.
Bion, W. (1980), *Bion in New York and Sao Paulo,* Perthshire: Clunie Press.
Blanton, S. (1975), *Tagebuch meiner Analyse bei Sigmund Freud,* Frankfurt am Main: Ulstein.
Bott Spillius, E. (1988), *Melanie Klein Today,* 2 Vols., London: Routledge.
Bott Spillius, E. (1994), 'Developments in Kleinian Thought: Overview and Personal View', *Psychoanalytic Inquiry,* Vol. 14, Number 3.
Brenkman, J. (1993), *Straight Male, Modern: A Cultural Critique of Psychoanalysis*, New York-London: Routledge.
Brenman Pick, I. (1985), 'Working through in the counter-transference'. *Int .J . Psycho-Analysis* , Vol. 66: pp.157-66.
Breuer, J. and Freud,S. (1895), *Studies on Hysteria,* S.E . II,

マ行

ヤ行

ラ行

ワ行

サ行

事項索引

タ行

ハ行

マ行

ヤ行

ラ行

人名索引

訳者紹介

新宮　一成（しんぐう　かずしげ）

監訳者紹介参照

上尾　真道（うえお　まさみち）

1979 年　生まれ
2001 年　京都大学総合人間学部卒業
2003 年　京都大学大学院人間・環境学研究科人間環境学専攻
　　　　修士課程修了
現　在　京都大学大学院人間・環境学研究科共生人間学専攻
　　　　博士課程在学中
専　攻　精神分析学・思想史

宇梶　卓（うかじ　まさる）

1978 年　生まれ
2001 年　東北大学文学部卒業
2003 年　京都大学大学院人間・環境学研究科人間環境学専攻
　　　　修士課程修了
現　在　京都大学大学院人間・環境学研究科共生人間学専攻
　　　　博士課程在学中
専　攻　精神分析

徳永　健介（とくなが　けんすけ）

1975 年　生まれ
2000 年　LSB College, Dublin : BA in Psychoanalytic Studies
2001 年　Middlesex University, London : MA Psychoanalysis
2005 年　京都大学大学院人間・環境学研究科共生人間学専攻
　　　　修士課程修了
現　在　大阪市立阿武山学園児童自立支援専門員

監訳者紹介

新宮　一成（しんぐう　かずしげ）

1950年　生まれ
1975年　京都大学医学部卒業
1988年　京都大学教養部助教授
現　在　京都大学大学院人間・環境学研究科教授
著訳書　『夢と構造』弘文堂 1988年,『精神の病理学』金芳堂 1995年,『ラカンの精神分析』講談社 1995年,『意味の彼方へ』金剛出版 1996年,『無意識の組曲』岩波書店 1997年,『精神医学群像』（共著）アカデミア出版会 1999年,『精神障害とこれからの社会』（共著）ミネルヴァ書房 2002年,『病の自然経過と精神療法』中山書店 2003年,『精神分析学を学ぶ人のために』（共編）世界思想社 2004年, ドナルド・メルツァー『夢生活——精神分析論と技法の再検討』（共訳）金剛出版 2004年,『知の教科書——フロイト＝ラカン』（編著）講談社 2005年

バゴーイン & サリヴァン編
クライン-ラカン　ダイアローグ

2006年4月25日　第1刷発行

監訳者　新宮一成
発行者　柴田淑子
印刷者　吉江信介

発行所　株式会社　誠信書房
〒112-0012　東京都文京区大塚3-20-6
電話03（3946）5666
http://www.seishinshobo.co.jp/

中央印刷　清水製本

Printed in Japan
ISBN 4-414-41419-9 C3011